文革
風暴中的
九位
大學校長

汪春劼——著

目次

推薦序：
碾為春泥的芬芳
／王海光

汪春劼的這部著作，講的是九位大學校長的文革遭遇，囑我作序，卻之不恭，勉為其難。其難一，按文革時期的話說，大學是所謂「知識份子成堆」的地方，是非本來就多，為歷次政治運動的重災區，文革中更是成為各種矛盾衝突的漩渦中心，許多事情錯綜複雜，難以論說清楚。其難二，中共的大學校長，其職業角色存在不可調和的內在衝突，既要作為中共的教育工作領導者的角色，在學校中落實黨的各項方針政策；又要扮演知識和知識份子守護者的角色，從事培養專業人才的工作。在歷次政治運動中，他們都是處在風口浪尖上，躲不開，避不了，「既剃過別人的頭，也被別人剃過頭」。評說起來，這也是不好一概而論的。

本書作者對九位大學校長的論述，似乎是更偏重生命史的內容。我在此想就從事件史的角度談談，從大學，大學校長，文革中的大學校長說起。介紹一下他們文革經歷發生的歷史背景，以期讀者對書中發生的人物故事的來由有更深入的瞭解。

大學為國家之知識教育重鎮，薈萃精英，傳承知識，成就人才，係國運之所在。作為大學的校長，則應是知識界的形象代表，知識人的風範體現。一九四九年的鼎革之變後，為了在政治上確立統治的合法性，在建設上提供適用的技術人才，新政權對中國的高等教育系統施以革命手段，從領導體制、學科分類、專業設置、課程內容到教材教法都進行了全面徹底的改造。自此，大學結束了民國時期歐美自由主義教育傳統，被強行植入了蘇聯的高等教育模式，和中共在農村根據地的教育經驗，形成了當代中國高等教育的基本構架。由此造成的高等教育，品質嚴重下降，其影響一直延續到今天。

當今許多學人在痛斥大學教育行政化，學術腐敗，教育觀念落後，知識陳舊的同時，又追憶民國大學的昔日勝景，交口稱讚當年大學教育的成績、學術自由的精神、名家大師的風範等等好處，很有些物是人非的滄桑之感。這種高等教育新不如舊的感慨，當然不是無的放矢。事實上，這種雲泥之別的新舊教育落差，是一個教育被政治改造的過程，距離是逐步拉大的。這個改變不僅是在教育觀念上的「不斷革命」，把民國的近代教育視為舊教育，更是一種權力主宰學術的制度安排。

對文教系統進行全方位深度變革，是新政權改天換地的重要內容。這個變革是一個動態的過程，隨著各項政治運動的開展，新政權對高教的變革內容也在不斷深化。從一九五〇年代的知識份子思想改造、高等院校的院系調整、批胡適反動思想、揭發胡風集團和肅反運動、整風反右派運動、插紅旗拔白旗運動、高校大躍進運動，再到一九六〇年代的教育調整、接著搞反修防修和「四清」運動，最後發展到「文化大革命」，把這套一九四九年後建立的高教系統也徹底打爛了。這是一件十分吊詭的事情，革命走到盡頭卻是對革命本身的否定。考察這段改造大學教育體系的歷史演進過程，可以看到兩種因素的交互作用：一是強行植入的蘇聯高教體系與中國本土文化的水土不服；二是在落後國家現代化過程中出現的一種具有民粹主義色彩的反智主義。這兩者既是對立的，又是互補的。

這個改造大學的過程，從理念上看，也是反智主義不斷發展的過程。在植入蘇聯高教體制時，是要仿造蘇聯迅速實現工業化，其專業設置很窄，培養目標就是國家需要的高級工匠。這種以造就單向度的人為本事的教育目標，已經包含了反智主義的思想。中共在農村根據地的教育經驗，以延安為典型，搞的是知識普及性為主的教育，服務於革命動員的政治需要，這當然要比蘇聯經驗更粗糙得多了。反智主義在群眾運動和突出政治的旗號下公然登場。毛澤東是其代表人物。他有句名言「卑賤者最聰明、高貴者最愚蠢」。其背景是反右派運動。中共在知識份子中打了五十五萬右派，與知識份子搞僵了關係，之後企圖用群眾運動的動員方式實行國家的工業化。由於降低了整個國家的群體智力，這場「趕英超美」的大躍進運動，竭盡荒唐之能事，搞得一敗塗地。

在反右派運動後的「插紅旗、拔白旗」的教育「大躍進」中，中共確定下來的教育方針是「教育必須為無產階級政治服務，必須與生產勞動相結合」。「勞動人民要知識化，知識份子要勞動化」，要求大學培養又紅又專的人才。所謂「紅專」，就是既要政治好，又要專業能力強。所謂「白專」，就是政治上弱，技術業務強，這是一再被批判的個人主義「成名成家」道路。蔣南翔治清華大學，更為直白地把「紅專道路」概括為四個字：「聽話，出活」。

其實，紅與專是相互矛盾的。突出政治，搞的是虛頭巴腦的花架子，玩的是唱高調的嘴皮子，培養的是「黨棍子」、「官油子」、「官混子」；突出業務，卻是要實實在在真本事的，這可不是靠賣狗皮膏藥的嘴頭子功夫就能頂用的。這個道理，明眼人都明白，主管教育的意識形態官員更明白。六〇年初，《紅旗》雜誌的哲學組組長關鋒想從大學畢業生中找一個學術助手，同他的朋友主管意識形態的康生講了。康生很支持。還給關鋒出點子，要他不要找「又紅又專」的，就找走「白專道路」的。最後選的是中國人民大學哲學系畢業的閻長貴，後來成為江青的首任秘書。閻先生在講這段故事時，很是感慨：「他們明白著呢！」

「文化大革命」是反智主義的登峰造極。「文化大革命」名曰文化革命，實則是大革文化的命，高等院校更是首當其衝的「革命」重災區。高校先是停課鬧革命，搞了三年「革命造反」。先鬥學術權威、專家學者，後鬥各級幹部、院系領導，再是「窩裏鬥」。各校中那些鬥人兇猛的先鋒，打人兇狠的幹將，大都是那些不學無術的「紅」人。「革命造反」的旗號，給這些「紅而不專」者提供了施展的天地，讓他們表演了這齣「全武行」的對文化的「革命」。

高校的兩派組織，比社會上的兩派更難聯合，相互打得不可開交。最後是毛澤東派軍工宣隊進校，把他們都裝入了乾坤袋中。在隨後的「清理階級隊伍」、「清查五一六」的運動中，原來那些老資格的「牛鬼蛇神」，加上文革中查出的叛徒、特務、走資派，還有在運動中造反學生的風雲人物，都成為了「清查對象」，被打入了另冊。高校中的「階級敵人」的隊伍越搞越大。

此後，就是「工農兵學員」時期了。這些被推薦上大學的工農兵學員，文化程度很低，但政治熱情很高。本來文化底子就差，上學時搞政治運動的時間，比上課學習的時間還多。他們還負有「上大學，管大學，改造大學」的政治使命，「師道」毫無尊嚴可言。這些人畢業之後，因為知識有限，很少能在業務上有成就。在文革之後，不得不重新「回爐」補課。

從體制上看，五〇年代初高校植入蘇聯高教模式，意味著大學從綜合到專科的退轉。到文革的教育革命，則是高等學校向培訓班的退轉。在這個教育理念的革命和教育體制的革命過程中，作為大學人格化象徵的校長們，身分是非常尷尬的。

在中共執政以後，高校實行的是黨委領導下的校長負責制，從「專家治校」變為「革命家治校」。大學的掌門人由傳承知識薪火的角色，變成黨的教育路線貫徹者的角色。這兩種角色在新教育系統中的衝突，具有體制上的不可調和性。在這些大學領導人的身上，比較集中地反映了政治與知識的矛盾。會有兩種情況的衝突：一是由知識家出任大學校長者，衝突具有外在性的特點；一是由革命家出任大學校長者，衝突具有內化性的特點。後者衝突的複雜程度更高。

本書講述了九位大學校長：北京大學校長陸平、清華大學校長蔣南翔、南京大學校長匡亞明、蘭州大學校長江隆基、武漢大學校長李達、西安交通大學校長彭康、中央音樂學院的校長馬思聰、上海音樂學院院長賀綠汀、無錫輕工學院院長陳德鈞。其中，李達、馬思聰二位為知識家，其他七位都是革命家。政治與知識的衝突，在他們身上有很多細節的反映。

能夠在一九四九年之後出任大學校長的知識家，基本都是民國時期成名成家的專家學者，是以專業知識出道的社會名流。他們在政治上膺服於新政權的領導，經濟待遇上屬於令人眼紅的高薪階層，性質上是有職無權的「政治花瓶」。其中，一些專業知識與政治關係疏遠的專門家校長，在這個過程中是自我邊緣化。如書中所說的中央音樂學院院長音樂家馬思聰，對學校管理是無權置喙的，只能識趣地去搞自己的音樂。他們是幸運的，專業給了他們疏遠政治的機會，只是到文革才遭到了滅頂之災。一些專業知識與政治關聯比較密切的專門家校長，則很快由於他們的知識不合時宜，而遭到政治打壓，被邊緣化了。如北京大學校長馬寅初，因「新人口論」與毛澤東的觀點不合而被打壓，遭到有組織的全國規模的聲討。

更要命的是，政治上的這個「適宜」是不斷變動的。這個時期的「適宜」，可能就是下個時期的「不合時宜」。書中講的武漢大學校長李達的事情，就是一個典型的例子。李達是中共創建者之一，與毛澤東交誼深厚，脫黨後以教書為生。一九四九年後出任武漢大學校長，致力於宣傳毛澤東思想，所論為毛澤東首肯。上有最高領袖的護佑，下有學界理論權威的身份，這是得天獨厚的殊榮。但李達在兩件事上犯了大忌，一是公然反對大躍進的「扯大炮」和胡作非為，二是不慎說出了毛澤東參加中共一大時並非黨員的實情。特別是李達與地方黨政領導的矛盾，關係越來越緊張。當地最高黨政首腦王任重，藉文革發動之機，把他作為「牛鬼蛇神」拋了出來，批鬥致死。李達之死，本質上還是知識與政治的矛盾。李達是努力要跟上政治的變化，但政治卻越變越不上軌道，最後要了他的老命。

如果說政治與知識的衝突，在專業知識分子身上有其必然性，那麼，在革命家出任的大學校長中，這個衝突不僅同樣存在，而且其角色衝突的矛盾更為複雜。這些出任大學校長的中共幹部，能夠系統地接受完高等教育的其實不多，有留學背景的很少。很多人沒有完成大學學業，不少人還是中學文化程度。他們是作為貫徹黨的教育方針的執行者，去擔任高等院校掌門人角色的，一開始就是「外行領導內行」。另一方面講，這些革命家校長雖然大都缺乏系統的專業化知識訓練，搞教育更是半路出家，但在中共黨內都是一時之選的知識人才。經過十幾年教育工作的實踐薰陶，已是專業化或半專業化了，同時政治邏輯和教育邏輯的衝突，在他們身上有更為複雜的體現。

本書所講的七位由革命家出任大學校長的文革遭遇，不是單純地就文革講文革，而是把他們的文革遭遇放到了一個歷史的因果鏈上。文中用了「剃人頭者人亦剃其頭」的古語，以示因果還報；還用了「喝狼奶長大」的新詞，以示教育者的教育失誤，自食其果，遭到報應。這當然都是有一定道理的，但實際情況可能還要複雜得多。這裏既有政治大氣候的共性因素，也有個人作為的特殊因素。大歷史事件的發生都會有一個層累的過程，很多事情只有前後對比著看，才能看出端倪。

比如北京大學聶元梓等七人的第一張大字報的出臺，搞垮了陸平為首的北大校黨委。過去的陳說是康生在背後搞的陰謀。這實在是太抬舉康生了。這張大字報的出臺，從背景原因說，是從一九六四年的北大社教運動來的。當時，中共中央宣傳部副部長張磐石帶阮銘等人到北京大學搞社教，整陸平為首的北大黨委。聶元梓這些人都是北大社教運動中的積極分子。一九六五年「二十三條」下達後，彭真和北京市委支持了陸平一派，壓了聶元梓一派。「五一六通知」下發後，聶元梓他們意識到彭真出事了，就寫了這張攻擊北大黨委和北京市委的大字報。為毛澤東利用，作為了發動文革的旗號。而北大社教中的矛盾，又是與一九五九年的反右傾運動有關。當時，北大和人大組成「人民公社調查組」，由剛從人民大學調任北京大學副校長鄒魯風負責，實事求是地反映了一些情況。在廬山會議後，此事被追查，彭真推脫責任，鄒魯風被批，憤而自殺。這在北大教師幹部中引起了很大不滿。再往前溯，就說到一九五七年的反右派運動了。北大是反右派運動的重災區。前來接任北大校長的陸平，德才能力比不上前任江隆基，反右下手很重，許多人對陸平很不滿意。如果再往前追，還有北大教職工中的派系矛盾。北大當時的中青年教師和幹部，主要是兩類人：一是根據地來的和調幹生的幹部；再一是國統區搞學生運動和白區工作的幹部。這兩類幹部無論在生活上、還是在工作上都有很大差距。北大社教運動中，這些搞學運和白區工作的幹部，很多人都成了挨整的對象。僅就北大新歷史看，也足見大學校長的難當。

對於這些革命家出身的大學校長，他們既是為社會培養人才的教育者，又是在學校貫徹中共教育路線的掌門人，最糾結的問題可能就是在對待學生的問題上。具有教育抱負的校長，在左右平衡中會更「右」些。具有政治抱負的校長，在左右平衡中會更「左」些。如江隆基在北大反右時總是下手太軟，蔣南翔在一九六四年高校抓「反動學生」中的故意放水等等，都屬於「右傾」的。在政治運動不斷席捲下的中國高校，政治性較強的左撇子幹部，總是比較得分的，包括校長在內，都是以左整右，長期以往也就不知其左了。反智主義發展到文革，「洪洞縣裏無好人」，大學校長群體幾乎全部都被拿下，雖罪名各異，但殊途同歸。

另外，從時段上，這部書講的這些大學校長的文革遭遇，主要集中在一九六六年文革發動的初期，也就是劉少奇、鄧小平主持運動的「五十多天」。這個時段，較少有作品反映。其實也是搞的昏天黑地。這些一開始就被打倒的大學校長們，不管出身學問家，還是革命家，都成為了各地黨委拋出來的替罪羊，文革的首輪犧牲品。他們被打倒的文革境遇，也正是斯文掃地的滅法時期，可作為大革文化命的寫照。

在這九位校長中，人物最大的是高教部長和清華大學校長的蔣南翔，人物最小的是無錫輕工學院院長陳德鈞。但陳德鈞的文革遭遇是十年文革「一貫制」，一直在本校上下沉浮。這篇是最具原創性的一篇，篇中引用了許多原始材料，敘述比較清楚。可以從中對高校文革過程有一個粗線條的印象。

蔣南翔文革後曾任中央黨校第一副校長。當時他是「老驥伏櫪，志在千里」，教育情懷滿滿，提出了要搞幹部「正規化」教育，就是要以正規學校的方式辦黨校，設置門類比較齊全的課程體系，還招進了各類學科的一批畢業生作為師資……中央黨校校長王震卻說黨校姓黨，否定了蔣南翔的「正規化」。現在再看，蔣南翔的黨校姓校，王震的黨校姓黨，實質上也是政治與專業的衝突。蔣南翔的「正規化」想法雖然沒有得以實現，但他當年招的各門類的青年師資，都成了學校的教學骨幹，以後雖然進的人很多，但再不會這樣整齊了。

在我們感歎這九位校長的文革遭遇時，還要看到，他們經歷過的知識與政治的衝突，現在仍然還在繼續著。現在中國學界很有問鼎諾貝爾獎的宏願，但實際上的做法是事與願違。知識規律表明，知識與政治的衝突越小，產生的知識價值也就越大。如果大學校長都能夠為學術跑龍套，而不是為政治跑龍套，這也就是學界有望所在了。

至此，本該收筆，但書中所述又刺激起了我少年的往事記憶——我家在曲阜師範學院，親眼目睹了一個大學校長的文革之死，正好借這次寫序也記錄於此，以成十全之數。

曲阜師範學院一九五六年建校，是全國第一所設在農村的大學。該校前身是山東師範專科學校，本來校址在濟南。國家要在孔子的家鄉辦一所大學，就把山東師專全部搬遷過來了，升格為本科的曲阜師範學院。據說，這是劉少奇的主意。劉少奇說：過去有許多人都想在曲阜辦所大學，都沒有辦起來。我們共產黨人要辦成這件事。不管劉的這個話是傳聞也好，是真實的也好，只要是在泗洙之地設教辦大學，曲阜師範學院首任校長高贊非都是不二之選。

高贊非是中共研究孔子第一人，一九〇六年生，山東郯城馬頭鎮人氏。父親為本地教育家、文化名人，熱衷學問。高贊非仰承父教，勵志為學。十八歲追隨梁漱溟、熊十力。熊十力很欣賞高贊非，寄望為其「新唯識論」學派傳人。高持奉熊師恭勤有加，曾將熊的談話記錄整理為《尊聞錄》出版。自二十三歲起，高贊非即追隨梁漱溟在河南、山東等地搞「鄉村建設」運動。抗日戰爭開始後，高贊非拒絕流亡，組織武裝在魯西抗日。一九三八年夏，日軍佔領郯城馬頭鎮，強迫高贊非父親出任偽職。高贊非父母和胞弟，寧死不屈，均投入家中水缸自溺。高贊非奔喪至家，悲憤萬分，抗日之志彌堅。一九三九年，八路軍攻佔馬頭鎮，成立郯城縣抗日政府，高贊非被推選為郯城縣抗日動員委員會主任。高贊非在中共領導下，積極從事抗日宣傳和組織民眾工作，曾任山東省抗敵協會四分會主任，濱海區參議會參議長。一九四三年高贊非以民主人士身分加入了中共。

中共執政後，高贊非從事教育事業，曾任濟南教育局長，山東師範專科學校校長，曲阜師範學院的首任院長兼黨委書記。當年，梁漱溟曾想在曲阜辦高等教育未能如願，現在由他的弟子來完成了。但當時曲阜辦大學的條件並不具備，校舍簡陋、資訊閉塞、師資匱乏、困難很大。連生活用水，都是從幾口土井中打的。教師晚間備課，用的是小煤油燈。每天配給二兩，行政人員還沒有這個福利。所以，一九五七年在曲阜師範學院的反右鳴放，焦點是遷校問題，打了六十六名右派。在一九五八年的「整風補課」中，再度對在曲阜辦學問題上的「右傾錯誤」進行清算，高贊非被定為「嚴重右傾錯誤」，撤銷了黨內外職務，貶為圖書館館長和教務長。

一九六二年是文化界的一個小陽春。山東召開了孔子討論會，來自全國各地的專家學者一百多人參加，為一時之選，著名學者有呂振羽、馮友蘭、周予同、蔡尚思、唐蘭、高亨、高贊非等，為學術界的一次空前盛會。高贊非的論文〈孔子思想的核心——仁〉，是會議最有分量的一篇論文。論文把孔子「仁」的思想分為三個層次，一般的意義是「愛人」，是人道主義的；道德的意義是「一種忘我的、無私的、積極奮發的精神」；本質的意義是世界觀，這是孔子一切思想的出發點和歸宿。認為：孔子的「仁」，「是我國歷史上一種偉大的思想」，應該批判地繼承，不能採取「五四」一些人的全盤否定態度。這篇論文，思維慎密，邏輯嚴謹，觀點鮮明，學養厚重，今天讀來也是力透紙背，擲地有聲的好文章。

高贊非的文章得到與會學者的普遍好評，也遭到了反孔的著名左派人士關鋒、林聿時等人的政治棍子，批判其是「超階級」的，與馮友蘭的「抽象繼承法」是一致的。會後，省分管文教領導找高贊非，訓誡說他作為一個黨的領導幹部不該混到那些別有用心的知識份子裏瞎起鬨，說他研究孔子的「仁」客觀上起到了配合敵人向黨進攻的作用等等。高贊非大感詫異，只得老老實實作檢討。檢討了幾年，一直沒有過關。文化大革命的浪潮一來，他又是曲阜師範學院中第一個被揪出來的領導幹部。

發生在半城半鄉之地的文革運動，往往最為兇猛。在曲阜師範學院的教職員中，被打成牛鬼蛇神的佔有五分之一。高贊非就是中間最大的牛鬼蛇神。一九六六年十一月，北京最著名的紅衛兵五大領袖之一，北京師範大學井岡山戰鬥團譚厚蘭率人到曲阜造反，與曲阜師範學院毛澤東思想紅衛兵等組織聯合，在曲師院大操場召開號稱十萬人的「徹底搗毀孔家店大會」，把高贊非和山東省文教副省長、省宣傳部長、及其他一些參加一九六二年孔子討論會的專家學者拉到會場批鬪。他們還到重點文物保護單位孔府、孔廟、孔林大肆破壞，演出了一場毀滅文化的鬧劇。對這次影響十分惡劣的批孔大會，二〇〇五年出版的《曲阜師範大學校史》卻隻字未提，讓人非常遺憾。

文革開始時，我還是十幾歲的少年，對高贊非上述的這些情況一無所知。所見到的高贊非已是「反共老手」的「黑幫」高贊非了。當時，他們全家被趕到了一排平房的過道廁所間裏居住，與我家成了隔門而居的鄰居，耳聞目睹了他們家在文革中的遭遇。

白天，高贊非被拉出去批鬥，晚上還經常要受到一些小孩子的騷擾。這些小孩子最常用的壞招，就是用鐵絲木棍等物品把他們家的鎖眼堵塞上。但無論怎麼堵，高贊非的老伴總是能用髮夾把鎖眼捅開。

相比小孩子們的惡作劇，那些成年的紅衛兵們的批鬥可厲害得多了。在曲阜師範學院革委會領導的「清理階級隊伍」中，掌權的毛澤東思想紅衛兵，把全院的「牛鬼蛇神」組成了一百多人的「黑幫隊」，在全院遊鬥。一些身強力壯的打手們押著他們，邊走邊打，打倒在地，拉起來再邊打邊走。這些「黑幫分子」一個個被打得頭破血流，滿身泥土，泣不成聲，踉蹌前行，其狀慘不忍睹。高贊非已六十多歲，是其中被打得最厲害的人之一。在他已經禿頂的腦袋上，被打出一個鴨蛋大的血泡，格外醒目，滿臉涕淚橫流，身上血淚交匯，哀號不出的嘶啞聲音……這一幕淒慘情景，是永遠留在我腦海裏的。

文革開始強調落實幹部政策後，一九六九年三月，曲師院革委會也宣佈「解放」了一批被打倒的幹部，飽受凌辱的高贊非也名列其中。高贊非聽到宣佈他被「解放」的消息，欣喜若狂，當時當權者讓他跳「忠字舞」，他跳的很興奮，回家後心臟病發作，當晚就去世了。

現在學界視梁漱溟、熊十力為泰山北斗，這兩位大學者共同的親炙弟子高贊非如果還在，當會把「仁」學更加發揚光大。他以自己一生證明了：「仁」道所歸，正是教育之根本。

二〇一五／九／十　教師節

引言

一

他們絕對「官」不逢時，作為大學校長，文革風暴降臨時，他們首當其衝，坐在火山口上。

由是他們中間多數都飽受肉體折磨與精神摧殘，幸運者熬過了漫漫長夜，看到了邪不壓正；不幸者則為黑暗徹底吞噬，未能等到正義必勝的那一刻。他們的經歷是一個民族災難的縮影。

災難也是財富，但要變成財富，必須對災難有全面的記載與認真的梳理。可遺憾的是，截今為止，筆者既未能見到他們這批當事人系統的文革回憶，也沒有看到任何有關他們這段人生歷程的深入描述。

白雲蒼狗。距文革的爆發已半個世紀。當年的高校掌門人絕大多數都去見了馬克思，剩下不多的也在耄耋之年，精力不濟。依靠當事人去重建記憶已完全不可行。

筆者不自量力，期圖穿越到歷史現場，描繪出一批大學校長在風暴中的多舛命運靈魂掙扎。

二

高等學府是文化大革命的搖籃，文革動亂起源於象牙之塔與知識聖殿，天之驕子[1]是文革的急先鋒。作為一校之長，當文革初起時，他們表現各異：束手就擒不作為者有之、頂風作案鎮壓造反者有之、丟車保帥見風使舵者有之……；他們面對的大氣候雖相同，但小環境卻不一樣，同為高等學府的掌舵者，結局大相徑庭：有的「小烤」即軟著陸、有的「大烤」吃盡苦頭、有的「猛烤」命送西天……；即使撒手黃泉，施害者也有差別：地方決策者起主要作用的、造反學生負更大責任的、地方決策者與造反學生合力打造的……。僅從文革大學校長迥異的人生境遇就足見歷史的豐富性與複雜性。但這五光十色的歷史在不少作品中多的是臉譜化、程式化的描寫，有些人物成為罪惡的符號，而另一些人物則成為正義的化身，結果真相被人為地扭曲，以訛傳訛之作流行於網絡與平面媒體。

復旦大學吳中傑教授曾感歎：

> 文化大革命結束之後，有些當年自己被打入牛棚，吃到許多苦頭的人，卻在各種場合慷慨發言，把這場恐怖風暴的責任，加到不該為它負責的人群身上。因為此時，原黨委的領導人都已復出，重新掌權矣。這真是文人的悲哀，悲哀的文人呀！

出於各種各樣的因素，真實的文革在螢屏、網絡、報刊上難得一見。修復歷史的記憶、打撈歷史的真

[1] 全國在校大學生數，二〇一四年為二四六八．一萬人，文革爆發時僅五三萬人，萬裏挑一是當時真實寫照。

相困難重重，它需要史德、史才、史識，需要大智慧才能穿透文字的迷霧，重建消失的現場，挖掘出表像背後的深層密碼，而這些筆者並不具備。

三

文革爆發時，中國內地有大學四百三十四所，其中重點大學六十八所。拙著只寫了九位大學校長，他們是北京大學的陸平、清華大學的蔣南翔、南京大學的匡亞明、蘭州大學的江隆基、武漢大學的李達、西安交通大學的彭康、中央音樂學院的馬思聰、上海音樂學院的賀綠汀、無錫輕工業學院（現江南大學）的陳德鈞。這九人在文革中都挨批挨打，其結局有差異。江隆基懸樑自盡，李達與彭康被迫害致死，馬思聰「叛逃國外」，其他的五位校長度盡劫波東山再起。

羅馬不是一天建成的，極左思潮主宰中國也經歷了思想改造、反右派、反右傾、四清等諸多環節。拙著在重點描述大學校長文革境遇個案的同時，也把鏡頭拉長，展示他們在高校施政時應對頻繁運動的騰挪和閃失、順從與抗爭。

為什麼受高等教育的天之驕子會粗暴地對待同學、老師、校長？為什麼會如此踐踏人性人權？為什麼文化大革命會起源於北大清華這些名牌學府？我們是「喝著狼奶長大的」，文革結束後造反派如此悲情控訴。讓歷史倍感沉重的是，造反派喝下的「狼奶」不少是校長們提供的，這些高等教育的領導者積極宣傳階級性鬥爭性，否定人性否定寬容，他們播下了跳蚤也收穫了跳蚤。這是中國高等教育恥辱的歷史，也是不該遺忘應當深刻反思的一段歷史。思考教育的過去與未來，是每一個教育工作者應該認真去做的一件正事。

俄國思想家赫爾岑曾言：「充分地理解過去，我們可以弄清楚現狀；深刻認識過去的意義，我們可以揭示未來的意義；向後看，就是向前進。」任何一個對現實、未來負責的人，都有義務廓清、還原歷史的本來面目，都有權利追尋悲劇的前因後果，為了悲劇不再重演，為了那些含恨而去的冤魂。

四

二十世紀五〇年代開始就強調鬪爭，宣傳不可調和，由是當社會被撕裂時，各派力量都對對立面毫不手軟，上演了一幕幕螳螂捕蟬黃雀在後的悲劇。先是造反派衝擊校領導，工作組介入，校領導下臺受辱；不久工作組因鎮壓學生造反，被趕走；造反派追究工作組的後臺，衝擊黨政機關被當槍使，最終也被工宣隊軍宣隊收拾。

筆者還原當時各派力量博弈的過程，反省參與爆炸時代政治妥協的缺失，呼喚的是國民能從民族悲劇中學會政治理性的建設。可喜的是，一些優秀學者對此已有深刻的認知。如董國強先生對文革初期打倒校長匡亞明的反思極有見地：

> 造反學生在高壓狀態下的犬儒主義傾向，以及後來在自在狀態下的暴民主義傾向，是否都反映出他們的人格缺損？匡亞明固執地把自己看作「政治正確」的化身，絲毫不能容忍任何不同意見，這是否意味著在他身上「民主」觀念的淡漠和封建家長製作風的根深蒂固？此外，江蘇省委對於籌建溧陽分校以及南大黨委的其他各項工作負有領導責任，但是當工作中出現問題的時候，省委主要

負責人不是勇於承擔責任，而是見風使舵，大玩「丟車保帥」的把戲，其「黨性」和「人格」難道沒有令人質疑的地方嗎？……

當基本的政治倫理喪失以後，政治就變成了一場危險的賭博遊戲。如果一個社會容忍了對少數人權利的踐踏，那麼其他社會成員權利的喪失，就只是時間問題。[1]

五

傳記著作有著廣大的讀者群，但好的傳記在國內還少見——少見的原因就在於，傳記作者不能客觀全面，不能獨立寫作，不能進入現場。

著名作家沃爾特·以撒森（Walter Isaacson）寫下的《史蒂夫．約伯斯傳》贏得廣泛讚譽，反響極好，他為何能成功，只要看看作者的創作過程，就能找到答案：

在過去兩年與約伯斯面對面交流四十多次、對約伯斯一百多位家庭成員、朋友、競爭對手和同事進行採訪。我知道我必須採訪很多人，這些人要麼被他炒過魷魚，要麼被他傷害過、遺棄過，抑或被他以其他方式激怒過，我以為我跟這些人交談會讓約伯斯不舒服。的確，當我的一些採訪對象的言論傳到約伯斯耳中時，他表現得有些憤怒。但幾個月後，他開始鼓勵人們跟我交流，這其中甚

1 董國強：《從南京大學「倒匡」事件看「文革」的複雜屬性與多重面相》，《二十一世紀》網路版第五十四期，二〇〇六年九月三十日。

至包括他的敵人和前女友。他也沒有對任何事情作出限制。他的妻子勞倫希望我寫作時不受約束或控制，也沒有要求提前看到書的內容。事實上，她還鼓勵我坦率地描述約伯斯的全部：他的優點以及他的缺點。[1]

真實的約伯斯形象能呈現給世人，有作者的嘔心瀝血精耕細作，但也少不了傳主夫婦的開誠佈公光明坦蕩。遺憾的是，這樣的創作態度，這樣的開明傳主在中國都還是極度欠缺。

楊奎松師曾這樣評價唐德剛的著作：「他把別人講過的故事、史料，用他自己的邏輯、史觀重新梳理、組織，使整個筆調煥然一新，令人大開眼界。很有意思的是，仔細看他的東西，其實沒有很多新東西，不具爆炸性，他的優勢在於他自己對歷史的解讀。他善於議論，善於把一個平常故事講出道理來。」

唐先生的風格是筆者所認同的。拙著所寫的九位校長都不完美，他們的權力含金量有天壤之別，他們的人生有成功有挫折有高峰有低潮，作為中國高等教育的領導者，他們在時代的夾縫中留下深深的印記。筆者以同理心來觀察九位校長的人生起伏，凸顯極左思潮對人性的扭曲對社會的危害。

六

撰寫拙著時，本人適逢知天命之年。不才雖然經歷了文革十年，可年幼的我體悟的荒誕場景僅是有限的幾個畫面：父親一介農民，卻擁有官方供給的專政工具紅纓棍、明月高照時身為紅小兵連長的我同小夥

1 沃爾特．以撒森：《史蒂夫．約伯斯傳》前言，北京：中信出版社，二〇一一。

伴一起在地主屋前高喊口號、小學門前圍觀掛牌批鬥者、一位挑著貨擔在鄉下用針線換雞毛鴨毛的小貨郎被我等紅小兵纏住不放，因為他搞投機倒把，挖社會主義牆腳……

眾所周知，文革題材還沒有脫敏，動筆時在下也曾躊躇再三，可聽到一著名大學學生說，他的老師授課時大提文革的優點時，筆者決定犯難而上了。

得益於互聯網，得益於前輩學者的成果，得益於宋永毅先生所主持的大型資料庫，筆者可以粗線條地鉤沉出九位校長文革的境遇，這些境遇足見那段歲月的瘋狂和沉重、可笑與可悲。但筆者學養有限，加之一手資料的不開放[1]，拙著完全是一塊引玉之磚，這絕非謙詞。

文革初起時，在任的大學校長有四百三十四位，遺憾的是，他們中的百分之九十多在文革中的經歷還是模糊不清——等到這一切都清晰時，文革高校史研究才算取得了階段性成果。我期待著在眾多文革研究者的共同努力下，四百三十四位校長的文革際遇都「造影成像」，但筆者對此很不樂觀。

1 筆者曾在陝西省檔案館查到彭康校長的案卷目錄，可卻看不到檔案。

「全民聲討」的北京大學校長——陸平

陸平是一個有著良好執行力的官員，如果他一直在鐵道部門發展，想必也能幹番事業，可在視知識如糞土的極左時代讓他執掌北京大學，其留下的是一地呻吟與四面哀歌。

人生之路中總有幾個關節點，它們決定著你的成功或失敗，順遂或坎坷。一九五七年擔任鐵道部副部長的陸平，被組織任命為北京大學一把手，這是他人生的拐點，由是開啟了他在北大從整人始到被整終的可悲可歎之旅，爭議之聲伴隨著他的後半生。

踏入是非之地

一九五七年夏天，突如其來的一場反右運動把知識份子集中的高校變成火藥味甚濃的角鬪場。一批直言的師生響應黨的整風號召，結果「多情總被無情惱」，他們被打成右派，劃入另冊。或自保或人在江湖，其他的師生紛紛拿起筆來做刀槍，向右派們開火。

反右後的高校，成為極左路線的重災區，成為動輒得咎的危險地帶。

陸平就是在這種「明知山有虎偏向虎山行」的心境下，來到高校的領頭羊——北京大學。他沒有如履薄冰的恐懼，有的只是勇往直前的自信。當年的《人民日報》對陸平的工作調動有過報導：

「從整風運動和反右派鬥爭中暴露的情況表明，我國許多大、中學校和其他文教單位的政治工作薄弱，領導力量不足，中央對此十分重視，決定從中央黨政機關中抽調一千名優秀的高級和中級幹部以加強文教戰線。」、「目前有一百三十七名高級幹部已經確定抽調，其中六十多人已走上了新的工作崗位。這批高教幹部一般都具備政治修養較好、思想水準較高、作風好、身體好、能團結知識份子等條件，他們的文化水準和領導能力也是能夠勝任各種文教部門的領導工作的。在一百三十七人當中，有副部長級幹部五人，部長助理級幹部十人，司、局級幹部一百二十二人。財政部副部長劉墉如，原來是北京師範大學畢業生，現在又回到母校，擔任副校長；被派往北京大學擔任副校長的陸平，原來是鐵道部副部長。」[1]

北京大學是陸平的母校，一九三四年二十歲的陸平考進了這所名牌學府，就讀於教育系。按理說，從事高校管理工作與他專業對口，在尊重教育規律方面他應該比其他的大學校長佔有優勢。可在入讀北大前，他已不顧個人的安危，參加了地下黨；求學期間，他重心放在革命活動，他是一九三五年一二九學潮的核心人物；七七盧溝橋事變爆發後，他又投入抗戰的洪流，未能完成學業。聰穎的陸平沒有受到系統的專業訓練，他的知識資本比較欠缺，組織之所以安排他掌管北京大學，他在該校求學是一個重要因素，更關鍵的是他的革命資歷。

1 《加強黨對文教戰線的領導》，《人民日報》一九五七年十月二十三日。

一九五七年十月十六日，陸平來到北大上任時，教職員中剛剛劃了九十個右派，學生中劃了四百二十一名右派，總計五百一十一人。這是一個相當高比例的反右戰績，可最高層還是不滿意，要書記江隆基「讓賢」給比其年輕九歲的陸平。陸平主持「整風補課」三個月，北大的右派數字上升到六百九十九人。也就是說，一百八十八人的「劃右」和陸平有關。事後有一種說法：此種「錯誤應由集體負責」。這不能說沒有道理，但主要負責人負有不可推卸的責任也是應該明確的。以後江隆基調離北大前，一九五八年十月下旬到十二月底，陸平主事的北大黨委對其進行了兩個多月的批判，批其右傾保守，這讓江隆基這位老革命赴蘭州大學上任時非常心酸。

陸平一到北大，就出手不凡，作風硬朗，自然也讓其置身於矛盾的中心，其後他搭載著極左的戰車越走越遠。

一九五八年是北大花甲之年，五月四日青年節，北大舉行校慶紀念大會，中共北京市委第一書記、市長彭真，全國人大副委員長郭沫若，中共中央宣傳部副部長陳伯達，教育部部長楊秀峰出席。時理論權威陳伯達發表講話，他興奮地告訴北大師生：

「我們很幸福地生活在世界無產階級革命大變革的偉大時代，生活在帝國主義沒落和社會主義興旺的偉大時代，生活在中國數千年來沒有過的大躍進的時代」，他斷言「北京大學的老教授，大體上有兩個包袱。第一，受西方資產階級沒落時代的教育。西方資產階級有過革命的時代，但老教授們出國留學的時候，資本主義已經處在垂死的階段。他們在那裏的大學讀書，接受了資產階級那一套極端腐朽的反動的思想，把好些什麼實用主義啦，新黑格爾主義啦，新康德主義啦，馬赫主義啦，馬爾薩斯或新馬爾薩斯學說啦，凱恩斯學說啦，等等，都裝進自己的腦袋裏面，回國以後，也就拿出這些東西在學生中販賣。沒有出國留學而當了教授的人，如果受過他們的教育，也照樣在學生中販賣這些貨色。雖然幾年來許多人在不同程度上有了進步，但有些人在實際上還是講他們那老一套。第二，受中國封建思想的影響。……老教授們這兩個包袱，害了自己，也害了人家的子弟。出路就是要經過批評和自我批評，重新學習，丟掉這兩個重包袱。」[1]

對這種輕視知識份子的話語體系陸平非常認同，他認為「北大青年學生中大多數是走粉紅道路，老教師中白專是多數。」[2]由是有「原罪」的教授們低人一等，他們被視為只專不紅的「白旗」，受到年輕教師與學生的批判，僅中文系為拔掉本系的白旗，學生們放棄了休息，「苦戰四十天，掀起了一場聲勢浩大的資產階級學術思想批判的群眾運動」，「寫出了許多批判資產階級學術思想的專輯大字報」，其中有批判游國恩教授楚辭研究的專輯，批判林庚教授文學史研究的專輯，批判王瑤副教授的修正主義文藝思想的專輯，批判魏建功教授治學中的教條主義專輯，以及批判朱德熙副教授語法研究中的資產階級學術觀點專輯等，還油印了多種批判論文集。[3]教授們的「苦逼」生活也影響了年輕學子，他們害怕成名成家，學校圖書館由門庭若市開始變得門可羅雀。[4]

陸平主事不久，北京大學就發生了巨大的變化——教授被搞得灰溜溜的，師道尊嚴沒有了，知識越多越反動流行了。陸平雖不是此事的始作俑者，但其是當時極左路線在北大的堅決執行者。

1 《建設共產主義的新北大》，《人民日報》一九五八年五月五日。
2 陳徒手：《故國人民有所思》，北京：三聯書店，二〇一三，第四三頁。
3 羅平漢：《一九五八年知識界的「拔白旗運動」》，《讀書文摘》二〇〇五年第一期。
4 趙鑫珊：《我是北大的留級生》，南京：江蘇文藝出版社，二〇〇四，第三三頁。

北大高層傷痕累累

一九五八年註定是歷史上極不正常的一年。這一年，因高層不斷點火，全國「高燒不退」，一場史無前例的大躍進狂潮席捲神州。全民動員大興水利、大除「四害」（初指蒼蠅、蚊子、老鼠、麻雀）、大煉鋼鐵、大辦教育、大放衛星、大辦公共食堂、大搞共產風、大批判，大喊「只怕想不到，不怕做不到」。於是各種奇聞冠冕堂皇；一九五八年八月十三日《人民日報》報導：「麻城建國一社出現天下第一田，早稻畝產三萬六千九百多斤。」八月二十九日，中央政治局擴大會議通過〈關於在農村建立人民公社問題的決議〉，豪邁地宣佈「共產主義在我國的實現，已經不是什麼遙遠將來的事情了。」九月十二日《廣西日報》報導畝產「十三萬四百三十四斤十兩四錢」的記錄。

十一月，根據中共北京市委的指示，以北大、人大兩校黨委調集兩校師生一百六十八人組成「人民公社兩校調查組」，赴河北省槁城縣、河南省信陽縣、魯山縣進行調查，這一調查組的總負責人是剛從人民大學調任北京大學任第一副書記兼副校長的鄒魯風。調查組出發之前，兩校黨委召開大會，兩校的黨委書記胡錫奎、陸平都出席歡送。

次年五月，調查組經過近半年的實地調查，回到學校，最後整理成調查報告《問題彙編》。鄒魯風當時是中共北京市委委員，他邀請人大、北大兩校黨委的負責人來北大的臨湖軒聽取調查組彙報。會上大家對大躍進的亂象都予以批評，陸平的觀點與大家相同，他也認為大躍進失多得少。

然而，七月份廬山會議召開，形勢突然逆轉，批評大躍進的言論都被上綱上線為「右傾」，《問題彙編》被看作是反黨綱領。這樣批判調查組自然成為北京大學反右傾的重要任務。

為了開展大批判，黨委書記陸平掛帥，還有黨委副書記馮定參加，黨委辦公室主任魏自強具體領導批判鬪爭。鬪爭開始先是成員的相互揭發，進而向上點火，指向中層，後來有人提出：「能不能往上揭？」與會的黨委書記陸平斬釘截鐵地說：「揭！揭！」於是，矛頭又指向了鄒魯風。[1]

對鄒魯風的批判會是在北大辦公樓禮堂召開的，現場還有大喇叭廣播。批判會上，當年指派鄒魯風「掛帥」的人，聲嘶力竭地指責考察隊「全軍覆沒」，是「北大的奇恥大辱」。[2]

十月二十六日，四十九歲的老革命鄒魯風在北大鏡春園西面的湖中投水自殺。聽到比自己年長五歲的下屬死亡的噩耗，陸平不是悲傷，而是憤怒，他用手猛地拍了一下桌子，罵道：「媽的，叛徒，拿紙筆過來，開除黨籍！」一個工作人員拿過來了紙和筆，陸平就立即起草了開除鄒魯風黨籍的決議。

鄒魯風死後，家人要求在墓前立一個碑，竟不被批准。鄒夫人只好在一塊磚上寫著「鄒魯風之墓」，放在墓前。這件事弄得很神祕，在北大只有少數黨內幹部知道，眾多的北大師生無從知曉鄒魯風死亡的消息。一九七九年五月，鄒魯風追悼會在八寶山革命公墓禮堂舉行。追悼會由教育部長蔣南翔主持，北大校長周培源致悼詞，陸平等參加。歷經文革磨難的陸平出席昔日戰友這遲到二十年的追悼會，不知是何滋味。

在鄒魯風棄世的同時，北大校長馬寅初也被推上祭壇。一九五九年十月二十四日，中央理論小組組長康生召集理論界和有關報刊負責人開會，部署對馬寅初的全面批判。自一九五一年七十歲的馬老出任北大校長起，其權力便有名無實，大躍進後，其新人口論為國家最高決策者所排斥，對他的批判便持續不斷。

---

1 陳哲夫：《我在北大六十年》，北京：東方出版中心，二〇一〇，第七六頁。
2 韓三洲：《陸平與鄒魯風之死》，《南方都市報》二〇一二年二月二十八日。

一九五八年三月二十六日北大經濟學系教授樊弘貼出批評馬寅初校長大字報；二十九日，經濟系二年級十位同學給馬寅初寫大字報，批評馬老在指導他們如何學習和研究經濟學問題時，向他們宣傳了「大北大主義」、「資本主義」、「個人主義」。四月二十四日校刊刊登了三篇批評馬寅初「新人口論」的大字報和樊弘教授繼續批評馬校長的大字報。一九五八年上半年，北京大學經濟系和政治課的十多位教師，專門組織了一個人口理論研究會。其主要負責人為樊弘、陳岱孫教授、趙靖副教授等，該會組織了許多批判馬老的文章。[1]

對馬老的困境，陸平沒有施以援手，他雖沒有親自「操炮」，但由其控制的北大校刊接二連三發文攻擊一校之長，也足以表明其傾向性。

一九五九年十二月十五日，北京大學黨委根據康生指令，召開常委會，研究〈關於批判馬寅初的問題〉，黨委書記陸平說：「最近馬寅初很猖狂，在《新建設》寫了一個『重申我的請求』，猖狂進攻，康生同志今天指示，他已經不是一個學術問題，而是借學術之名，搞右派進攻，不許他去視察。貼大字報，把大字報一直貼到馬寅初門上去，我們不發動，如群眾有人貼他是右派也可以。另外要寫幾篇文章，決定專門組織幾位同志，北大去三人，脫產住到飯店去專寫文章。胡繩同志指示，學校裏集體搞，『海龍王』先不出來，就用學生戳他。有些文章《人民日報》要登，他的校長是不可能做了。根據康生同志指示，怎麼搞法，抽幾個人去？今天討論一下，要有個方案報市委。」

報請北京市委批准，對馬寅初發起總攻的時間定在十二月二十五日。在總攻發起前夕，陸平和副書記崔雄崑同馬寅初談話，說明不同意馬的理論觀點和政治觀點，認為它是同黨的政策路線相對立的，提出要

1 彭華：《馬寅初傳》，北京：當代中國出版社，二〇〇八，第一八八頁。

全校開展討論，弄清是非。[1]

十二月二十五日一天之內，七千張大字報鋪天蓋地貼滿了北大校園，「反共老手」、「反黨反社會主義」、「中國的馬爾薩斯」、「法西斯主義在中國翻版」，從當天開始到次年一月二十日，北大組織三次《新人口論》討論大會，實際是批判大會。馬老雖是行政三級（相當於國務院副總理），比陸平要高三個職級（陸是行政六級），但面對萬箭齊發，他毫無招架之功，只得無奈地向上級提出辭職。

一九六〇年三月三十一日校務委員會開會，教育部長楊秀峰到會傳達國務院三月二十八日會議決定：接受七十九歲的馬寅初校長辭職的要求，同時任命四十六歲的陸平為北大校長。

書記校長一肩挑，陸平當然「春風得意」，這既是組織對他兩年多來工作的肯定，也讓他在北大有更大的話語空間。

歷經反右派、大躍進、反右傾等頻繁的政治運動以及全國民生凋弊、生活滑坡的嚴重困難，國家最高決策層不得不在六〇年代初進行退卻，讓子民們喘口氣，緊張的政治空氣有所緩和。從一九六一年開始，北大便對「最近幾年來」受過批判和處分的幹部、黨員進行了甄別，批判錯了的，恢復名譽，恢復職務。一九六一年五月二十八日，黨委書記陸平在全校黨員大會上，一改以往的口氣說：「當前仍然堅持資產階級方向的人是極少數……今後不要再用白專的概念了。」並提出要「搶救急、精、尖、稀、缺」，歷史系的翦伯贊被列為急，安排由田余慶接班；邵循正被列為稀，由張廣達接班；向達被列為缺，由高望之接班。

1 胡治安著：《統戰秘辛——我所認識的民主人士》，香港：天地圖書有限公司，二〇一〇，第四七頁。

一九六二年，貫徹《高教六十條》精神，北大由黨委領導制，改為「黨委領導下的以校長為首的校務委員會負責制」。系黨總支對系行政也只起「保證和監督作用」。北大開始逐漸恢復了正常的教學秩序，學校又開始像一個學校了。學校發出明文規定：教師要「確保六分之五的時間用於業務上」，要「保證學生每天有六小時學習時間」。雖然還有六分之一的時間是政治學習，但這已經算是作出了最大讓步。

陸平按照劉少奇、彭真等中央一線領導的「頻率」所進行的政策調整，卻被退居二線的毛澤東視為「修正主義」。由是這兩個司令部、兩條路線展開了長達幾年的「臺下」博弈，直至通過文革分出勝負。

焦頭爛額的五十歲

一九六四年，陸平五十歲，是他的知天命之年。本年，陸平運交華蓋，麻煩不斷，在北大不買他賬的人日漸增多。副校長周培源給國務院總理周恩來寫信，批評他「亂想亂說亂幹」，根本不懂教育；老專家鄧廣銘抱怨其「不學無術」，黨委第一副書記戈華、哲學系黨總支書記聶元梓等人則認為陸平喪失了革命性，其排擠工農子弟重用資產階級知識份子。

在社教運動試點的背景下，七月二日，中宣部派了一個以副部長張磐石同志為首的十人小組進駐北大調查。一個多月後，該組寫出了一份調查報告，報告說：「在北京大學，資產階級知識份子的進攻是很猖狂的」，「北大黨委的階級鬥爭觀念薄弱」。這無異宣告陸平「政治」上的死刑。

陸平本來和張磐石是熟悉的，一九四八年以劉少奇為第一書記的華北局成立時，陸平是青委書記，張磐石是宣傳部副部長兼《人民日報》總編輯。不知何故，張對陸平六親不認，將其往懸崖下推。

十月二十一日，中宣部向中央書記處提議，在北京大學開展社教運動試點。彭真同志當日批復同意，並於次日找陸平、副書記張學書，市委大學部副部長宋碩和大學部幹部兼北大黨委副書記彭佩雲等談北大工作。他批評陸平對北大的情況心中無數，指示陸平選一兩個系蹲點，在系統瞭解情況後寫一個報告來，講清北大的形勢和任務。[1]

中宣部北大社教工作隊領導由五人組成。他們是：張磐石（中央宣傳部副部長）、劉仰嶠（高等教育部副部長）、徐子榮（公安部副部長）、宋碩（中共北京市委大學部副部長）、龐達（中央宣傳部教育處副處長）。工作隊員則是從各省市抽調的宣傳部長、教育廳長和一些高校的黨委書記等領導幹部，共計兩百一十人。這是一個規格很高、隊伍龐大的工作隊。

儘管知道來者不善，張磐石一進北大，陸平就去看他，問他「要不要彙報」，希望張能看在昔日同事的情份上，高抬貴手。可熱臉遇到了冷屁股，張說不要，也不需要北大黨委的配合。顯然，工作組進北大就是要抓出階級鬥爭「成績」的，要在北大抓出一大批「帝、修、反」、一大批「大鯊魚」，陸平在劫難逃。

很快，工作組已經對校黨委產生負面印象的傳聞使得陸平緊張起來，他即到北京市委向副書記劉仁彙報。北京市委不滿意工作隊在北大的活動，陸平對工作隊的種種做法也產生了抵制。

十一月五日，北大社教運動宣告正式開始，僅一周，火就燒到校黨委。工作隊校級機關組負責人在機關總支大會上公開點陸平、彭佩雲等人的名，指責他們搞陰謀活動，對抗工作隊，破壞社教運動；並追根到市委，逼他們交代誰是撐腰的「後臺」。此後，陸平等就處於被批判、被審查的境地，黨委書記、副書

1 彭佩雲：《追述彭真關懷北京高等教育的光輝思想和實踐》、《彭真生平思想研究》，北京：中央文獻出版社，二〇〇八，第三五〇頁。

記七人中被批鬥五人，黨委委員十四人中被批鬥八人，二十個系總支書記鬥爭了十八個，北大黨委實際被奪了權，由工作隊領導全校工作。[1]

工作隊進北大後，哲學系是重點，張磐石親自抓。由於十多年間越來越「左」的政治思想路線所致，哲學系黨員教師和幹部中存在著嚴重的不團結因素，兩派意見分歧很大。「張磐石把陸平找來參加會議，要他來聽取群眾意見。陸平一聽就受不了了，頭上直冒汗，手直哆嗦」。[2]哲學系總支書記聶元梓在一次全系積極分子大會上傳達工作隊副書記龐達的指示，歷數陸平及校黨委的罪狀，動員大家上陣鬥爭陸平，她大聲問敢不敢鬥？害怕不害怕？可以想像的是場面情緒昂揚，得到與會者一致的應答聲。[3]

因工作隊來頭很大，也因極左思潮的影響，加之陸平當政以來積累了不少「負資產」，時北大師生中有不少人認為陸平有嚴重問題，對其群起而攻之。東語系主任季羨林也加入了批判陸平的行列。[4]

儘管陸平在北大遭「萬炮齊轟」，但其並沒有絕望，其中主要因素在於上面仍有人「罩著」他。時北大實行雙重領導制，既歸高教部，也歸地方黨委，北大黨委和北京市委大學部的關係密切，北京市委不滿意中宣部工作隊的意見，認為陸平最多是「好人犯了某些錯誤」，工作隊主要領導則認為北京市委包庇陸平。時北大黨委副書記馮定也因以前的恩怨，站在工作隊一邊，他在常委會上把矛頭指向陸平與市委的關係，向群眾公開了黨內的鬥爭祕密：

1 彭佩雲，《追述彭真關懷北京高等教育的光輝思想和實踐》、《彭真生平思想研究》，北京：中央文獻出版社，二〇〇八，第三五〇頁。
2 聶元梓：《聶元梓回憶錄》，香港：時代出版有限公司，二〇〇五，第一〇四頁。
3 陳徒手：《故國人民有所思》，北京：三聯書店，二〇一三，第二一九頁。
4 季羨林：《牛棚雜憶》，北京：中共中央黨校出版社，二〇〇八，第三八頁。

「……陸平、彭佩雲同志你們是怎樣去市委商量的，怎樣利用市委負責同志的講話？陸、彭講的不一樣？你們不弄清楚，我們很難判斷……有些事情校常委會通不過，就到市委去一趟，回來說是市委的意見。」[1]

一九六五年一月十四日，中央發佈毛主席起草制定的《農村社會主義教育運動目前提出的一些問題》（簡稱「二十三條」）。彭真借該文件中某些緩和精神，尋機解決北大的問題，但他卻遇到了障礙。主要是張磐石不承認前段運動有錯，拒絕檢查。

二十三日和二十四日，在市委召開的學習貫徹「二十三條」會議的高校組上，陸平、彭佩雲在市委書記彭真的支持和授意下，突然對張磐石在北大社教運動中不批判馮定提出批評，一反幾個月來的軟弱和萎靡，言詞變為激烈，令熟悉政治形勢走向的與會者大為震驚。可以看出，陸平他們已是背水一戰，在政治靠山的暗助下，拼此一搏，來扭轉自己一方即將繳械的劣勢。

張磐石對此頗為惱火，召開工作隊黨委擴大會，讓陸、彭發言，名為聽取意見，實際上動員支持者進行反駁和再批判，說他們是反攻倒算。強勢地給陸、彭扣上三條新罪名：否定運動成績；陰謀挑撥工作隊和市委的關係；多方限制和阻撓批判馮定。工作隊簡報一下子給陸平扣上「大翻案、大進攻、大陰謀、大暴露、大孤立」的帽子。[2]

面對工作隊與北大黨委兩派勢力的「頂牛」難題，如何裁決，中央總書記鄧小平也感到棘手，最終他還是把天平傾向了陸平，三月初鄧主持中央書記處會議，做出決策：北大是比較好的學校，陸平是好同

---

1 陳徒手：《故國人民有所思》，北京：三聯書店，二〇一三，第二一七頁。
2 陳徒手：《故國人民有所思》，北京：三聯書店，二〇一三，第二二〇頁。

志犯了某些錯誤，北大不發生撤換領導的問題。緊張了幾個月的陸平總算軟著陸，他如釋重負，但他也清楚，一百多天的群起而攻之，他的形象被各種汙言穢語搞得臭得很，以後工作的開展將更難。

三月二十一日，原先支持張磐石的中宣部部長陸定一和陸平談話，陸定一對陸平說：毛主席說了，你是好同志犯了某些錯誤，放心好了。以後第一書記還是要你做下去。名聲不好了，這不要在乎，向同志們講清楚就行了。揭發出來的問題，有的是對的，有的不對。今後同志們好好合作，把工作搞好。北大的問題，根本是黨的問題，這幾年教育不夠，你一九六一年後有點右，我們也有。該談話內容，陸平隨即向校黨委常委做了彙報。[1]

一九六五年三月社教運動峰迴路轉，陸平重新翻盤，張磐石節節敗退，馮定的政治狀態陷入困境，陸平一再宣稱，馮定問題，是北大最大的馬克思主義與修正主義鬥爭的大是大非問題。黨委中有人激烈指責馮定這位北大唯一的馬克思主義哲學教授「渾水摸魚」，是他把北大及哲學系這一缸水攪得很深很渾。還有人強調指出，馮定「利用大家對黨內鬥爭缺乏經驗的弱點，加深了黨員對黨委的懷疑、猜忌」。[2]本來中央是為了「摻沙子」，加強對學術工作的領導，調馮定到北京大學任教授，開了黨政領導幹部當教授的先例。[3]沒有料到，馮定捲進北大政治鬥爭的漩渦，遍體鱗傷。

三年河東，三年河西。風向突變後，整人者由攻轉守，被整者由守轉攻。「一方面，北京大學的幹部在半年多的時間裏，受到了極大摧殘和侮辱，有一肚子苦水和不平之氣，對社教工作隊有極大的不滿；另一方面，中央書記處又認為工作隊犯了混淆兩類矛盾的錯誤，需要承認錯誤，作出檢討。而張磐石為首的

---

1 王學珍等主編：《北京大學紀事》，北京：北京大學出版社，一九九八，第六二七頁。
2 陳徒手：《故國人民有所思》，北京：三聯書店，二〇一三，第二二四頁。
3 劉冰：《風雨歲月：清華大學文化大革命憶實》，北京：清華大學出版社，一九九八，第二二頁。

工作隊不肯承認錯誤，拒絕檢討。為解決這個矛盾，中央書記處決定要中宣部和北京市委分頭召集北大社教工作隊和北大幹部開會，按照中央二十三條和中央書記處會議精神，統一認識，做好工作。開會地點選在北京市國際飯店。」[1]

十幾年間，政治運動一浪接一浪，北大內部「被整過的人重重疊疊，積怨已深。由於指導方針的影響，左了還要接著左，你左我更左的情況比比皆是」。[2]全校從上到下，各部門都分化成左中右幾大對立派系，認為自己是「真革命」而對方是「不革命」。七月底的「整風」會議兩派間涇渭分明水火不容。

> 這裏以國際政治系為例，參加國際飯店會議的有正、副系主任趙寶煦、張俊彥，正、副總支書記張俠、G，各教研室主任蕭超然、李石生、陳哲夫，積極分子w、吳金泉。按照當時的思想狀況分，趙寶煦、張俊彥、陳哲夫、張俠，屬於右派，因為他們曾是被批鬥的；w、G是積極分子，是極左派；蕭超然、吳金泉、李石生是中間派，他們平時為人溫和，不會整人。在這次會上的對立面就是趙寶煦、張俊彥、陳哲夫同w、G，由於此時的政治風向已變，極左派處於下風，前期受批者揚眉吐氣。[3]

會議一直開到九月開學之時，大部分系的對立雙方停息爭吵，因為開學也就返校了。聶元梓當總支書記的哲學系「作為極左流毒的頭號重災區」，[4]因積案甚多，分歧尖銳，怎麼也調和不到一起。會議期

1 陳哲夫：《我在北大六十年》，北京：東方出版中心，二〇一〇，第一一一頁。
2 錢江：《陸平為什麼被「第一張大字報」點名》，《湘潮》，二〇一〇年第一一期。
3 陳哲夫：《我在北大六十年》，北京：東方出版中心，二〇一〇，第一一二頁。
4 王開林：《為天地立心——馮友蘭的自我救贖》、《隨筆》，二〇一二年第一期。

間，給陸平提過意見的人都被隔離，由對立面派人陪他們住著。聶元梓回憶道：「我一個人住在樓道一頭的房間裏，有兩個工作人員住在我的隔壁。吃過晚飯，到大街上走一走，背後還有人跟著，連最起碼的自由都沒有了。走在外邊，看到別的同志身後也跟著人，就知道他也被監視了。這樣一弄，把我們這些被整的人給逼到一起了」。[1]

一九六六年一月，會議主持者覺得再僵持下去也不會有結果，就宣佈哲學系的整風會也到此為止。但是，聶元梓等人認為在國際飯店會議上，他們是被壓制的一方，於是耿耿於懷，等待時機翻案。讓陸平想不到的，聶元梓的翻案來得如此之快，如此之猛。

高天滾滾寒流急

一九六五年十一月十日，上海《文匯報》刊發姚文元所寫的〈評新編歷史劇《海瑞罷官》〉，一個三十四歲的小編輯竟敢不打招呼，就把矛頭直接指向北京市副市長吳晗，北京市委書記彭真及以彭真為政治靠山的陸平等人都清楚地意識到「來者不善」，姚文元後面肯定有人，且此人非同尋常，有著黨內鬥爭豐富經驗的彭真與陸平都真真切切地感受到他們頭頂上烏雲在聚集，他們身邊的羅網在張開。

姚文元文章發表後，在各高校引起了激烈的爭論，學校和系領導試圖把批判局限於學術討論的範圍，引起學生和青年教師的不滿，他們與校、系領導及所謂資產階級教授、學術權威之間的鬥爭十分激烈。當時北大歷史系學生又要求將翦伯贊揪出來批鬥，但由於學校決定歷史系師生到遠郊昌平太平莊半工半讀而

1 聶元梓：《聶元梓回憶錄》，香港：時代出版有限公司，二〇〇五，第一〇六頁。

未實行。

一級教授、歷史系主任翦伯贊在北大曾紅得發紫，擁有眾多的社會頭銜，外號「新燕園攝政王」。那時北大有兩台公用轎車，一台供校長馬寅初用，另一台供翦伯贊用。一九六二年宣佈其黨員身分後，其擔任了北大黨委委員、副校長。可這位反右時還非常活躍的革命左派從一九六四年起就開始日落西山。為防止翦伯贊成為北大的「阿喀琉斯之踵」，陸平苦心思慮，建立防火牆。

一九六五年七月三日張磐石帶領工作組進駐北大，七月，陸平在十三陵主持召開了北大黨委擴大會議，議定翦伯贊的問題是學術問題，並決定按照這個調子進行批判。隨後由彭佩雲出面在燕南園六十三號召開了一次會議，決定收集翦伯贊的材料，寫個調查報告。一個多月後報告出來了，肯定翦伯贊是老革命，老馬克思主義史學家，報告最後也指出翦伯贊近幾年在學術觀點上有些問題。這個報告由彭佩雲交給了張磐石。十三陵會後，陸平還到翦伯贊家，示意翦伯贊採取主動，於是翦伯贊提出了自我檢查的要求。十月集合十來個黨員在翦伯贊家裏開了個會，於是結束了批判翦伯贊的工作。

一九六五年十二月，《紅旗》雜誌發表戚本禹的文章〈為革命而研究歷史〉，對翦伯贊的歷史觀點進行了批判，攻擊翦伯贊的觀點是「超階級」、「純客觀」的資產階級觀點。十二月二十一日，毛澤東發話：「戚本禹的文章很好，我看了三遍，缺點是沒有點名。」

翦伯贊已岌岌可危，可陸平還沒有同他劃清界限，一九六六年二月一日歷史系舉行半工半讀開學典禮，鄧拓、翦伯贊、宋碩、陸平、彭佩雲等出席大會。三月二十五日戚本禹發表文章，點名批判了翦伯贊，歷史系師生再次要求立即揪出翦伯贊，陸平、彭佩雲與歷史系黨組織負責人向學生解釋說，翦伯贊的問題是學術問題，目前他態度很好，天天在家看毛選，勸學生不要進行揪鬥。二十六日彭佩雲從太平莊返回校本部後，和陸平商量，決定要歷史系人人清理思想，但是清理思想變成了批判翦伯贊的大會。

四月七日校黨委常委會討論文科半工半讀和學術批判問題，決定當前重點搞翦伯贊的問題。此後，召開文科部分老教師座談會及文科部分青年教師、研究生、大學生座談會，對翦伯贊的「反馬克思主義史學觀點」進行揭發、批判。

四月十六日《北京日報》發表〈關於「三家村」和《燕山夜話》的批判〉文章，點名批判鄧拓、吳晗、廖沫沙，在北大師生中引起很大反響和震動，學校召開九千人大會，聲討、批判吳晗反黨反社會主義的立場和思想。陸平在會上說：當前這場鬥爭，是一場政治思想戰線上兩個階級、兩條道路、兩種世界鬥爭，要求大家「站在鬪爭的最前線」，投身到當前政治思想戰線上的社會主義革命中去。

鄧拓、吳晗、廖沫沙都是北京市領導，是彭真的老部下，他們同陸平相識並有工作上的交集，對他們全民性的大批判使陸平意識到危險在向自己逼近。為了穩住陣腳，陸平還是想按彭真所制訂的〈二月提綱〉精神，控制批翦的火力，他與彭佩雲十八日主持召開會議，再次議定翦伯贊問題「不能定為反黨反社會主義」，「不可定為反毛澤東思想」。

十九日，陸平來到太平莊，得知歷史系師生已經掌握了許多有關剪伯贊的政治材料，並準備從政治上進行批判，大吃一驚，下令黨總支嚴密封鎖有關資料，並責令革命師生不得議論翦伯贊的政治問題。但陸平回到本校後，迫於整個國內政治形勢的壓力，放出了要「從政治上批翦」的風聲，名之為「放原子彈」，接著以此為名將歷史系師生調回本校，與法律系、哲學系部分師生合作組成「聯合批翦小組」，由法律系黨總支陳守一統一領導，研究批判翦伯贊的史學觀點。工作進行了幾天，陸平又命令停下來，理由是「一下子就說翦是個法西斯分子，吹捧蔣介石，是個漏網大右派，提得太高，別人就不敢說話了」，要大家改寫「農民戰爭」、「歷史人物評價問題」。[1]

[1] 王元周：《從文革小報看文化大革命的校園起源》，《全國黨史學術研討會論文集》，二〇〇四年。

此時的陸平面對批翦之火左右為難，一方面他想與翦「切割」，跟隨潮流對翦進行批判；另一方面他想控制批翦火勢，不讓其脫出「軌道」，殃及自身。他的這些做法還是被左派視為「假批判，真掩護，假鬪爭，真包庇」。

四月二十三日《人民日報》發表了題為〈翦伯贊同志的反馬克思主義歷史觀〉的文章，占了幾乎整整兩大版，此時的翦伯贊終於被架上了祭壇。一九六八年翦伯贊夫婦在學生批鬪和各種政治壓力下雙雙自殺。一九七九年二月二十二日，官方為其舉行了隆重的追悼會，骨灰盒裏放著三件物品：翦伯贊使用的老花鏡，馮玉祥將軍贈送的自來水筆，他與老伴戴淑婉的合影。年過六旬的陸平來到八寶山參加了故人這姍姍來遲的追悼會。

一九六六年五月十六日，指導文革的綱領性文件〈五一六通知〉發佈，並傳至縣團級，對彭真主持制訂的〈二月提綱〉上綱上線，殺氣騰騰，置於死地：「全黨必須遵照毛澤東同志的指示，高舉無產階級文化大革命的大旗，徹底揭露那批反黨反社會主義的所謂『學術權威』的資產階級的反動立場，徹底批判學術界、教育界、新聞界、文藝界、出版界的資產階級反動思想，奪取在這些文化領域中的領導權。而要做到這一點，必須同時批判混進黨裏、政府裏、軍隊裏和文化領域的各界的資產階級的代表人物，清洗這些人，有些則要調動他們的職務，尤其不能讓這些人去做領導文化革命的工作，而過去和現在卻確有很多人是在做這種工作，這是異常危險的。」

「學了這一文件，真叫人驚心動魄。……我嘴裏雖然不敢說什麼，但心裏卻撲通撲通地跳，心裏想：完了，北大的社教運動又要翻案了，北大的幹部又要倒楣了，我自己也又要倒楣了。」[1] 與這位北大老師的驚

1 陳哲夫：《我在北大六十年》，北京：東方出版中心，二〇一〇，第一一八頁。

慌相比，陸平此際更是恐懼、緊張和不安。其政治靠山彭真已成為刀俎上的魚肉，他的壞日子也即將來臨。

遭遇「女漢子」聶元梓

「極左政治整人的實際機制，就是通過調動某人周圍的對立面、對立力量、被威脅到的人或者在學術地位上處於弱勢地位的人來進行的。」[1]看到彭真倒臺，聶元梓這位一九二一年出生，十七歲就參加地下黨、三十一歲就是行政十二級的高級幹部感到自己扳倒對手陸平的機會來了。於是大陰謀家康生便利用了這位風風火火的「女漢子」，在其奧援下，聶等七人聯名在五月二十五日貼出了陷陸平於萬劫不復的「全國第一張馬列主義大字報」。

對於這張大字報的降臨，陸平早就有心理準備；對聶元梓這個掃帚星陸平也很熟悉，因她的哥哥聶真同他是好朋友，一九六〇年這位從未讀過正規大學的聶元梓作為「人才」被陸平引進到北大並予以重用，先讓其當經濟系副主任，後升其為哲學系黨總支書記，顯然陸是把聶當心腹來培養的，那為何聶還要反戈一擊呢？聶元梓在其老年的回憶錄中是如此解釋的：

> 就拿陸平來說，他的官僚主義就是不深入群眾，不瞭解基層的具體情況，下達指示沒有針對實際，不能解決實際問題。黨中央有什麼指示，中宣部有什麼指示，北京市委有什麼指示，他都是召集各個系的黨總支書記和系主任一起開個會，在會上講一講，就完事了，採取什麼具體措施，怎麼執行，怎

1 王學典主撰：《顧頡剛和他的弟子們》（增訂本），北京：中華書局，二〇一一，第二〇二頁。

麼落實，他就不夠關心了，事後也很少聽彙報，不深入研究一些問題，不到實際工作中去解決問題。

再比如說，哲學系的問題，他只是把王慶淑調走，把我調去，對改選黨總支爭論一年的問題，採取不了了之的態度。派我到哲學系去工作，當然是對我的信任和器重，可是，陸平在和我談話的時候，他並沒有向我介紹一下哲學系的總結工作為什麼吵了一年還總結不出來，系裏到底存在什麼問題，應當怎樣正確對待這些爭論等等，他都沒有作出具體的指示，也沒有交代我應該注意些什麼，讓我的心裏沒有一點底，不知道該從何著手。

我認為他的宗派主義表現在兩個方面，一個方面是黨內，一個方面是黨外。在黨內，是核心裏面有核心，圈子裏面有圈子。在北大，黨委會是領導核心，在黨委會中，常委會又是一個核心，是核心中的核心，常委會應該是領導黨委會的，可是，在常委會裏，還有一個小核心。陸平自己是從鐵道部調到北大的，組成小核心的這些人就是他從鐵道部帶來的，就是陸平最心腹的親信。這樣，在黨委核心裏還有宗派核心，圈裏面有圈。這就使得人們工作有矛盾，心情不舒服。當時戈華調到學校去做黨委副書記、副校長，是準備接陸平班的人，是中央組織部派來的。可是，有一些事情，陸平不和戈華商量，結果呢，戈華還不知道，就已經在下面貫徹執行開了。戈華作為副書記副校長，時間一長，當然就有想法了……這樣對學校工作是不利的。陸平對黨外人士的宗派主義，則是表現在，擔任副校長的周培源本來是黨外人士，後來入了黨，而且成為學校黨委常委，可是，他在常委會上沒有什麼發言權，得不到尊重和信任，陸平還把他當黨外人士看。這樣，常委會內部就有這麼多問題。陸平對各系的黨外人士和教授也是尊重和信任不足，一般情況，系主任都是黨外人士，各系實權在黨總支書記手中，黨外人士的作用不能很好發揮，在全校似乎形成一種風氣。

陸平官僚主義，不深入群眾，你當校長的，經常去聽聽課，到教授家去看看，總是應該的。陸平是一個老黨員，應該懂得黨的作風，懂得黨的工作方法。這樣，我覺得，北大的主要問題就是在陸平這裏，需要一個革命性的改變，一般的改變還不行。他還不允許人家提意見。這就更加錯了。[1]

聶元梓在回憶錄裏避重就輕，她把自己對陸平的不滿僅僅淡化為工作方式工作作風問題，而真正讓其反感於陸平的，是聶本人更極端的左傾理念。

陸平從一九五七年執掌北大以來，受當時左傾路線的影響，大抓階級鬥爭，大批白專道路，輕視老知識份子，在一波又一波的政治運動中，「挫傷了許多好同志。雖然他不是始作俑者，但在北大他當然負有主要責任，而他也從來不以執行上級決定為由推卸過。」[2]周培源等老教授不滿陸平，嫌其把北大搞亂了，但聶元梓卻嫌陸平革命性還不夠，對知識份子的打擊還不嚴厲。強中還有強中手，農夫與蛇的故事重又發生，聶恩將仇報，先是向張磐石提供「炮彈」，使陸平在社教運動中被「烤得青一塊焦一塊」，後又是她在北大打響了文革的第一槍，陸平中彈倒地，傷痕累累。

「『文革』開始，我帶頭寫了第一張大字報，對『文革』起了推波助瀾的作用，現在想來，這張大字報的內容是完全錯誤的。尤其是對陸平、彭佩雲、宋碩造成很壞影響。」年過八旬，經歷了人生大起大落大喜大悲的聶元梓在回憶此事時這樣說道，但這都是馬後炮，悔之晚矣。

北大文革第一槍是聶元梓打響的，五月二十五日下午她在學校食堂門口貼出了「宋碩、陸平、彭珮雲

---

1 聶元梓：《聶元梓回憶錄》，香港：時代出版有限公司，二〇〇五，第九九——一〇一頁。

2 胡壽文《紀念陸平校長》、《陸平紀念文集》，北京：北京大學出版社，二〇〇七，第六二頁。

在文化革命中幹些什麼」的大字報，矛頭指向校黨委和北京市委，大字報引起了全校的激烈爭論和思想混亂。

當天北大校黨委常委開會應對，發生分歧：一種認為對大字報要加強管理，堅決按中央文件精神辦，動員聶本人把大字報揭下來貼到指定地點（室內）；另一種主張堅決支持群眾運動，支持大字報，支持左派。大字報已貼出了，不能揭下來。崔雄崑要陸平對聶元梓大字報明確表態。陸平表示，把他和宋碩說成黑幫，不同意。多數常委也表示：大字報的內容不符合事實，不能同意。晚8點，校黨委又召開黨員幹部會，陸平講話，表示歡迎對黨委的工作提出批評，同時指出，寫大字報貼到外邊不符合中央「內外有別」的指示精神。校黨委第一副書記戈華、校黨委常委崔雄崑拒絕出席大會。

在組織的動員下，當晚批判聶元梓的大字報便成批產生，聶的支持者暫處下風，但有康生這位政治強人暗助，聶仍高調頑抗。二十九日戈華、崔雄崑正式寫報告，反映「陸平鎮壓革命的罪行」，要求中央、華北局派工作組來校領導文化革命，三十一日崔雄崑給康生寫信，反映北大存在的「嚴重問題」。[1]

六月一日晚八時，中央人民廣播電臺用鏗鏘有力的聲調，全文播發了聶元梓等七人簽名的大字報。一張大字報在中央電臺頭條新聞全文播發，這是中國歷史上從來沒有過的（時家中擁有電視機的還不多，陸平是最早擁有電視機的國人）。人們感到突然，全國為之震動。正在北京飯店參加市委批判彭真劉仁會議的陸平聽到後，立即奔回北大。

一石激起千層浪。聶元梓回憶道：

1 王學珍等主編：《北京大學紀事一八九八——一九九七》，北京：北京大學出版社，一九九八，第六四三頁。

從這一刻開始，北大的校園就沸騰起來了。當初支持我們批判陸平和校黨委的，自然是與高采烈，加大了火力繼續向北京大學的「三家村」分店和陸平等猛烈開火；曾經是處於觀望態度的人，也無法保持沉默，紛紛地貼出響應黨中央號召、批判學校領導和各系領導的大字報；那些曾經表態擁護陸平的師生，也不得不掉轉矛頭，反戈一擊。我們幾個帶頭寫大字報的人，一下子變成了知名人物，成了各方關注的重點。還有，北京的各高校，都紛紛來人到北大「取經」，學習北大批判校黨委的「經驗」。一時間，校園裏到處都是揭發批判北大校黨委和陸平書記的大字報大標語，到處都是本校和外校師生活躍的身影。而且，不僅是本市的各高校，北京各工廠的群眾，甚至一些外地的高校學生和工廠的工人，也趕到北大來看大字報，學習北大開展運動的經驗，一時間，學校裏熙熙攘攘，人來車往，熱鬧極了，每天來學校看大字報的人都是成千上萬，而且都表示要向我們學習取經。那時候，我哪裏想得到，這是一場民族大災難的開端呢！[1]

幾家歡樂幾家愁。

一九六六年六月一日晚開始，懸在陸平頭上的劍落下了，他受苦受難的日子開始了。次日《人民日報》發表評論員文章〈歡呼北大的一張大字報〉，這篇千字短文，說到「陸平及其一夥」的時候，六次使用了「黑幫」、「黑組織」、「黑紀律」這類語詞，其火力之猛烈，上綱上線之高，振聾發聵：「為陸平、彭佩雲等人多年把持的北京大學，是『三家村』黑幫的一個重要據點，是他們反黨反社會主義的頑固堡壘……」

1 聶元梓：《聶元梓回憶錄》，香港：時代出版有限公司，二〇〇五，第一四六頁。

「陸平以北京大學『黨委書記』的身分，以『組織』的名義，對起來革命的學生和幹部，進行威嚇，說什麼不聽從他們這一小撮人的指揮就是違犯紀律，就是反黨。這是『三家村』黑幫反黨分子們慣用的伎倆。請問陸平，你們所說的黨是什麼黨？你們的組織是什麼組織？你們的紀律是什麼紀律？事實使我們不能不作出這樣的回答，你們的『黨』不是真共產黨，而是假共產黨，是修正主義的『黨』。你們的『組織』就是反黨集團。你們的紀律就是對無產階級革命派實行殘酷無情的打擊……」

六月二日是週六，下午陸平的四個子女放學後回到家中，這是燕南園54號一個帶院子的小洋樓。只見院牆外裏三層外三層圍滿了學生，還有從別處趕來要瞭解北大情況的人。「打倒陸平」的口號聲激昂澎湃。天色漸漸暗下來，屋裏沒有開燈。陸平一言不發地坐在客廳沙發裏，一遍遍地聽著收音機裏反復播放的《人民日報》評論員文章，〈歡呼北大的一張大字報〉。[1]面對來勢如此兇猛的妖魔化，他的對手聶元梓都覺得出乎意料不可思議，而身陷羅網的陸平更是如雷轟頂。陸平清楚地意識到，如此大手筆，其「黑手」只能是天字第一號。

經過《人民日報》、中央人民廣播電臺等國家最高喉舌的炮轟，陸平在北大在全國臭不可聞。陸平成為文革中第一個被組織打倒的校長。陸平倒臺後，受牽連的是他的支持者，北大多數幹部隨之被造反派批判，學校亂成了一鍋粥。

[1] 陸微、陸徵、陸瑩、陸昀《永遠的父親》、《陸平紀念文集》，北京：北京大學出版社，二〇〇七，第一八二——一八三頁。

三日，新北京市委立即組成以河北省委副書記張承先為首的兩百多人工作隊進駐北大，四日凌晨一時三十分，工作組馬不停蹄，召開全校黨團員幹部、學生幹部大會，宣佈撤銷陸平職務，並對北大黨委進行改組。在黨委改組期間，由工作組代行黨委職權。工作組吸收原北大黨委副書記戈華、教務長崔雄崑為成員。

無官一身重

幾十年都在領導崗位上發號施令的陸平，不僅權力歸於零，而且一夜之間，由革他人命者的判官變成了他人革命的對象。古人云：「無官一身輕，可陸平卻無官一身重，他被全民批判，被媒體汙名，被隨意醜化。他成了全國婦孺皆知的大壞蛋。」

對陸平這隻死老虎，工作組安排其先參加體力勞動，聽候上級的處理。年過五旬的陸平就在校園裏頂著烈日，掃地拔草，引來眾人圍觀甚至辱罵。工作組就把陸平關起來，不讓其露面，使其喪失人身自由。他的家人也被趕出以前住的洋樓。

在北大這塊高幹子弟雲集、各種政治力量較力的複雜敏感地帶，工作組很快就身陷泥淖，根本控制不住局勢。一場混戰中，工作組由於犯了鎮壓革命小將的錯誤，被毛澤東下令離開校園，他們在北大只待了兩個來月，他們趾高氣揚地來，灰溜溜地去。

接替北大這個爛攤子的是四十五歲的聶元梓，這位陸平的對手一時名聲大噪，被封為造反英雄，眾星捧月中的聶元梓陶醉於成功的興奮，她要給自己的對手更大的羞辱。

八月十五日晚，聶元梓在中央文革副組長王任重的支持下，在北京工人體育場舉行各界十萬人參加的聲討陸平大會。當天下午，北大萬名師生在校園裏集合，北京市公車開來百多輛，大家都帶著晚餐，按系按單位依次上車。從北大出發後，一眼望不著頭的汽車長龍，一路浩浩蕩蕩向東開進體育場。聶元梓親自主持鬪爭大會，她一聲令下，幾個人奉命將陸平、彭佩雲押了上來，同時押來彭真、羅瑞卿、陸定一、楊尚昆、劉仁、萬里陪鬪，鬪爭大會從晚上八點開到凌晨一點。[1]偌大的一個體育場，陸平一干人站在體育場當中，經過精心挑選的上臺批判者發言完畢後，即另有一人對著擴音器領導全場呼口號：「打倒陸平」！「陸平不投降，就叫他滅亡」！「陸平不老實交待，就踏上千萬隻腳，叫他永世不得翻身」！等等，十萬人齊聲呼口號，通過體育場周邊眾多大喇叭發放出來，地動山搖，整個北京市為之震撼。這天從早到晚雨下個不停，眾人都成了落湯雞。

聶元梓主持的這場批判會奉行五不方針——不掛牌子，不戴高帽，不罰站，不坐飛機，不准不讓被批評人反駁，[2]陸平坐著接受批判，每批判完一個問題，就問陸平，是不是這樣，迫於群眾鬪爭的強大氣場，陸平對許多莫須有的罪名都只能認帳。這種勞民傷財的群眾批鬪大會，以後便泛濫成災，眾多領導幹部被羞辱，喪失人格尊嚴。陸平也隔三差五地成為這類大會的主角或配角，僅舉數例：

一九六六年九月二十二日晚上，全校在五四廣場（原名東操場）批鬪陸平、彭佩雲。與會的一位大學生在日記中留下了當時批鬪場景：「會場革命師生，始終處在極端憤怒中。臺上的幾個黑幫分子嚇得瑟瑟發抖，群眾的感情，群眾的憤怒，群眾的意志是多麼偉大的力量啊！會開完後，同學高興地說，這樣鬪下去，準能把陸平黑幫鬪垮。在群眾的憤怒狂飆前，把陸平、彭佩雲黑幫嚇得垂著手低著頭，彎著腰，一個大氣都不敢出。在大會進行時，我也怒不可遏，每一句口號都出自心間，打倒陸平黑幫！無產階級文化大

---

1 陳煥仁：《紅衛兵日記》上冊，香港：香港中文大學出版社，二〇一〇，第一〇八頁。

2 聶元梓：《聶元梓回憶錄》，香港：時代出版有限公司，二〇〇五，第二三〇頁。

革命萬歲，中國共產黨萬歲，我們偉大的領袖毛主席萬歲、萬歲、萬萬歲！」[1]

一九六七年四月一日，校文革、新北大公社紅衛兵召開「徹底批倒、批臭劉少奇、鄧小平」的萬人誓師大會。陸定一、周揚、蔣南翔、吳子牧、宋碩、陸平、彭佩雲、翦伯贊、馮定、馮友蘭、朱光潛等被揪上臺批鬥，坐噴氣式。

四月十二日，校文革和外校十八個造反組織聯合召開萬人大會，揪鬥王光英。李維漢、徐冰、陸平、彭佩雲被揪上臺陪鬥。

四月二十四日，校文革在校內五四廣場召開有全市五百多個單位參加的十萬人大會，批鬥彭真、陸定一，劉仁、萬里、許立群、韓光、宋碩、陸平等被揪上臺坐噴氣式陪鬥。

五月十五日晚，「全校在五四廣場鬥爭反共老手翦伯贊，幾個人將反共老手翦伯贊反剪著，像鷹抓小雞似的，將翦押到臺上，拼命地壓住他的脖子要他低頭，同時押到臺子上陪鬥的，還有周揚、吳晗、廖沫沙、陸平、彭佩雲、馮友蘭、馮定，紅衛兵命令他們彎腰低頭，讓他們一直站在反共老手翦伯贊兩旁陪鬥。」[2]

文革期間，陸平大會鬥小會批，鬥批了多少次，這是一個無法統計的資料，可以說是成百上千場。

一九六七年十月二十三日聶元梓主持召開鬥、批、改委員會，決定成立若干個直屬校文革的專案組，其中包括陸平、彭珮雲、翦伯贊專案組等。抽調八十多人搞專案工作，並在四十四樓、第二體育館、五齋、生物小樓、北招待所等處設立關押中層幹部及師生的場所。[3]「陸平專案組」由一個地質地理系學生當組長，中文系一助教當副組長。從這時起，陸平受到殘酷的刑訊逼供。根據歷史檔案的確鑿記錄，

1 揚子浪：《一個北大學生的文革日記》，《記憶》第一三二期，二〇一五年六月十五日。
2 陳煥仁：《紅衛兵日記》上冊，香港：香港中文大學出版社，二〇一〇，第三二四頁。
3 王學珍等主編：《北京大學紀事》，北京：北京大學出版社，一九九八，第六六五頁。

一九六八年一月二十日左右，專案人員管某將陸平從三十四樓押解到北招待所審訊，追問所謂「假黨員」問題。面對子虛烏有的憑空虛構，陸平不予承認。專案組成員立刻一擁而上，對陸平拳打腳踢，要他低頭、彎腰，這場毆打和折磨從晚上七時持續到次日早晨八時。陸平筋疲力盡，精神恍惚。六天之後的一月二十六日，陸平在北大接受批鬥，隨後被押送到北京先農壇一處關押。屋子裏的大燈泡徹夜不熄，照得陸平根本不能入睡，還不許陸平下床，下床需要報告。當時北京極為寒冷，專案組只給陸平一條薄被子，將他凍得發抖。一直凍了他五天，才押回關在生物系後樓。

一九六八年四、五、六這三個月，陸平遭受的體罰更加殘酷。他被極左派學生用繩子捆住雙手，吊起來審問。有時，他們讓陸平站上一把椅子，用繩子將陸平的手吊在屋頂，然後開始問話。如果陸平承認「罪名」，就讓他繼續站在椅子上。如果不承認，就冷不丁一腳踢翻椅子，將陸平懸吊在空中。一夜刑訊中，陸平會被吊起來三四次，痛得大汗淋漓。每次遭受這樣的折磨，陸平都頭暈目眩，不能行走，只好爬回住處，連上床的力氣都沒有了。殘酷的折磨，使陸平的雙肩、雙肘經常脫臼。這個毛病直到他晚年時有發生，帶給他極大的痛苦。

有一次，專案組發現陸平的妻子石堅在送給丈夫的煙盒中藏有一張字條，囑咐陸平「堅持住」，他們即於一九六八年五月二十七日下午審訊陸平，要他承認和妻子搞「攻守同盟」。年輕的管某先是拳打腳踢，後來掄起自行車鏈條抽打，將陸平打得遍體鱗傷，幾個月後傷口才逐漸平復。面對拷打和折磨，陸平經常以沉默相對。「文革」後女兒陸瑩問他，當時那麼多人自殺，「你想過死嗎？」陸平回答「：我從來沒有想過死，我只是想，我該怎麼活下去。」他還說過：「我坦然，從來沒有悲觀。」正是這種達觀，使充滿理想的陸平在經受非人折磨後頑強地活下來。[1]

[1] 錢江：《陸平的「文革」磨礪》，《讀書文摘》，二〇一二年第五期。

因北大造反派內部矛盾重重，聶元梓所領導的新北大公社與井岡山兵團勢不兩立，從文攻走向武鬥。為穩定局勢，毛澤東無奈只得忍痛割愛，放棄對造反派的支持，讓工人軍人宣傳隊到大學領導鬥批改。一九六八年八月十九日由北京六一八廠與六十三軍組成的軍宣隊工宣隊進駐北大。聶元梓開始靠邊站，她兩年的得意換來的卻是八年的審查、十七年的牢獄之災。

工宣隊進校後，大刮十二級紅色風暴，北大一萬多職工，他們八個月抓了五百多人，[1]三個月間（一九六八年十月——十二月）二十一人自殺，占北大文革間非正常死亡人數的1／3。陸平的對手崔雄崑就是在此期間投湖，結束自己四十九歲的生命。其死後十多天，宣傳隊召開第三次全校對敵鬥爭大會，批鬥「陸平、彭佩雲黑班底」戈華、崔雄崑、張俠、周一良、季羨林等十五人。

工宣隊取代聶元梓後，北大階級鬥爭的弦更緊了，冤案更多了，可由於走資派不是他們打擊的重點，陸平的精神折磨與肉體折磨比以前有所緩和。工宣隊進校八個月，只鬥了一次陸平，這讓自以為革命有功的造反派心理很不平衡。[2]一九六九年一月二十一日，宣傳隊指揮部對遭監改的原校領導的生活費問題做出以下決定：陸平每月暫發生活費四十元，在家子女每月十五元。

長夜漫漫終有時

十年文革，不僅陸平本人飽受摧殘，他的親人也受到連累。首當其衝受株連的是弟弟劉居英——時任

1 陳煥仁：《紅衛兵日記》下冊，香港：香港中文大學出版社，二〇一〇，第二五三頁。
2 陳煥仁：《紅衛兵日記》下冊，香港：香港中文大學出版社，二〇一〇，第二三六頁。

哈爾濱軍事工程學院院長，這所學校當時高考的取分線不低於北大與清華。文革伊始，劉居英被黑龍江省委宣佈停職檢查。此後，全家人被趕進「牛棚」，慘遭抄家、揪鬥、遊街、毆打、關押……

最令陸平、劉居英兄弟揪心的是，半身不遂臥床多年的老父親聽到一九六六年六月一日晚中央人民廣播電臺播發的聶元梓等人的大字報後，因驚嚇悲傷過度，不吃不喝，沒過幾天，竟絕食而死；[1]老母親在哈爾濱也慘遭迫害，被掛牌勒令掃大街，因不甘羞辱而上吊身亡。

陸平的四個孩子，一夜之間成了「狗崽子」。就因為陸平成「黑幫」，上高中的兒子陸征被打成「反革命」，受看管拘押，遭到毒打；大女兒陸微高三畢業，步行去山西絳縣一個貧困山區插隊。最幼小的女兒還在上小學，一度流離失所。四個孩子都未有機會接受正規大學教育，這讓作為中國頂尖大學校長的陸平深深感到有愧於子女。

一九六九年中共九大後，陸平終於走出了監禁的地方，可以回家看看。十月，他被押送江西鄱陽湖畔的鯉魚洲「北大試驗農場」（即「五七幹校」）勞動。這一批前往鯉魚洲的北大教職工和家屬總計一千六百五十八人，其中包括陸平的對手聶元梓，她也失去人身自由，七〇年代工宣隊軍宣隊更是將陸平整得死去活來。

一到鯉魚洲，陸平就投入了高強度的勞動，每天都要出工：搬磚瓦、挖渠、插秧、挑河泥、打穀，晚上還不時要寫交代材料，開會鬥批。除了肉體折磨外，「更難以忍受的是精神摧殘，過著『不許亂說亂動』、無人理睬的生活還不算，還得經常在大會、小會挨鬥。勞動中短暫休息時間，也得來個『田間批

[1] 滕敘兗：《哈軍工傳》，長沙：湖南科學技術出版社，二〇〇六，第一二五七頁。

判』，叫你不得休息。」[1]

在長期超負荷勞動和精神摧殘的壓力下，陸平終於病倒了。一九七〇年七月的一天，正逢農場「雙搶」，陸平因感冒帶著三十九度的高燒，突發心臟病，昏倒在住著二十多人通鋪的鋪底下。因沒有得到好的治療，以後他的心絞痛常常發作，發作時他抬頭、低頭都很難，回頭更做不到，一旦轉身就會暈倒。無奈他整天拖著個小椅子，去做他本已不能做的那些事，感覺要昏倒時，就順勢倒在椅子上。體弱的陸平再難下大田勞動，便被安排在雞場養雞。在陸平人生最無助最落寞最艱難的時節，惟有一隻名叫小卡的狗給他帶來溫暖與慰藉。這隻狗也成為晚年陸平念念不忘的記憶。

一九七一年底，在林彪折戟外蒙古大漠後，曾風靡一時的文革理論被戳破了一個大窟窿，最高決策者不得不放鬆階級鬥爭的弦，一些被打倒的走資派開始東山再起，北大也解散了勞民傷財的鯉魚洲農場，陸平回到北京，又經歷了一個月的軟禁後，他被放回家中和突發腦溢血癱瘓在床的妻子石堅團聚，此時他住在燕南園51號，這原是物理系一級教授饒毓泰的家，一九六八年十月十六日，在工宣隊的管控下，七十七歲的饒老在家中上吊棄世，此屋無人敢住。

一九七二年三月，中央正式任命劉居英為海軍政治部主任。與弟弟相比，陸平的落實政策卻困難重重。一次，劉居英去人民大會堂開會，周恩來總理看見他，關切地問起其兄陸平。劉居英照實回答：陸平問題現在還沒結論。得知此事後，陸平心裏十分溫暖，但陸平知道自己的所謂「黑幫」問題是毛主席在支持聶元梓大字報時所定調的，解鈴還需系鈴人，沒有老人家點頭，誰也解放不了自己。

他先後兩次上書毛澤東，訴說自己的情況，請求落實政策。第一次通過組織上交，半年過去了杳無音

1 錢江：《陸平落難鯉魚洲》，《黨史文苑》，二〇一〇年七月上。

訊。一九七四年國慶日招待會，文革爆發時被打倒的清華大學校長蔣南翔作為「出土文物」露面了，這讓「同類項」的陸平看到了希望，他再次上書毛澤東，女兒陸微將這封關係全家人命運的信送到中南海西門。[1]

一九七五年，二月二十八日北大黨委開會決定，通過大、小會議批判後，解放陸平、彭佩雲。四月二日，校黨委召開全校師生員工代表大會，宣佈解放陸平，並恢復其黨組織生活的決定。此前，毛澤東批示：「可按蔣南翔的辦法處理，放了算了」。七月，陸平出任七機部（後改航天部）副部長、部黨組副書記。書生老去，機會方來。這年，陸平已年過花甲。

一九八〇年八月二十一日，中央組織部發通知，為陸平做出了徹底平反的決定。一九八三年後他擔任全國政協常委、副秘書長。一九九五年他離職休養，二〇〇二年，八十八歲的陸平人生劃上休止符。

在經歷「文革」屈辱歲月之後，要不要訴說自己的「文革」遭遇？寫不寫回憶錄？陸平內心有過反復思考，最終他還是在各種顧慮中，保持了三十六年的沉默，這緘默使世人很難深入瞭解其所經歷的大苦大難，瞭解他面對巨大迫害時的所思所想，瞭解他對這段沉重歷史教訓的反省與思考。

陸平有條件得到官方的大力支持創作回憶錄，他卻選擇永遠的閉口；而他的對手聶元梓在貧病交加困難重重的情況下，卻開口講述自己的經歷，聶的回憶錄有選擇性記憶有自我的辯護，也有一些值得贊許的懺悔與反思。

---

1 雷風行：《陸平與劉居英兄弟傳奇人生》，《縱横》，二〇〇六年第八期。

政治掛帥時代的清華校長——蔣南翔

他既是清華大學書記兼校長，又是北京市委常委兼市高等學校黨委第一書記，同時還是高等教育部一把手，並是八屆中央候補委員（時省長中能躋身候補中央委員的極少）。在文革前高等學校校長行列中，蔣南翔無疑是最顯赫最耀眼的一顆星星。他的氣場太大。

一九三五年十二月九日，古都北平，幾千學子為抗日救亡，頂著凜冽的寒風，遊行示威，與軍警發生衝突，這場學潮的「操盤手」為清華大學中文系三年級學生蔣南翔，時年二十二歲，血氣方剛。

一九六五年十二月九日，人民大會堂，首都青年一萬人集會紀念一二九運動三十周年，政治局委員彭真、團中央書記胡耀邦出席，北京大學校長陸平等一二九運動骨幹蒞臨。蔣南翔在會上做了題為〈學習一二九運動的歷史經驗，做無產階級革命事業的接班人〉的長篇講話，《人民日報》全文轉發。此年蔣南翔五十二歲，他身兼多職，是中央候補委員、高教部部長同時兼任清華大學黨委書記和校長，萬人矚目。

一九六七年十二月九日上午，由清華大學造反派四一四「鬪蔣作戰部」等單位發起召開「批判鬪爭反革命修正主義分子蔣南翔——揭開蔣南翔一二九學運領袖的畫皮」大會。東方紅《電0支隊》揭露了蔣南翔在三十年代極力推崇王明、劉少奇的投降主義路線，對抗毛主席的革命路線，臨陣脫逃，出賣學生運動的叛徒嘴臉。會上，羅征啟、譚浩強上臺控訴，揭發起草一二九三十周年紀念文章內幕和政治思想方面蔣南翔自覺對抗毛主席的滔天罪行。與四一四不共戴天的清華大學另一造反組織——團派在幹部韓銀山主持下也召開了「批判蔣南翔大會」。此年蔣南翔五十四歲，被任意醜化，打入另冊。

這三組不同的鏡頭展示的是蔣南翔人生的崛起、高峰、低谷的三個不同階段。其環環相扣，沒有一二九運動的革命資歷，蔣不可能坐上高等教育界的頭把交椅；蔣不擁有權力，也不會成為清華大學的第一號靶子。真是福兮禍之所伏。

主政清華十四載

一九五二年冬天，蔣南翔出任共產黨時代清華大學的首位校長。在這之前，國民黨兵敗大陸，老校長梅貽琦隨之也離開了其執政達十七年之久的菁菁校園，在海峽對岸過餘生，其後，清華校長之位空缺了四年，直到蔣南翔上任——這說明有關部門為此任命曾頗費思量；在這之後，蔣南翔主政清華十四載，如果沒有文化大革命這一史無前例的大浩劫，蔣南翔在此位置上還會繼續居留相當時間。

清華曾是蔣南翔的母校，一九三二年他考進清華中文系，在此度過五個寒暑（因領導學潮他推遲一年畢業），這裏的一磚一瓦一草一木對他都不陌生，只是當其由一名學生升格為一校之長時，清華園物是人非——當年給他上課的老師要麼駕鶴而去（如朱自清、聞一多等），要麼轉到北京大學等外單位，他就讀的中文系已人去樓空。

此時的清華大學剛經歷院系調整，其實力雄厚的文學院、法學院、理學院併入北京大學，而其得到的只是北大工學院。梅貽琦時代清華是一所綜合性大學，而傳到蔣南翔手中，清華已被肢解為純粹的工科院校。

在清華元氣大傷時，蔣南翔來到了清華，此時他三十八歲。三十八歲就能出任中國頂尖學府的掌門人，世所少見；在同期大學校長行列中，蔣南翔是一名虎虎生威的少壯派，一九五二年，首都五大名校校長的年齡分佈是：北京大學馬寅初七十歲，中國人民大學吳玉章七十四歲，北京師範大學陳垣七十二歲，北京農業大學孫曉村六十六歲，清華大學蔣南翔三十八歲。

因投身於革命，蔣南翔在清華求學期間，用於學業上的時間很有限；大學畢業後十五年，他一直在黨內從事青年運動，足跡踏遍武漢、重慶、延安、東北等地，在學生工作方面，他積累了豐富的經驗，有著極深的造詣。正因為他是青年工作的行家裏手，組織指派他挑起了清華大學校長的重擔。

尺有所短寸有所長。與以前的清華校長相比，蔣南翔沒有留洋的經歷，沒有受到大學嚴格的學術訓練，沒有博士碩士教授的頭銜，沒有大學任教的閱歷與雄厚的知識資本；但蔣南翔清楚自己的優勢：他有極強的組織力、動員力，他能更好領會中央的意圖。

到清華上任後，蔣南翔前六年一直住在清靜宜人的新林院2號。這是座一層西式花園別墅住宅，坐落在新林院住宅區最北端。院外有個圓形花壇，一條甬路從院門直通屋前，院內松樹圍牆、綠草如茵，中間一株松樹，東邊一叢翠竹在風中搖曳。隨他從東北到北平的身邊工作人員，秘書宋廷章、服務員老姜、警衛員白虎子等，都和他相處如家人。[1]國家三年困難期間，他主動提出裁撤警衛員。[2]

梅貽琦校長所推崇的理工結合、通才教育、教授治校的理念已為新政權所拋棄，蔣南翔掌管的清華，以蘇聯高等工業學校為模型，學制延長到五年，強調高度的專業化和應用性，力求把學生打造成一個個又紅又專的工程師。

1 蔣行知主編：《馬克思主義教育家蔣南翔》，上海：上海人民出版社，一九九〇，第一五四頁。
2 蔣行知主編：《馬克思主義教育家蔣南翔》，上海：上海人民出版社，一九九〇，第一四二頁。

蔣南翔是一個事業心極強的人，他全心要把清華做大做強，要讓清華以他為榮。憑藉在黨內豐富的人脈關係，他為清華爭取到了更多的優質資源。在國家對教育的投資中，蔣使清華始終分得最大的一塊蛋糕：

向南向東極度拓展清華，把京張鐵路東移八百米，這使清華的面積由解放初期的一千七百〇八畝增加到三千兩百八十八畝，成為當時全中國最大的學校；同時學校面貌大為改觀，建築面積由十萬平方米增加到四十三萬平方米。

不斷尋找新的增長點，從一九五五年末，清華陸續建立了實驗核子物理等十個新技術專業；一九五六年設立工程物理系，一九六〇年隨後幾年又相繼增設了工程化學、工程力學和自動控制等系，並有意識地發展應用理科。到一九六五年，清華大學已發展為十二個系四十個專業，一九五二年在校本專科學生三千兩百六十九人；一九六六年在校本科學生一萬三百四十七人。教師人數，一九五二年底為四百七十九人，其中教授、副教授一百一十一人；至一九六五年教師人數達到兩千四百七十五人，教授、副教授兩百〇二人。

發明了輔導員制度，讓清華的尖子生在校得到更多的鍛鍊，從而畢業後擁有更大的舞臺，他的努力幾十年後終於開花結果：他當校長的清華園裏走出了胡錦濤、吳邦國、黃菊等多名黨和國家領導人及上百位副部級以上幹部；在中國的高校中，清華一馬當先，成為出官員最多的學校。

在政治掛帥的時代，蔣南翔這位政治家校長是清華的最佳人選，他是清華的功臣，他保持了清華不敗；但在一浪接一浪的政治運動中，這位政治家校長也傷害了不少有識之士：僅一場反右運動，他就把副校長錢偉長、黨委書記袁永熙、著名教授黃萬里等五百七十一名師生打成右派。

打倒右派錢偉長

錢偉長與蔣南翔年齡相仿，都愛好文學，兩人家鄉相距僅六十公里，同飲太湖水，他倆在清華大學讀書時，不僅相識，還結下了一段「戰友情」，蔣南翔是一二九學潮的靈魂人物，他任清華地下黨書記與北京學聯的負責人；錢偉長是清華救國會的領導成員，是學潮中一名衝鋒在前的幹將。

在清華行政崗位上，因地緣、學緣關係，兩人間剛開始還比較協調，錢偉長不斷升遷。一九五二年他由副教務長升至教務長，接替調到北京大學的周培源之位；一九五六年，錢升為副校長並兼教務長，評上一級教授（全校只有九人）。

導致錢偉長陷入深淵的導火線源於一九五六年的整風運動，全國從上到下提倡百花齊放百家爭鳴，動員大家幫助黨改正缺點，做到知無不言，言無不盡。由是許多知識份子打消了顧慮，開口說話。

錢偉長批評的矛頭指向了清華當時的教育模式——這一模式是由蔣南翔主政後所推行的，它推翻了以前清華所採取的行之有效的英美模式——寬口徑厚基礎；改為蘇聯模式——將學生培養為「具有高品質的工程師」。[1]為了培養畢業後就能派上用場的工程師，學制由四年增為五年，並盡可能地將專業劃分得細而又細，進而在專業的基礎上，再劃分專門化；最大限度地將專業課程設置得完備再完備；力求包羅萬象地將工程師工作所急需的招數、技能傳授得無一遺漏……民國時代，大學只設系科，學習蘇聯後改設專業，由培養通才轉為培養專才，不妨以上海交通大學為例，原來一個機械系分成機械製造、動力機械製

1 《蔣南翔文集》上卷，北京：清華大學出版社，一九九八，第四八二頁。

造、運輸起重機械製造三個系，分別設了機制工藝、機床刀具、壓力加工、鑄造、焊接、金屬學及熱處理、鍋爐、渦輪機、內燃機、壓縮機、製冷機、起重運輸機、蒸汽機車、內燃機車、電氣機車、車輛製造等十幾個專業。過去各高校沒有統一的教學計畫、大綱和教材，學蘇後，國家規定各高校同類專業必須執行統一的教學計畫、大綱和教材，這些教學計畫、大綱、教材都來自蘇聯。[1]

錢偉長完全不能認同蔣南翔的這一套辦學理念，他「認為工程師必然是在長期建設工作的實踐中鍛鍊成長的，不可能在大學的『搖籃』裏培育出來」，「大學教育應以打好基礎、培養學生的自學能力為主，工科的學生要有理科基礎；大學專業不應分得過細，不能設想許多知識都要在學校裏由教師一一講過，因為學生畢業後在實際工作中遇到的問題是複雜多樣的，科技還在日新月異地發展更新著，學生更需要具有自己分析問題和解決問題的能力。」[2]雙方的分歧，產生了強烈的碰撞，在清華大學裏引發一場歷時達三個月之久的大辯論。

一九五七年五月十七日新華社記者朱繼功採寫的〈錢偉長語重心長談矛盾〉在《人民日報》第七版刊出：

「我是老清華了，一向是敢說敢做的，但是這些年來，當家作主的味道越來越稀薄了！」

「我是副校長，許多事情很想插手，但是做不了主，因為另外有一條線（指黨的工作）總是比你走得快。」

1 忻福良、趙安東主編：《上海高等學校沿革》，上海：同濟大學出版社，一九九二，第二二頁。
2 《清華校友文稿資料選編》第五輯，北京：清華大學出版社，一九九九，第七二頁。

「黨的力量大，一個意圖貫徹起來很容易，我們做事就完全不一樣。」

「我只參加了兩頭工作：事情還未做出決定時提提意見，決定以後就保證執行，姑且稱它為『進口』和『出口』。」

「究竟其間是怎樣討論的、佈置的和決定的，這些關鍵性的問題就茫然無知了。」

「比方說校務委員會，實際是形式主義的東西，並沒有發揮黨外人士的作用！」

「在高校究竟依靠誰呢？應該主要依靠老教授！」

「不僅清華，目前全國高等學校對老教授的作用和積極性的估計不足是個普遍、嚴重的問題。」

「現在的情況，是首先把人分成了兩類，對一類人總先看他的優點，對另一類人先看他的缺點，這樣老用『先入為主』的眼光看人，一堵牆就造成了！」

「清華對老教授總是抱著懷疑的態度。我看呀，清華大多數系和教研組主任沒有真正地當家作主，最多也是陷在事務工作裏。」

「就拿建築系主任梁思成教授來說，這幾年來就是掛個空名，從未過問系的教學。而且像這樣一位有聲望、有才學的教授，竟然連一個徒弟也沒有，令人悲哀！」

「不向有經驗、專長的老教授學習，向誰學習呢？再不扭轉過來，危機就到了。」

錢偉長的辦學理念以及對當時高校管理的批評，說出了不少師生想說而不敢說的話，自然收穫不少掌聲，贏得了大量粉絲。

一九五七年六月一日晚，一些學生到錢偉長家中做客。交談中，有同學提到學校科學館前面在搞理工合校簽名，錢偉長聽了很感興趣，就表示大力支持，希望能早日促成理工合校。

時學生們也為鳴放所推動，情緒越來越高亢。清華大學有人喊出「蔣南翔下來，錢偉長上去！」的口號，錢偉長六月五日下午，不敢在家裏待著，學生們到處找他，要他當頭。他怕當納吉，東躲西藏。本來，「新中國成立前的清華是自由主義者的薈萃之地；新中國建立後，由於院系調整，文科、理科教師大量調出清華，而自由主義者的精英大半在文科理科。調整後的清華，只有物理、數學、化學教研室等少數理科單位尚存自由主義餘韻。而在校級掌握權力的人中為自由主義者所期待的只有教務長錢偉長先生了。」[1]

六月六日，民盟中央副主席史良邀請十七位教授參加午餐會。八日出版的黨內文件《零訊》載有錢偉長會上的發言：

> 錢認為現在的情況，正像我們過去在學校讀書鬧事的時候一樣。
>
> 錢說，清華蔣南翔把形勢估計得很低，出了幾張佈告，對可接受的接受下來。但學生們要求人事檔案公開，要求機會平等，要同共產黨一樣的機會，青年教授和學生感到沒出路，小黨員也感到沒出路。學生感到出去找不到工作。選拔留學生、研究生機會不平等，只重政治條件。三四年級的學生下廠學習，大廠、重工業、國際性質的廠，黨員才能去，有的廠雖不是黨員才能去，但也要看政治好壞，政治好壞也掌握在人事部門。因此，集中要看檔案，要檢查檔案。
>
> 職工、教師不滿學校任用私人，黨員幹部的老婆、兄弟搞進來，職務高、業務水準低，這些事一般容易鼓動起學生的不滿情緒來。[2]

---

1 徐葆耕：《清華精神生態史》，北京：中國水利水電出版社，二〇一一，第一八四頁。

2 王健：《我所知道的「章羅聯盟」》，《炎黃春秋》，二〇一二年第八期。

六月下旬，風雲突轉。「反右運動」以雷霆萬鈞之勢襲來。七月起，錢偉長被停止一切工作，接受各種大大小小的批判。

七月十三日，清華大學召開大會批判錢偉長，參加大會的除清華全體師生員工外，還有中國科學院、高等教育部以及北京各學校的許多代表。因人員眾多，清華大學的大禮堂、禮堂前的草坪和許多教室中都坐滿了人。北京大學所有師生員工也集中收聽了批鬭大會的實況廣播。主持人發言後，是錢偉長做第五次檢查交代，接著便是許多師生的登臺發言，大會從上午8點一直開到下午6點。[1]

在這場反右運動中，清華有五百七十一名師生被打入「另冊」，錢偉長與袁永熙被蔣南翔校長定性為清華最大的「負能量」：「錢偉長是全校右派的旗幟，不僅在學校中是主要代表人物，而且在全國也有相當廣泛的影響，他是章羅聯盟中六大教授裏最活躍的一員大將。過去他運用兩面派手法，曾經欺騙過許多黨內外教師和學生，這次在運動中渾水摸魚，顯露了原形。在黨內，我們也揭發了右派分子、前任黨委書記、現任黨委常委、校長助理袁永熙的反黨活動。袁永熙是黨內右派的旗幟，但是比錢偉長更隱蔽，活動更巧妙。由於他的反黨活動，在相當時期內，特別是在整風以來，學校黨內實際上存在著兩個指導中心；一個是清華黨委會，一個是以袁永熙為首的『地下司令部』。」蔣南翔反右鬭爭總結——原載於一九五七年七月二十五日《北京日報》的《反右派的鬭爭保衛了黨的領導保衛了清華大學社會主義方向》——曾是他人生路上的一個重要印記，一九九八年出版的篇幅長達一千兩百八十八頁的《蔣南翔文集》卻未收錄。

1 《在「反教條」旗幟的掩護下販賣資本主義私貨，錢偉長是章羅聯盟在科學界的掮客》，《人民日報》一九五七年七月十四日。

還要提及的是，這本由「中國高等教育學會清華大學編」的《蔣南翔文集》，「在收錄一些文章時，作了特意的刪節。」[1]

錢偉長被打成右派後，其本人在清華不能上講臺不能做試驗，其子女也受牽連。錢元凱是當年清華附中品學兼優的尖子生，是錢家唯一的男孩，餘皆女兒，穩操勝券的他高考後竟然榜上無名。撥亂反正查出檔案，在他優異的高考成績單上批有「大右派錢偉長之子，不予錄取」的字樣，而執筆批復此件的就是當年的高教部部長，錢偉長夫婦二人清華園的老同學——蔣南翔。[2]

開起萬人頂風船

繼一九五七年反右之後，是一場席捲各行各業的大躍進運動，在全民狂熱中，蔣南翔提出了把清華辦成共產主義大學的超現實目標。一九五九年七月，廬山會議錯誤地批判了彭德懷，會議決議宣佈：「右傾機會主義已經成為當前黨內的主要危險」，全國範圍內開展了反右傾運動。清華在黨內也錯誤地批判了一些黨員幹部，造成了不良的影響。其中特別是對於一位黨員教師，認為他只重視業務、不重視政治，由於他是解放後黨培養的教師，把他比做土改積極分子分了土地以後，就只想個人發家致富、不想走集體化道路的「新富農」。在全校範圍內進行批判，還要大家「照鏡子」，對照檢查，傷害了一批教師。對於這件事，蔣南翔在一九六一年六月全校教師大會上說：「解鈴還需繫鈴人，『新富農』的術語是我提出來的，

1 唐少傑：《讀蔣南翔》，《二十一世紀》（香港），二〇〇四年第一二期。

2 趙絪：《在苦難中磨礪——寫在父親趙儷生先生的祭日裏》、《老照片》第六〇輯，濟南：山東畫報出版社，二〇〇九年。

現在看這個術語不太恰當，對『新富農』這個帽子我看可以脫帽典禮，不要再用『新富農』。這個責任，黨委的領導有缺點，我本人工作中有缺點，我們認真檢查自己的缺點，改正缺點。」一九七九年三月在清華的一次幹部座談會上，有兩百人參加，他又一次談了這個問題，並表示借這個機會向當時批錯了的同志表示歉意。

六〇年代後，身為清華校長的蔣南翔開始與黨內越來越激進的極左思潮拉開距離，開起了頂風船。

一九六一年五月十八日在右派學生座談會上蔣南翔說了一些不合時宜的言論：「對你們講三句話：一是爭取百分之百摘帽子；學校還是希望你們成為有用的人，植樹者的心情總是希望植一棵活一棵，成活率是百分之百。希望你們有個突飛猛進，爭取百分之百在畢業前摘掉帽子；二是希望互相諒解，加強團結，希望你們不要見怪，要給以諒解……互諒才能互信，才能使全校加強團結，團結就是力量，心情就可以舒暢；三是希望通過你們實踐，幫助非右派同學，通過你們的表現對全班同學起良好的影響。這樣可以使全校思想政治工作做得更好一些……你們在當時形勢下說錯了一些話，我們之間沒有根本的矛盾……你們要體會『望子成龍』的心情。」

六月十四日，蔣南翔對二十多個右派學生講話時又說：「農民對糧食愛護，我們對你們比愛惜糧食還要愛惜。人是活的，右派年輕，經驗少，要畢業了，我們的責任是幫助你們，不歧視你們。」[1]在大講階級鬥爭為綱的時代，蔣南翔對右派學生的關愛，為自己留下了「後患」，成為文革期間造反派揭批他的「有力武器」。

蔣南翔是共產黨的教育家，身上兼具黨性和教育家的屬性。作為教育家，他繼承了清華的某些優良傳

1《清華文革親歷——史料實錄大事日誌》，邱心偉等主編，香港：五七學社出版公司，二〇〇九，第二八七頁。

統，經過對全盤學蘇的揚棄，形成自己的教育理念。如堅持全面發展，提出「健康地為祖國工作50年」；既注重基礎理論，又強調動手能力；注意因材施教，不搞一刀切等。在貫徹階級路線方面，強調「重在表現」，敢於錄取一些「有問題」的學生，即使對「反動學生」還堅持在校內教育、挽救。一九六三年中央發佈文件，要求在高校應屆畢業生中嚴肅處理「反動學生」，為完成任務，各大學都有學生「入圍」，唯有蔣南翔採取了提前將學生畢業分配走的辦法，拒絕在清華學生中搜尋鬪爭對象。[1]

蔣南翔堅持又紅又專的培養目標，通俗的說法就是「聽話、出活」。要求學生作黨的奮發有為的馴服工具。作馴服工具還要奮發有為；即使你奮發有為，也要當馴服工具，這真是一個最具清華特色的口號。蔣這種折衷主義雖有時代的局限，但也是對當時空頭政治等極左狂潮的有力矯正，值得稱道。由是其也成為文革挨批的重點：

> 修正主義的慣用手法是用折衷主義來反對馬克思主義，販賣修正主義。毛主席教導我們「政治掛帥」，而蔣一方面「政治掛帥」，緊跟著就是「教學為主」；一方面提「重業務輕政治不對」，緊跟就是「重政治輕業務」也不對；一方面提「要挑政治擔子」，緊跟就是「也要挑業務擔子」，並比喻為「兩個肩膀挑擔子」。
>
> 文章還批判蔣南翔竭力反對勞動化，「勞動了就一定紅了嗎？不一定！」指責蔣南翔攻擊一九五八年來「勞動過多」，「影響教育質量」。一九六五年社教，實際上留下二分之一學生留校搞科研，養病和補課。批判蔣南翔借貫徹「教育與生產勞動結合」為名，「把生產引入學校」，與

1 平乃彬：《南口北京高校勞改營紀實》，《炎黃春秋》，二〇一一年第六期。

下鄉下廠對抗。[1]

林彪主持軍委工作後，大搞個人崇拜，說毛澤東思想是當代馬克思列寧主義的頂峰，背警句、搞「立竿見影」。蔣南翔不贊成這種搞法。他在學校多次說，學習毛主席著作，要學習立場、觀點、方法，學習精神實質，不能簡單化。他在全校大會上批了「頂峰論」：「說毛澤東思想是當代馬克思列寧主義的『頂峰』，『頂峰』就是不發展了嘛！這是不符合辯證法的，辯證法是發展的嘛！『高峰』比較確切。」[2]蔣南翔這些講話都是有違當時的主流話語，是很犯忌的。

聽到有些學校，在做數學、力學的習題時，在每個習題的答案之前，都要引徵毛主席的語錄，另外聽到一機部王豐同志在北京機械學院推行主席語錄進課堂時，硬性規定堂堂用、門門用，蔣南翔先後在兩期高教簡訊上加以批評。

在清華大學，聽到有人把毛主席語錄牌掛在背後跑長跑，拉單扛拉不上去時就在一旁念語錄，蔣南翔把這當作形式主義的例證，在大會上提出來批評，並且說：不能把主席語錄當白蓮教的符咒來念。[3]

五〇年代還比較左的蔣南翔，進入六〇年代有所醒悟，變得務實，他同一些左的做法唱起了反調，但這種務實的基調卻很不合時宜，文革中他的「辮子」又多又長，這讓大腦中佈滿極左因數的造反派批起來有「理」有據，「理」直氣壯。

1 《清華文革親歷——史料實錄大事日誌》，邱心偉等主編，香港：五七學社出版公司，二〇〇九，第二七六頁。
2 劉冰：《風雨歲月：一九六四——一九七六年的清華》，北京：清華大學出版社，一九九八，第二頁。
3 蔣南翔：《蔣南翔的書面檢查》，載於宋永毅主編之《中國文化大革命文庫》光碟，二〇〇六。

大風起兮雲飛揚

蔣南翔在擔任清華校長的同時，他在校外的權力也在不斷擴大，一九五三年二月，榮任第一屆全國政協常委（總五十二人，副省級待遇），九月，他任北京市高校黨委書記，可以指導北京所有高校的工作。一九五五年任中共北京市委常委；一九五六年，八大當選為中共中央候補委員（八屆中央委員九十七人，候補中央委員七十三人，大學黨委書記進入候補的只有蔣南翔一人）。一九六〇年，任教育部副部長、黨組副書記。一九六三年，任高等教育部副部長、黨組副書記。

一九六五年一月四日，國家主席劉少奇根據全國第三屆人大一次會議的決定，任命蔣南翔為高等教育部部長，同時他還兼任清華大學校長、黨委書記、高教部黨組書記數職，此時的蔣南翔達到了其一生中最輝煌的時刻。

「清華大學校長的『顯赫』是其他大學校長所不及的。文革前，清華大學的幹部級別和幹部特徵在全國各高等院校中也是獨一無二的，甚至連北京大學也難以企及。在蔣的領導和影響下，清華湧現出一支居於清華各個領導職位的『清華牌』的幹部隊伍，即其成員絕大多數都是從清華畢業留校的學生幹部或骨幹。這支幹部隊伍的凝聚程度、管理才能和工作效率之高，甚至觀念意識和話語體系之同在各個大學中也是非常罕見的。」[1]

---

[1] 唐少傑：《一葉知秋：清華大學一九六八年百日大武鬥》，香港：香港中文大學出版社，二〇〇三，第四三頁。

在蔣南翔出任全國高校掌門人之前，最高領袖毛澤東對學校教育已很有看法，一九六四年二月二十三日（農曆大年初一）下午三點，在人民大會堂北京廳召開了座談會。參加會議的有鄧小平、彭真、陸定一、康生、郭沫若、蔣南翔、陸平以及黨外人士陳叔通、黃炎培、章士釗、許德珩等十六人。會上毛澤東批評了教育工作，提出全國都要向解放軍學習的號召，並且當面問蔣南翔：高等學校要不要向解放軍學習？「我當時回答主席說：要向解放軍學習」。文革中蔣在檢討中說：「但是兩年多來的實踐證明，我對毛主席所提出的向解放軍學習的指示，實際上是採取了極端惡劣的陽奉陰違的態度，我有時也談到高等學校向解放軍學習的問題，但只是抽象地一般地談一談，只是一種敷衍應付，實際上並沒有認真對待。」[1]

自一九六四年底文化界批判了時任文化部副部長的夏衍後，各種批判越來越頻繁，調子越來越高，身為高教部部長的蔣南翔預感到可能會有一場大的政治運動，很可能波及教育界。

一九六五年十二月，姚文元在《文匯報》上公然發表文章批判北京市副市長吳晗，這種不尋常之舉更讓蔣南翔感到他離風暴越來越近。

一九六六年四月，黨中央已將三家村上升到反黨反社會主義的高度，彭真所領導的北京市委搖搖欲墜，而蔣南翔與彭真關係極其密切，他曾擔任過彭真的秘書（一九四六年），他曾在幾個月前舉行的一二九運動三十周年大會上讚美過這場學潮的「幕後推手」彭真，無論是他自己還是別人都把他當成彭真的人。熟悉黨內鬥爭的蔣南翔很清楚，他的命運同彭真是緊緊連在一起的。五月一日勞動節，彭真沒有按慣例露面，這讓人們議論紛紛。

[1] 蔣南翔：《檢討》，一九六七年九月十五日，載於宋永毅主編之《中國文化大革命文庫》光碟，二〇〇六。

五月四日至二十六日，中共中央政治局擴大會議在北京舉行。毛澤東當時在外地，會議由劉少奇主持。會議批判了彭真、羅瑞卿、陸定一、楊尚昆的「反黨錯誤」，並決定停止和撤銷他們的職務。十六日，會議通過由毛澤東主持制定的中共中央通知（簡稱〈五一六通知〉）。《通知》要求「高舉無產階級文化革命的大旗，徹底揭露那批反黨反社會主義的所謂『學術權威』的資產階級反動立場，徹底批判學術界、教育界、新聞界、文藝界、出版界的資產階級反動思想，奪取在這些文化領域中的領導權。而要做到這一點，必須同時批判混進黨裏、政府裏、軍隊裏和文化領域的各界裏的資產階級代表人物，清洗這些人，有些則要調動他們的職務。尤其不能任用這些人去做領導文化革命的工作」。因為他們「是一批反革命的修正主義分子，一旦時機成熟，他們就會要奪取政權，由無產階級專政變為資產階級專政」。「我們對他們的鬥爭也只能是一場你死我活的鬥爭，我們對他們的關係絕對不是什麼平等關係，而是一個階級壓迫另一個階級的關係，即無產階級對資產階級實行獨裁或專政的關係。」十八日，林彪在會上發表長篇講話。他頌揚毛澤東的「個人天才」，大造我們黨中央內部有人要搞政變、搞顛覆的離奇謊言，製造恐怖氣氛。

蔣南翔參加了這次政治局擴大會議，親身感受到黨內政治鬥爭的殘酷。十九日彭真只檢討了幾分鐘，會上發言者一邊倒地對彭真上綱上線，氣氛很緊張，蔣南翔在小組發言中，只對他的老對手陸定一提出了批評，擔任中央文教組長的陸定一曾提出將清華大學一分為四，這讓蔣南翔耿耿於懷。

在中央政治局擴大會議收尾前一天，五月二十五日，聶元梓貼出了第一張馬列主義大字報，點燃北京大學的文革之火，也開始點燃了這團燒向全國所有學校的文革之火。

作為高教部長的蔣南翔不敢公然對抗「文化革命」的號召去北大滅火，他比較曲折地想控制其火勢，但這一切都是徒勞的，六月一日，在最高領袖的安排下，中央人民廣播電臺晚上八點全文播發了聶元梓的大字報，北大的黨委頃刻瓦解，工作組接管了北大，北大書記兼校長陸平被斥為「黑幫」，打入另冊。

面對一夜之間從高空被掀進深淵的陸平，蔣南翔當然是兔死狐悲，他知道他即將成為陸平第二，但他還是做了一些努力，期圖在清華建立防火牆，避免北大文革之火燒到鄰近的清華。

中央台播發聶元梓大字報的當晚，清華黨委第一副書記劉冰和副書記胡健，急忙趕到蔣南翔在西單大木倉的家商議，當夜12點他們召開總支書記會議，詳細傳達了蔣南翔的意見：（一）北大與清華不同，北大是反動思想的集中堡壘，清華是工科大學，北大四清遺留問題多，自己要心中有數；（二）貼大字報針對黑線，對學校工作，各種意見都可以發表，不正確的允許自由討論。各人按照中央方針和自己理解來寫；（三）借東風進行教育革命。會上有人問：「是否按影秋同志指示引火焚身？」劉冰、胡健竭力為清華辯護，表示反對，說北大是貫徹市委大學部部長宋碩指示的，而清華是和大學部作鬥爭的。

六月一日北大大字報廣播後，在清華也引起強烈反響，二日校園裏出現批評懷疑校黨委的大字報，但黨委立即組織反撲，貼出「保衛校黨委」、「保衛蔣南翔」、「黨委姓『馬』不姓『修』」等大字報和標語，形成一萬（支持者）對七百（反對校黨委的人數）的優勢。

時蔣在全校幹部和師生中享有崇高的威信，黨委主要領導劉冰、高沂、胡健、何東昌、艾知生都是蔣的擁護者和得力助手，校黨委被稱為「不漏氣的發動機」，黨委所屬各部，學校的各處、各系總支（分黨委）、系主任等各級幹部也都是蔣的支持者，可以說是鐵板一塊。但這塊鐵板受到一批紅二代的巨大衝擊。

六月五日一大早，劉濤、賀鵬飛等貼出「清華黨委應採取積極態度領導文化大革命」的大字報，震驚全校，作為全國名校的清華，「自六〇年代初以來，清華學生中出現了一批地位高、能量大的幹部子女。據不完全統計，文革前夕，在清華就讀的高級幹部子女有六十餘人。這種狀況也是其他大學所沒有的。這些子女的父親分別擔任中共中央副主席、國家主席、國務院副總理、元帥等重要職位。高級幹部子女不但有著比普通學生更為優越的生活條件和學習條件，而且即使比起清華一般幹部來，還擁有更為多樣的資源和更為靈通、可靠的資訊管道。他們從自己的父輩那裏得到了種種關於黨內鬥爭經驗和方法的真傳，非常主動地干預了清華文革初始的局面，並且理所當然地以『革命事業紅色接班人』的姿態」，[1]投身於文革這項「革命事業」。

五日上午，蔣南翔打電話告訴艾知生，說榮高棠曾打電話給自己，告之賀龍副總理對清華運動不滿。11點，蔣南翔趕到學校召開全校大會，作了《高舉毛澤東思想紅旗，充分發動群眾，將文化大革命進行到底》的報告，這是他在清華全校大會上作最後一次報告。他說：「保衛校黨委」的口號是錯誤的，我們應當「引火焚身」。蔣的表態得到了支持者的理解，贏得熱烈的掌聲，也使反對者失去了攻擊的靶子。[2]

七日上午，蔣南翔去清華大學作了最後一次的工作部署，提出要用「大字報領導大字報」，就是說，一方面歡迎一切大字報，一方面又要爭取主動，有組織有計劃地出一些所謂能起「領導作用」的大字報；對內容「好」的大字報，也就是符合前清華大學黨委意圖的大字報則給以支持；對某些不適當的大字報，也就是不符合前清華黨委意圖的大字報，則要進行必要的解釋。當晚北大部分師生不顧工作組的勸阻，到清華揭露蔣南翔一年多前在北大歷史系半工半讀班開學典禮上吹捧鄧拓的「罪行」，又引起清華師生與他們的辯論。清華派人把北大的來援者「護送」出校，到深夜12點半方散。

八日清華校園裏一片歌功頌德聲，各教研組、政治課教師、輔導員在黨委指揮下，寫出大批歌頌蔣南翔的大字報。

---

1 唐少傑：《一葉知秋：清華大學一九六八年百日大武鬥》，香港：香港中文大學出版社，二〇〇三，第四四頁。

2 李志偉：《清華百年風雨實錄》，北京：作家出版社，二〇一一，第二三八頁。

就在北大亂成一團時，清華還是「春風吹皺一池春水」。儘管張貼大字報的學生多為高幹子弟，但以蔣南翔為首的清華校黨委，巋然不動，反對校黨委的少數高幹子弟處在了眾多師生的包圍之中，校園裏處處可見「保衛校黨委」的大標語與「校黨委姓『馬』不姓『修』」的大字報。北大的堡壘是從內部被攻破的，而且成為全國文革的導火索；清華的堡壘則主要是被外力攻破的。

這種外力就是主持中央工作的劉少奇派出的五百一十三人工作組。九日國家計委副主任葉林率部分工作組成員到校，十日，大批工作組成員上崗，和群眾見面，當晚清華園的高音喇叭幾乎沒有停歇地反復播放歌曲《毛主席派人來》，並宣佈中央決定：工作組代行黨委職權。劉少奇的夫人王光美化名擔任了工作組的顧問。

一夜間，形勢大變。十一日早，「深入揭發蔣南翔反毛澤東思想罪行」的大字報鋪滿了清華園——而這些大字報出自校系各級領導，一天前他們還在告訴學生，蔣南翔是姓「馬」不姓「修」的人。[1]清華園沉浸在政治的亢奮中，到處是大字報的海洋，晚上電燈高懸，處處明如白晝，臨時搭了許多席棚子，貼滿了憤怒聲討蔣黑幫的大字報。

七月十七日，工作組組長葉林在全校黨員大會上說：「蔣南翔長期以來推行了一條修正主義路線」，「現在我們要迅速向黑幫開火」。[2]工作組在清華抓了一批走資派、反動學術權威、牛鬼蛇神，但其與激進學生發生了激烈衝突，工作組將蒯大富等人打成反革命。毛澤東認定工作組犯了鎮壓革命小將的方向性錯誤。蒯大富等獲得解放，成為最高領袖的鐵杆粉絲。

1 徐葆耕：《清華精神生態史》，北京：中國水利水電出版社，二〇一一，第二一六頁。
2 清華大學校史研究室編《清華大學九十年》，北京：清華大學出版社，二〇〇一，第二六九頁。

八月一日，毛澤東覆信給五月二十九日由幾名清華附中學生組建的紅衛兵組織，肯定了「對反動派造反有理」的口號，並對他們的行動表示支持。二日，由高幹子弟領導的第一代紅衛兵在清華全校各系組織「黑幫」勞改隊，命「黑幫」從事懲罰性勞動。時清華五百多名黨支部副書記、教研組副主任以上幹部都曾經受過這種體罰。

四日，原工作組成員在清華大學全體師生大會上作檢查，周恩來受中央和毛澤東的委託，取代劉少奇過問清華的文化大革命。鄧小平、董必武、陶鑄、陳伯達等中央領導人出席。會上，周宣佈，蔣南翔是「走資本主義道路的當權派」，王光美領導的清華工作組犯了嚴重錯誤。

對於這個宣佈，清華黨委副書記劉冰等人很是困惑。他沒有想到，工作組在時，他受批判；此刻工作組走了，他還受批判。[1]

在兩個戰場應戰

因蔣南翔既是高教部部長又是清華大學一把手，他平時多在西單大木倉高教部上班，偶爾去海淀清華大學內所指導工作。文革爆發，除了要顧及清華大學這個戰場外，他還要重點應付高教部這個主戰場。

六月四日教育部幹部子女紅衛兵宣告成立，大約有三十名成員。他們自豪地宣稱，這是繼清華附中紅衛兵和北大附中紅旗戰鬥小組之後的，世界上第三支紅衛兵組織。紅衛兵成員是四中、八中、女八中、三十五中和二龍路學校等校的中學生。最小的上初一，十三歲；最大的十八、九歲上高三。他們大多住在

1 李志偉：《清華百年風雨實錄》，北京：作家出版社，二〇一一，第二四五頁。

教育部大院裏。文革一開始，學校都停了課，他們從此不再去學校，在大院裏「就地鬧革命」。大院裏稱他們為「小紅衛兵」，以區別於機關幹部的派別組織。小紅衛兵當中有近半數成員的家長是司局級幹部。紅衛兵的頭目是一名三十五中的高三學生。他的家長級別最高，母親是部機關黨組書記，父親是在海軍大院任職的軍官。他本人還是首都紅衛兵西城糾察隊成員。

六月六日，以辦公廳主任趙秀山、司長肖克傑為代表的左派們率先開始批判蔣南翔，蔣的秘書宗祖雲也加入其中，貼出了第一批大字報。七日上午，高教部黨委召集高教部內司局長一級的幹部會，就蔣和高教部部黨委是否為黑幫的問題進行辯論。要求各人表明態度。隨後趙、肖和炮轟蔣南翔的少數造反派在本司局受到了壓制。會上傳達了中宣部代部長張際春對教育部文革的幾點指示。

八日夜裏，中央派人召集兩個部的司局以上幹部開會，批判了蔣南翔一夜，硬說他是黑幫。從此蔣南翔開始了他在文革期間長達幾年的煉獄之旅。

九日清晨，蔣南翔接到劉冰的電話，他對這位原清華副手說「堅持真理、修正錯誤，徹底的唯物主義者是無所畏懼的」。[1]文革歲月中蔣南翔被折磨得死去活來，但他沒有屈服，他始終堅信正義必將戰勝邪惡，終有一天他能走出這暗無天日的歲月。

九號當天，蔣南翔給總書記鄧小平和總理周恩來寫報告，請求中央免去其領導職務，不能再繼續領導部裏的工作和兩個部的文化大革命了。[2]

十日，中共中央書記處決定：高教部部長、清華大學校長兼黨委書記蔣南翔停職反省。十五日晚，陶

[1] 劉冰：《風雨歲月：一九六四——一九七六年的清華》，北京：清華大學出版社，一九九八，第二頁。

[2] 李志偉：《清華百年風雨實錄》，北京：作家出版社，二〇一一，第二三九頁。

鑄在高教部教育部全體幹部大會上講話一個多小時，宣佈中央書記處任命教育部長何偉兼任高教部長，反黨反社會主義分子蔣南翔停職。他說：

「現在看來高教部的問題不是不大，而是很大。不僅高教部有問題，清華大學問題也很大。這個問題是什麼性質呢？就是反黨反社會主義分子，修正主義分子統治了我們的高教部，也佔據了我們的最高學府清華大學。揭出來的大量事實來看，清楚得很，以蔣南翔為首的一夥人，把高教部搞成不是以毛澤東思想掛帥的高教部，不是堅決執行毛澤東思想來推進全國的高等教育，而是相反，他們反對毛澤東思想，堅決拿資產階級思想來毒害高等學校的青年，把高等學校引向資產階級邪路上去。清華大學是全國的重點大學，在全國是起示範作用的，在全國影響很大。在某種意義上講，高教部發指示影響很大，但清華大學很多經驗向全國推廣，影響也是很大的。現在清華大學的問題揭開了，清華大學真正工農子弟、幹部子弟才占百分之四十，在全國高等學校裏比例是最低的，而剝削階級家庭出身子弟占的比例在全國所有大學中比例是最高的。因為這個學校就是分數放得高，不管政治怎麼樣。不是突出政治，而是突出分數。」[1]

蔣成為中央定性的走資派，是文革前「十七年反革命修正主義教育路線的總後台」。從此，蔣成了大院裏的頭號敵人，蔣被大會批、小會鬥。在各司局幹部的批鬥會上，蔣先是彎腰低頭接受批判，後來被喝

1 陶鑄：《陶鑄在高教部教育部全體幹部大會上的講話》，一九六六年九月十五日，載於宋永毅主編之《中國文化大革命文庫》光碟，二〇〇六。

令跪下，常被推來搡去。

大院裏批蔣的大字報、大標語鋪天蓋地。一次，一個上初一的女紅衛兵厲聲質問蔣南翔，「說！你和蔣介石什麼關係？」蔣答「沒有關係。」「胡說！你不老實！你們都姓蔣，你們都反黨反社會主義！怎麼沒關係？老實交代！坦白從寬抗拒從嚴！」紅衛兵怒斥道。有幾位小學三、四年級的小學生，也寫了大字報貼在和樂堂後牆上。大字報全文是，「蔣南翔，大壞蛋，白吃人民大米飯」。

教育部大院裏豎起了高音喇叭，日夜廣播，批判階級敵人的三反言行。廣播員由小紅衛兵擔任，憤怒和響亮的聲討響徹大院上空：「蔣南翔鼓吹資產階級白專，他口口聲聲說，清華大學是培養紅色工程師的搖籃，實際上搖來搖去，搖出了修正主義苗子！」，「蔣南翔喪心病狂地反對毛澤東思想。他惡毒攻擊說，『不能說毛澤東思想是馬列主義的頂峰，頂峰就是不再發展了。』」，「蔣南翔說，延安整風，甄別了十年，所以這次文化大革命要掌握好政策。蔣南翔妄圖壓制文化大革命罪該萬死！打倒蔣南翔！」[1]

紅衛兵把各司局揪出的走資派組成勞改隊，勒令他們每天早晨戴著自製高帽到小食堂旁邊集合，然後在大院各處掃院子、掃廁所。這些人約有十幾人。其中除了高教部長兼清華大學校長蔣南翔以外，還有高教部副部長兼清華大學副校長高沂，教育部副部長劉季平，教育部副部長黃辛白，對外司司長李濤，副司長錢其琛，小學司司長張健，中學司司長周子明，《人民教育》總編輯章煉烽，中專司司長肖敬若，肖岩副司長，鮑正鵠司長，司機張景玉等。他們每天集合後，要聽小紅衛兵訓話，喊打倒黑幫分子×××（自己的名字），交代執行修正主義教育路線的罪行，還要將自己寫的「勞改日記」交小紅衛兵審閱。小紅衛兵指定肖岩（肖的丈夫是《人民日報》總編吳冷西）教其他黑幫唱牛鬼蛇神嚎歌。

1 姜和平：《教育部紅衛兵——文革點滴記憶》，《華夏文摘增刊》第五四九期，二〇〇七年一月三日出版。

八月一日至十二日，八屆十一中全會在北京舉行，一百四十一名中央委員與候補委員到會，四十三人因政治原因未能與會，蔣南翔是缺席者之一。[1]這次全會極其「難產」，與上一屆全會相隔四年，而當時黨章規定中央全會每年須舉行兩次。會上毛澤東發表〈炮打司令部——我的一張大字報〉，劉少奇、鄧小平地位急劇下降。

文革開始，打人尚未成風。有一天小紅衛兵在監督蔣南翔勞改時，一名高中男紅衛兵對蔣拳腳相加。這時，辦公廳機要員王耀魯路過正好看見，他喝住這個紅衛兵說，「不能打！你們把蔣南翔打壞了誰負責？」但是這句話立刻引起小紅衛兵群起攻之，他們七嘴八舌地斥罵比他們年長三十歲的王，「你臭老保！蔣南翔是你親爸爸？你心疼走資派是怎麼著？告訴你，打死他活該！」王耀魯從此灰溜溜地成了院裏臭名昭著的保皇派。

清華大學也有極少數學生來到大木倉，參與對蔣南翔的毆打，其中一幹部子弟馬楠，在抄蔣南翔校長家的時候，將蔣南翔摁在地上罰跪，把蔣南翔的繼母，吊在面前的梁上毒打，蔣南翔校長被「解放」後，幾乎原諒了所有在文革中批鬪過他的學生，就是沒有原諒這位同學。[2]

八月下旬的一天，教育部小紅衛兵來到蔣南翔家抄家。蔣住在教育部大門對面的一個獨院。蔣八十高齡的繼母和六十多歲的姐姐在家。在場的還有在蔣家工作的公務員姜樹桂。

抄家行動已近完成時，蔣家一片狼籍。幾個高中男生開始輪流用銅頭寬皮帶毒打蔣。他們喝令蔣面向打人者下跪，再由施暴者用一隻腳踩住蔣的頭，使其緊挨地面，動彈不得，然後用皮帶猛抽蔣的後背。

1 卜偉華：《砸爛舊世界——文化大革命的動亂與浩劫》，香港：香港中文大學出版社，二〇〇八，第一三五頁。
2 吳迪：《關於文革的記憶》，http://www.aisixiang.com/data/76383.html，二〇一四年七月十七日。

時逢夏天，蔣穿一件白襯衣。他們打了一陣，撩開襯衣一看，蔣的後背已經皮開肉綻，血痕累累。其中一紅衛兵說，「不行，還沒組成圖案！」於是再往傷痕尚少的地方抽打。他們毒打蔣的時候，強迫蔣母和姐姐在旁觀看。被指控為「地主婆」剃了陰陽頭的蔣母和姐姐在一旁瑟瑟發抖地抽泣。幾個十七、八歲的男性對這兩位老年女性也施以皮帶、拳腳。蔣母和姐姐挨著打淒厲地哭叫著姜樹桂，「老姜啊！」姜在一旁說，「你們叫我有什麼用呢。」過了一會兒，紅衛兵打累了，其中一打人者問蔣的姐姐，「他反黨，該打不該打？」蔣姐顫慄著說，「該打。」，「好，你說該打，你就得打他，跟他劃清界限！」

這個紅衛兵遞過皮帶，強迫蔣的姐姐抽打蔣。被剃成陰陽頭的蔣的姐姐一邊哭喊著，「你反黨，你反黨」，一邊抽打自己的兄弟。按照紅衛兵西城糾察隊的命令，當天晚上，小紅衛兵押送蔣母和姐姐到北京火車站遣返回原籍。

蔣母回到原籍江蘇省宜興高塍後，又受到家鄉造反派的折磨，其被裝在籮筐中遊街示眾，驚嚇之中，撒手人寰。由是故鄉對蔣南翔不再是童年的歡聲笑語、春暖花開，而是難以擺脫的噩夢，他再也不願回故鄉看一眼，儘管家鄉的父母官多次盛情邀請；其後宜興的黨政領導赴京拜訪，他面也不見，他實在解不開那個結，只有以前家中的長工才可以同他在京城把盞敘舊。

蔣倒臺後，受株連者眾，有部屬有支持者，有親人，他正在清華附中初二（1）班上學的女兒立即變成了「狗崽子」，八月的一天，在眾多同學面前，她被「紅五類」學生從隊伍裏拉出來，當眾扇了幾個大耳光。蔣的司機張景玉也被指為特務、歷史反革命，挨打最重。

婚姻亮起了紅燈

因蔣南翔是高教部部長，是全國教育戰線頭號修正主義分子，所以批他的不僅是清華與高教部，還有北京與外地高校。一九六六年底他被浙江大學、上海高校的造反派搶去批鬥。有時一天被審訊、批鬥達二十七次。[1]

一九六七年四月十日，彷彿是清華紅衛兵的節日。那一天，在工程化學系大三學生蒯大富主持下，清華造反派召開五萬人大會，在清華大學主樓前批鬥王光美。彭真、薄一波、陸定一、蔣南翔三百多人押來陪鬥，戴高帽坐飛機。

此時的蔣南翔面對這熟悉的會場，面對台下成千上萬的清華學子，不知內心做何感想？可以說，年輕人的狂熱既來源於時代的大背景，也來自於他多年所宣導的要學生們講政治——對個人崇拜的相信，對主流話語的不能懷疑，在他的這種教育模式下，大學生們失去了辨別能力，成為被人利用的道具。

這種歇斯底里的批鬥，蔣南翔並不陌生，它不僅上演於反右期間，甚至上溯到延安搶救運動時期——「搶救運動中所普遍盛行的群眾鬥爭大會」，「那種叫囂鼓噪的空氣，那種如醉如狂的情緒，那種毛手毛腳頭髮鬍子一把抓的鬥爭方式，實在無法使我們能夠清醒和客觀的進行考察和識別內奸的工作。所謂依靠群眾的力量，事實上是成了依靠群眾的喉嚨，依靠群眾的拳頭，依靠群眾聲勢洶洶的態度……這種帶有盲目性的群眾鬥爭大會，卻一直被認為是反奸工作中群眾路線的重要部分，這真是對群眾路線的莫大

[1] 唐少傑：《讀蔣南翔》，《二十一世紀》（香港），二〇〇四年第一二期。

誤會」。早在一九四五年三月，剛過而立之年的蔣南翔就直抒胸意，寫了兩萬字的〈關於搶救運動意見書〉，上書中央，指出「康生對於反特鬥爭的成績和缺點的估計，和客觀事實不完全符合。」而今文革的總顧問又是炙手可熱的康生，歷史又在重複往日的荒唐。

文革期間，蔣南翔不知經歷了多少場批鬥，僅邱心偉等主編的《清華文革親歷——史料實錄大事日誌》（香港五七學社出版公司二〇〇九年版）記載的一九六七年批鬥就有：

> 五月十四日晚，兵團總部在西大操場召開「打倒清華頭號走資本主義道路當權派蔣南翔大會」，劉冰、胡健、何東昌、艾知生陪鬥。（第一八三頁）
>
> 五月二十日下午，在大禮堂召開原黨委擴大會議，把蔣南翔揪回來了，會議目的是揭發前黨委如何貫徹彭真「二月提綱」的。蔣極不老實，百般抵賴。由於沒有發動群眾，會上未能給予有力回擊。（第一八八頁）
>
> 六月五日下午，清華「井岡山」、教育部「革聯」等十六單位在禮堂召開「鬥爭反革命修正主義分子蔣南翔大會」，劉胡何艾陪鬥。（第二〇〇頁）
>
> 七月二十八日，在西大操場召開批鬥蔣劉高胡何艾大會。
>
> 九月十四日，在主樓廣場，「井岡山」兵團和北航「紅旗」等聯合批鬥彭真、林楓、陸定一、劉仁、蔣南翔、楊秀峰等。一百一十多個單位兩萬多人參加。（第二六四頁）
>
> 十一月七日，《四一四教育革命串聯會》在大禮堂召開鬥爭蔣南翔、何東昌及反動學術權威梁思成大會，掀起了教育革命的高潮。（第二八七頁）
>
> 十一月二十八日晚，四一四舉行了「鬥爭反革命修正主義分子蔣南翔，批判反動學術權威，

徹底埋葬修正主義教育制度大會」，蔣等走資派和錢偉長、黃萬里、何成鈞、黃眉、章名濤、梁思成、李湘崇八個反動學術權威被拉上臺示眾。（第二九八頁）

十一月三十日，四一四在大禮堂舉行了第二次「鬥爭反革命修正主義分子蔣南翔，批判反動學術權威，徹底埋葬修正主義教育制度大會」，（第二九九頁）

十二月九日上午，由四一四鬥蔣作戰部等單位發起召開「批判鬥爭反革命修正主義分子蔣南翔——揭開蔣南翔一二九學運領袖的畫皮」大會。（第三〇三頁）

因如何看待清華中層幹部問題，清華造反派在一九六七年春天分成勢不兩立的兩派，一派是蒯大富領導的井岡山，另一派叫四一四（簡稱四派），但兩派鬥起蔣南翔都爭先恐後毫不手軟，以免給對手留下保皇派的口實。兵團總部設有鬥蔣兵團，四派也設有鬥蔣作戰部。

十月二十日，清華兩派因為所謂的「反革命」周泉櫻的材料問題發生武鬥。同時，他們又對蔣南翔、劉冰等人實施嚴刑逼供，大力開展奪權運動。

十一月，由首都紅代會清華井岡山兵團下屬的「批改辦公室」與「鐵一連」編印的《反革命修正主義分子蔣南翔言論集》面世，其收集了蔣南翔自一九三二年到一九六六年六月發表的八十篇文章和有關講話，以及文革初期寫成的兩篇「檢查」。

一九六八年一月五日起，到當月底，團派連續數次召開批判蔣南翔、劉冰等反黨集團大會，對蔣、劉進行了「清華假社教」、「為生存而鬥爭」、「翻案風」三大戰役的批判鬥爭，提出給「蔣劉反黨集團來一次毀滅性打擊」。[1]

1 李志偉：《清華百年風雨實錄》，北京：作家出版社，二〇一一，第二六〇頁。

清華是蔣南翔批鬥最多的地方，除此他在北京許多地方還留下了批鬥的印記。一次在中關村中科院大操場批鬥彭真、陸定一、蔣南翔、張勁夫。每個人一輛卡車，有兩個紅衛兵押著，左右揪著耳朵進入會場。另一次在北京體育館，批鬥彭真、羅瑞卿、陸定一、楊尚昆等人，陪鬥的有李維漢、張聞天、蔣南翔、于光遠、杜潤生等五十多人，每一個黑幫配三個押送的紅衛兵，服裝一律草灰色，人都是壯小夥子，在他們把自己分管的那個黑幫押送到位之後，三個人中，左右各一個把黑幫的手往後儘量抬起，中間的那個人使勁地把黑幫的頭往下按，這就是當時盛行的「坐噴氣式飛機」的姿勢。

當蔣南翔每天都承受著巨大的肉體折磨與精神摧殘時，他的妻子不僅不給他一絲溫存，反而給他以雪上加霜的打擊。蔣妻當時在中聯部工作，是第三屆全國人大常委委員（共九十四人，享受副部長待遇），文革中非常活躍，同蔣完全生活在兩個世界。一九六七年末，她向黨組織提出要求，和蔣離婚。蔣在離婚書上簽了字。離婚後蔣南翔住在教育部樓南邊的一處小房子裏，可造反派把他趕出來，只給他在紅星樓走廊安上一張床。他生活自理能力已經很差，別人挨鬥回家後還能吃上一口熱飯，他卻只能端著碗，到食堂去買飯吃。「在那個時候我也不得不對蔣南翔同志貼了大字報，表了態，事後回想起來都覺得愧對他。」[1]

一九六八年五月，蔣南翔離開教育部大院，被關押在北京衛戍區，進行監護審查。此時清華大學校園裏兩派間的武鬥不斷升溫，導致十多人死亡，七月二十八日，最高領袖沒有向蒯大富透露任何風聲，派出了三萬多名工人與解放軍士兵制止兩派長達一百天的校園武鬥。蒯的部下進行了抵抗，五名工人死

[1] 高沂：《八年清華風雨同舟——高沂口述》、鄭小惠等主編：《清華記憶》，北京：清華大學出版社，二〇一一，第三九頁。

七百三十一人傷。現在輪到小將們犯錯誤了，紅火了不到兩年的清華造反派離開舞臺，成了倒楣蛋，他們既是施害者又是受害者。

軍宣隊工宣隊替代造反派執掌清華大權後，蔣南翔仍是批判對象。從一九六八年九月到十月工宣隊先後六次召開全校大會，批鬪蔣南翔等清華大學原校級領導及部分專家。

在衛戍區被「監護」，由士兵看管後，蔣南翔完全失去了人身自由，但他仍充滿著正義必勝、光明必臨的革命樂觀主義。一九六九年中秋他有感自吟，寫了一首詞〈釵頭鳳〉：

月當頭，又中秋，玉兔默窺前庭柳。
西風促，秋葉落，欲箋心事，孰訴衷曲。
寞！寞！寞！
身雖囚，心如舊，「俯首甘為孺子牛」。
傲霜菊，耐蕭蕭，清寒自守，素志永篤。
樂！樂！樂！

一九六九年春季之後，毛澤東的「文革」戰略發生重大的轉移，逐步恢復「文革」中被衝擊和削弱的黨政領導職位及其權威，以取代過去兩年多混亂無序的群眾運動。一九七〇年八月二十二日下午舉行的中共九屆二中全會前的政治局常委會上，毛澤東說：「對蔣南翔這樣的人留下來好。」[1]由是蔣得以由衛戍

1 汪東興《毛澤東與林彪反革命集團的鬪爭》，北京：當代中國出版社，一九九七，第三四頁。

區回清華，在學校汽車廠鑄工車間勞動，繼續被「審查」。每天的工作是從煤場把煤推到鍋爐旁，再把車間的鐵渣、垃圾推出去，一車大約五百斤。每月發生活費四十元。[1]

十一月一日周恩來總理給蔣南翔定性為人民內部矛盾，他說：「中央專案組把主犯定了，從犯還沒有定。清華的蔣南翔和劉少奇、彭真的案子有關。現在查明，他的歷史沒有背叛。他的思想很右，個人主義，是個沒改造好的知識份子，這和他的地主出身有關。文化大革命前，他吹捧劉少奇、彭真。要允許群眾懷疑，接受群眾的審查。現在專案組還找不到材料，蔣和劉、彭只是工作關係，犯了嚴重路線錯誤。但還是人民內部矛盾，提議要他下去勞動，不要老是關著。」[2]

蔣南翔釋放回到清華勞動改造時，正是軍宣隊工宣隊遲群等人炙手可熱之際。此時的校園經過廢除高考停招四屆學生後，開始實行推薦招收文化水準參差不齊的工農兵學員。一九七〇年七月二十二日，遲群、謝靜宜炮製了一篇〈為創辦社會主義理工科大學而奮鬥〉的文章，其完全否定新中國建立以來教育工作的成就，一概稱之為「封、資、修教育」；把教師統統劃為「資產階級知識份子」，此文在《紅旗》雜誌一九七〇年第八期上刊登，全國各大報刊也隨之轉載。蔣南翔回校後，遲、謝問蔣南翔對此文有什麼看法？蔣南翔把他在衛戍區監護時，對此文逐條批註的那本《紅旗》雜誌交給了他們，並嚴肅地說：「這就是我的看法！」遲群雖比蔣南翔小整整二十歲，只上過初中，十七歲入伍，文革間任御林軍八三四一部隊政治部宣傳科副科長（副團級），被最高領袖所賞識，三十多歲便執清華之牛耳，這位少年得志的「大人物」沒有料到身陷囹圄的蔣南翔還這樣不服輸，立即下令對蔣南翔加緊連續批鬥。

1 李志偉：《清華百年風雨實錄》，北京：作家出版社，二〇一一，第二七八頁。

2 《周恩來談清華大學蔣南翔的問題（摘錄）》，載於宋永毅主編之《中國文化大革命文庫》光碟，二〇〇六。

一九七四年蔣寫了兩萬多字的檢查，藉助一些關係，送交周恩來，得以解放，出席九月三十日晚在人民大會堂舉行的國宴。通過國務院吳慶彤轉信給李先念，尋求工作調動。十一月其離開清華，住進中組部招待所，至此，蔣才完全脫離了遲群等人的監控和迫害，也結束了長達八年多的折磨。[1]

從一九三二年秋天踏進清華園到一九七四年冬天離開清華園，這四十二年裏有二十七年，蔣南翔是在清華園度過的，他的生命同中國這所頂尖學府熔化在了一起。當然這二十七年間，他在清華園的身分經歷了多次轉換：普通學生、地下黨書記兼學運領袖、清華大學的大總管、清華大學一號修正主義分子。剛來清華時，蔣南翔年方十九，稚氣未脫；離開清華時，蔣南翔年過花甲，八年多的折磨已讓他身心俱疲，老態龍鍾。

蓋棺定論尚不易

改革開放後，蔣南翔東山再起，一九七九年，鄧小平提名，蔣任教育部部長。「蔣南翔重新被啟用後，許多人對他抱以很高的期望。但人們失望地發現，蔣南翔對十七年（一九四九年到一九六六年）中的極左路線認識不足。他承認自己『缺乏民主作風』，但對於一九五七年因為反對他本人而被錯劃為『右派』的個別人不肯予以改正。蔣南翔成了一個固執己見的人。」[2]

一九八〇年在總結文革前文化教育事業的經驗教訓時，他回避了一個重要問題，即文革前的教育與文

1 李志偉：《清華百年風雨實錄》，北京：作家出版社，二〇一一，第二九二頁。

2 徐葆耕：《清華精神生態史》，北京：中國水利水電出版社，二〇一一，第二一五頁。

革興起的內在關聯。蔣南翔沒有也不可能回答為什麼文革最初能夠在像北大、清華這樣的大學裏爆發並得以成勢？為什麼正是在北大、清華那裏，文革具有了自己的試驗場、生力軍和突破口？[1]

一九八二年二月二十日，中共中央發出〈關於建立老幹部退休制度的決定〉，根據文件精神，當時的教育部部長、副部長因年齡原因大都要退居二線或退休。蔣決定退居二線，並和教育部黨組的幾位同志多次研究，向中央推薦了教育部新領導班子人選。可在北京的其他中央部門和院校給中組部和中央書記處寫信，反對教育部推薦的部長人選，同時提出他們推薦的人選。

反對者提出，蔣自一九七九年一月主持教育部工作以來，在教育事業發展方面和教育改革方面過於「保守」，成了改革的「阻力」，是「極左的表現」，而且「把學生問題估計得太壞」。

三月七日，中央總書記胡耀邦主持邀請教育部、科學院、科委以及在京的教育界、科學界的專家參加的中央書記處會議，請大家就教育部部長人選發表意見。

會上，蔣南翔和教育部黨組全面闡述並堅持按教育規律辦事的原則，據理力爭，後又經中央書記處三次討論，最後於四月二十四日決定免去蔣教育部長、黨組書記職務，改任教育部顧問，同時被免職的還有教育部八名副部長；任命教育部黨組推薦的張承先為教育部黨組書記、任命教育部黨組推薦的何東昌為教育部部長。蔣南翔的教育思想「香火」得以延續。

八月二十三日，蔣南翔得到中央黨校校長王震的賞識，調任中央黨校第一副校長。九月一日，蔣參加了中共十二大，並繼續當選為中央委員。由此蔣告別了教育界，對清華也失去往日至高無上的控制力。

十二月二十三日，教育部通告清華大學，中央決定錢偉長從清華調任上海工業大學校長。次年一月十二

1 唐少傑：《讀蔣南翔》，《二十一世紀》（香港），二〇〇四年第一二期。

日，收到清華大學給他的關於右派問題的改正書，錢當天辭去清華教職，兩天後，隻身到上海報到。[1]

一九八六年一月二十七日，蔣南翔心臟病突發，住進了北京醫院四〇一室，其病房寬敞，設備講究。[2]自此他生命的最後兩年多都是在病房裏，醫生規定他每天只能下床兩三個小時。一九八八年五月三日，蔣南翔離開人間，終年七十五歲。

古人云，蓋棺定論。可如何評價蔣南翔，至今仍眾說紛紜毀譽兼備。

《中國青年報》記者徐百柯採訪研究清華校史的一位老教授，這位爽快的老先生一聽記者要採訪的題目是蔣南翔校長，語氣就變得有些猶豫：「其他的人都好說，恰恰就是蔣校長很難說。」「蔣校長是一個教育家，這一點我是承認的。清華校史上有很多位校長，但不是每個人都稱得上『教育家』，有些充其量只能稱為行政工作人員。教育家是什麼，首先就要有獨立的精神、獨立的教育思想。蔡元培當然是，梅貽琦也當然是。蔣南翔是老清華出來的人，我認為他是有獨立的想法的。不過……我不大好評價。」[3]

如今仍有許多清華人深深懷念著這位大功臣，感激著他為清華的發展所做出的不凡貢獻。當然不可否認的是，因五六十年代，政治運動一波接一波，掌控清華的蔣南翔處在風浪的中心，他也不免「有意無意地傷害過一些與他共事多年、同甘共苦，為黨作過貢獻的老同志和老先生（事後證明這些老同志和老先生的意見很多都是正確的）。這或許正是他迄今仍被人們『毀譽參半』的原因罷」。[4]

1 李志偉：《清華百年風雨實錄》，北京：作家出版社，二〇一一，第三二二頁。
2 蔣行知主編：《馬克思主義教育家蔣南翔》，上海：上海人民出版社，一九九〇，第一七七頁。
3 徐百柯：《民國那些人》，北京：中央編譯出版社，二〇〇七，第九七頁。
4 黃延復：《清華傳統精神》，北京：清華大學出版社，二〇〇六，第三〇六頁。

力挺蔣南翔者有兩大理由：

其一，推崇他把清華的學生培養成各級「領導」與各單位的骨幹：

有人說為什麼現在中國是「大清帝國」，好多領導都是清華畢業的，其實這主要歸功於蔣南翔的指導思想。蔣南翔當時強調要培養又紅又專的「雙肩挑」人才。[1]

其二，看重他極強的事業心與公而忘私的品質：

一九五五年考入清華大學水利系並留校工作的徐葆耕教授，與蔣南翔有著零距離的接觸，他對蔣南翔批評之餘，表達得更多的是肯定與讚美。其舉例說：吳宓的女兒吳學昭是蔣南翔的續弦，蔣南翔曾禁止她的女兒出國留學，說：「只要我活著，家裏人誰也不能出去！」對此，徐教授贊道：「作為繼父，似乎過苛。但是，如果我們沒有記錯，在當時（二十世紀八〇年代）不少高級幹部利用權力將自己的親屬送往國外鍍金的大風潮，就會對蔣的決絕態度有所理解，並增加幾分敬意。蔣南翔是商品時代的落伍者，但他所達到的那個精神境界，是當今在商品大潮中俯仰浮沉的精英們所無法企及的。」[2]

文革期間流行「挖老底」，但大字報中只揭露了蔣的兩件「壞事」：一是蔣喜吃蛋炒飯，開會太晚總要炊事員做一份「雞蛋包著飯粒」的蛋炒飯。二是賀龍元帥之子賀鵬飛一九六三年未達清華錄取線，蔣校長幫助安排到清華附中補習，次年才考入清華大學機械系。前者被指為生活腐化，後者被指為犧牲原則討好賀龍。從這僅有的兩件「壞事」中，也能見蔣一塵不染的情懷。

批評蔣南翔者也有兩大理由：

1 《低調為人探賾索隱——金國藩口述》、鄭小惠等編：《清華記憶——清華大學老校友口述歷史》，北京：清華大學出版社，二〇一一，第二九九頁。

2 徐葆耕：《清華精神生態史》，北京：中國水利水電出版社，二〇一一，第二一五頁。

首先，指責他沒有把中國智商最高的一群人培養成大學者（諾貝爾獎獲得者楊振寧、李政道都誕生在梅貽琦執掌時期的清華大學），教育成就欠佳：

由於其專僅限於「出活」的功利教育，知識面狹窄，本行本業的工作尚可完成，甚或出色完成，但創造與創新能力欠缺。蔣南翔治下，清華畢業生近三萬人，成為國家經濟建設的骨幹，遺憾的是，鮮有大學問家、大科學家出現；即便是偶有大師頭銜者，也難以為世界所公認。如今國人慨歎創新無力，正是蔣傳統下「學生橋走獨木」的必然結果。[1]

其次，批評蔣南翔有著極強的鬥爭意識，把一批優秀的同事、師生打入「另冊」，讓他們飽受人生的折磨。

一九五五年高（崗）饒（漱石）事件後，清華有人向上級指控蔣，清華黨委做了調查，認為是不實之詞，警告處分了那個幹部（後來按蔣的意思升格為留黨查看，中央監委沒批）。可是蔣認為是袁永熙（原為蔣在團中央的下級，在蔣的提拔下，任清華大學黨委書記，當時實行校長負責制）調和矛盾、鬥爭不力，說他是司令，袁是政委，有人打司令黑槍，政委看著不管。一九五七年袁永熙被定為三類右派再次開除出黨。[2]

當年清華大學黨委常委十五人中就劃了三個右派（加上前黨委副書記俞時模，共四人），其中被劃為右派的清華大學校長辦公室主任周壽昌，解放前上海交通大學學生自治會主席、上海學聯的領導人之一，解放初任全國學聯宣傳部長、團中央學生部大學組負責人和第一屆全國政協委員，一九七四年五十一歲英

1 王鐵藩：《沉思百年清華之三：再說清華傳統》，王鐵藩博客：http://blog.sina.com.cn/s/blog_5a6562ee0100q6pk.html，二〇一四年十月。

2 陳必大：《欲辨真義已忘言——紀念我的父親袁永熙》、丁東主編：《先生之風》，北京：中國工人出版社，二〇一一，第七三頁。

年早逝，一九七九年獲平反。十月十日，清華校黨委為周壽昌在八寶山革命公墓舉行骨灰安放儀式。蔣南翔親自出席，這無疑反映出了一種襟懷和氣度。

楊振寧說：奧本海默是一個比較複雜的人，崇拜他、仰慕他的人很多，但是不喜歡他的人也不算少，這句話同樣可以適用於蔣南翔，在他生前，在他死後，崇敬他的人成百上千，可同樣，反感他的也不是一個小數目。

> 「蔣南翔這個名字，不僅意味著新清華的輝煌，而且也同一系列抹不掉的傷痛連在一起。一九五七年以後的一連串政治運動給師生留下的悲慘記憶的後面總是尾隨著一個名字：蔣南翔。一九五八年以後教學品質的下降，也不能說同蔣南翔的教育思想沒有關係。蔣南翔成了一個錯綜複雜的符號。讓我們把這一段歷史教訓留給教育家吧，歷史上的偉人都是跛足的。蔣南翔在共和國尚處幼稚年代所犯下的錯誤同他的『缺乏民主作風』（蔣南翔自懺之語）和剛愎自用的性格密不可分。而同這種性格弱點連體嬰兒般長在一起的是那種不為壓力所彎、不為風潮所動的獨立不倚的、頑強進取的雄心壯志。」[1]

毀譽不一的蔣南翔應當成為一個「標本」，值得學界做深入細緻的研究。清華校史專家黃延復，大學求學期間，目睹過蔣南翔校長的風采，他通過材料的發掘，給讀者們展示了一個有著多層面思想的蔣南翔。

如一九四二年五月，時身兼中共中央「青委」宣傳部長、「大後方工作組」組長、《解放日報》社論

1 聞奇等：《清華精神九十年》，北京：民族出版社，二〇〇一，第一三八頁。

委員會委員數職的蔣南翔，在《解放日報》上發表了一篇題為《論現在的學生運動》的文章，文中著重談的正是學術自由問題，他說：

我國自民國初年創立正規大學以後，在蔡元培先生的苦心宣導下，就在全國大學教育中相當普遍地培植起自由討論的學術空氣，千岩競秀、萬壑爭流，這種自由研究、自由討論的學風，對於多少世代以來蜷伏在封建枷鎖下面的我國落後的思想界和學術界，曾盡了莫大的推動作用。五四以來在我國思想界中有著重大的歷史意義的幾次大論戰，無一不是學術自由下面的輝煌產物。假如說自辛亥革命以後我國真有甚麼值得稱道的建樹的話，那麼中國大學教育中「學術自由」的深厚傳統，應該是其中之一。這是我國教育事業最可寶貴的精神遺產，直到今天，還值得我們加以尊重。……為了真正能推動學術的進步，提高青年的知識，學術自由的要求，都仍是我們所始終堅持的。

當然，我們馬克思主義者深信唯物辯證法是幾千年來人類思想之最高成果，一切學術研究，唯有應用馬克思唯物辯證法的方法論，才能獲得最高的成就。但同時我們仍還衷心擁護「學術自由」的口號，贊成在學術研究上，能有西洋人所說的「fair play」精神，各人可以自由假設命題，選擇方法，彼此作公平之競賽。因為誰是真理？單憑一方面主觀上的標榜，不足以使人心折；必須經過各方面的研究和客觀實踐的印證，最後才能叫大家承認。而自由研究，正給予一切追求真理者以比較研究的平等機會，提供了真正達到真理的一個必要前提。在今天的中國，仍還是萬分需要的。而國民黨近年來所推行的黨化教育，提倡所謂「一個主義、一個思想」的思想統治，黨同伐異、排斥異己，順我者昌，逆我者亡，這無異是企圖以強制的法令來「欽定」一切「真理」，不容再有任何比較討論的餘地。這對於莊嚴的學術研究，實是一種污辱和殘害。《史記・二世本紀》有這樣一段記載：「趙高持鹿獻二世，曰：馬也。二世曰：丞相誤耶！謂鹿為馬！問左右，或默，或言馬，或言鹿。高陰置諸言鹿者以法」，和這相類似的情形，現在是日甚一日地傳播到全國各大、中學校裏去，這實在是我國整個民族後代的隱憂！一切對於中華民族的「未來」寄存著熱望的人士，必須以最堅決的反抗來回答這種毀喪青年智慧、汩滅青年理性的毒害。

清華校史研究專家黃延复為此感歎道：「這裏，蔣的嚮往學術自由的熱忱躍然紙上，對於一個時期來有意無意從不同角度誤解蔣氏教育思想的傾向，當是一種很有力糾正」。[1]

蔣南翔曾推崇蔡元培的「學術自由」，可作為校長的他卻從未實踐過「學術自由」，而是唯我獨尊，把辦學目標上的學術分歧上升到不共戴天的層次，使錢偉長等精英受打擊受壓制。

這一切是多麼矛盾，也是多麼值得後人反思。

1 黃延复：《清華傳統精神》，北京：清華大學出版社，二〇〇六，第三〇一頁。

為文革祭旗的南京大學校長——匡亞明

文化大革命這架戰車由啟動到加速有一個過程。因掌管全國造反最早四所高校之一的南京大學，匡亞明得以無意插柳，作為鎮壓學生的反面教材受到「青睞」，成為一九六六年六月《人民日報》批判最多、批判最狠的高校一把手。

一九四九年成立南京大學以來，有十多人擔任南京大學校長，他們中間，匡亞明應是資歷最老級別最高的一個。這位集勇氣、才氣、骨氣、霸氣於一身的匡校長，在南京大學歷史上烙下了較深的印痕。

棄政從教，轉換人生跑道

一九五五年，中央決定集中權力，撤銷全國六大區，各大區的幹部面臨著人生崗位的新選擇。多數人都願意到省級機關擔任一官半職，可華東局宣傳部副部長匡亞明卻主動要求到高校去工作。

匡亞明年輕時在上海大學就讀過四個月，但這是一所培訓機構。匡亞明中青年時代一直忙於革命，從未有多餘時間學習。而高校中留洋的、高學歷的比比皆是，一個從沒有在正規大學學習過，沒有任何文憑的人到高校當領導，面臨許多挑戰。匡亞明棄政從教，其選擇是揚短避長，不可思議。

匡亞明選擇的理性何在？他沒有表白過，這裏僅做猜想：是不是他對官場產生了審美疲勞，想抽身而去？是不是他主觀地認為高校是象牙塔，要單純乾淨些？還是他喜歡讀書喜歡做學問，願同文人打交道？

匡亞明一九〇六年出生於江蘇丹陽一個小學老師家庭，他從小就愛讀書，參加工作後不管如何繁忙，他都要擠時間閱讀充電。十七歲他考上蘇州第一師範，十九歲開始發表作品，二十歲入黨，當年他被蘇師開除，轉入上海，成了職業革命家，沒有工資，他靠賣文為生。其回憶說：

> 我早年幹革命工作，任務要完成，飯要自己找了吃。我白天幹革命工作，晚上寫文章拿稿費。文章的觀點只能隱晦一點，不然人家不敢登。我拿的稿費最高千字十塊大洋，最多一次拿三百大洋。我分了一些給人。那時魯迅最高稿費是千字十元，相當於小學教員一個月的工資。[1]

五〇年代初的大學校長，基本上都是有革命資歷的「新人」，他們大多服從組織安排棄政從教，而像匡亞明這樣三番五次申請到大學工作還不多見。文革伊始，高校便處於前線，匡亞明陷入滅頂之境，此時的他也沒有懊悔自己當年的選擇，否則很難理解文革結束之後，他東山再起還擔當南京大學校長，而諸多的高校一把手經歷了文革磨難後都棄教從政，如北京大學校長陸平、清華大學校長蔣南翔等等。

一九五五年九月，四十九歲的匡亞明脫離政界，從上海來到長春，擔任東北人民大學（今吉林大學）黨委第一書記兼校長。他在這一職位一口氣幹了八年。這期間，運動頻頻，有一九五七年的反右派、一九五八年的拔白旗、一九五九年的反右傾，每次運動都要把一批人打入另冊，匡亞明作為主政一校的掌舵者，雙手

1 王春南：《聽匡亞明校長憶往》，共識網http://blog.sina.com.cn/s/blog_9bd278d801014zcf.html，二〇一四年十一月。

想不沾血卻能保住自己的位置，是絕對不可能的事。遺憾的是，筆者從孔夫子網購來的《吉林大學校史》（吉林大學出版社二〇〇六年版）、《吉林大學史志》（吉林大學出版社一九八六年版，內部發行）對此避而不談，連右派的數量，兩書都沒有提及。在我翻閱的幾十本高校校史中，吉林大學校史編寫算「極品」。

匡亞明反右時的作為，筆者掌握的只有香港中文大學中國研究服務中心的一份《內部參考》的報導，因這樣的資料難得一見，在此當一次文抄公：

新華社長春一日訊：東北人民大學的教學樓和學生第七宿舍在五月二十九日出現了許多大小不一、五顏六色的大字報。這些大字報張貼在大門入口處和通衢要道間。有的大字報還附有漫畫，煽動性強。如有一張寫道：「同學們，起來吧！是時候了，是去除『三害』的時候了！」北大已經貼出五百多份「大字報」了！……。下面提一個大問題：「黨的工作人員由政府供給工資，理由是什麼？」

大字報中很多人責問學校為何不讓「鳴」、「放」；懷疑學校佈置現在學習「三大」文件是轉移目標，對要學生下半年參加整風有意見。大字報提出的問題大致是這些：系秘書（黨的幹部）專權，系主任無權；學校幹部的作風；畢業生分配要求公開，要求看檔案對本人的鑒定；留學生多是黨團員；教師的提升、評級；黨團領導的偏信；黨團的組織發展；學校領導的官僚主義；以及要求多接觸資本主義等等。有一張大字報說：我們要知道整個世界；資本主義是否長了翅膀？要看資本主義報刊、電影；為什麼連日本社會黨的「朝日新聞」也不讓看？為什麼不讓看「參考資料」？我們不再是一群羊……。還有很多大字報攻擊大字報，認為這種做法不好；也有反攻擊者。攻擊學校和黨組織的大字報多不署真名及系別，或不署名，或署「卡嘉」、「R．C．H」之類的名字。

當日下午，校長匡亞明（兼黨委書記）前往經濟系開會，路經數學系，停足看大字報，立刻就有許多學生圍上來。其中有最先寫大字報的學生要校長對大字報表示態度。校長表示對大字報不支持，理由是：它不是最好的方式，而且不雅觀、不衛生，如果支持還要供應紙張。於是引起了爭論。這時學生已聚集至四百餘人，因妨礙通道，就移到教室繼續爭論。學生中贊成不贊成兩派爭論也激烈。匡校長在解釋大字報是對敵鬬爭的有效方法，對自己的學校不適用時，一個學生起立指著校長說：「你就是教條主義！」校長當時激動地說：「年輕人，你怎麼亂扣帽子，一棒子打死？坐下吧，不要說了！」教室內立即引起騷動。之後校長仍請這位同學發表了意見。這個討論會開了將近兩小時。

五月三十一日，除法律系外各系大字報都出來了，其中有反對校長對大字報的看法，也有支持的。大字報貼到學校建築物的馬路旁，也貼在校長的佈告板上。很多學生找校長、黨委第二書記等談話，申述意見，有的要求停課整風，還有些學生到報社和通訊社要求干預。

學校急忙舉行幾次緊急會議，三十一日黨委的佈置，還是不在學生中「放」「鳴」，不支持大字報，到六月一日經省市委同意才決定在晚上召開的全校學生大會上表示徹底「放」。這個會盛況空前，三千多人擠滿了禮堂和教室，臺上臺下都是人。匡校長在會上宣佈整風計畫、目的、步驟、方法、形式，並提出學生也可以大膽「放」「鳴」。校長談到「放」「鳴」形式中包括大字報時，博得熱烈掌聲，講話中，學生遞條責問校長昨日壓制發言事，校長當場承認是不好的，並且檢討了自己性格急躁，學生熱烈掌聲歡迎。校長兼述自己認為大字報不是最好的形式理由時，也獲得學生的共鳴。校長講話結束時，學生長時間鼓掌歡迎。學校決定開闢「青年講壇」，由學生自己出刊，並且建議大字報集中貼不亂貼。

三十一日，很多學生自動撤除「大字報」，但某些最早張貼者仍留著。目前大字報已漸趨壁報方向發展。同時許多學生出了許多支援臺灣反美的大字報代之。學生正預備舉行各種會議向學校提意見，並同意不停課。整個情況趨向正常發展中。[1]

從這份內參的報導中，可見匡亞明相當理性，他一直反對大字報，五月底不少大學大字報鋪天蓋地，而匡亞明依舊不主張學生鳴放。最終吉林大學劃了多少右派，筆者尚未找到資料。在人生的暮年，當年的同僚佟冬曾對匡亞明說：「文革中我們挨了整，反右時我們也整了別人。我們保住了一些人，好多人也沒能保住啊！」[2]

匡亞明向來尊重知識，在吉林大學時，他就蓋了教授樓，房子分配時，總務處長利用職權給自己分了一套，匡得知後，立刻打電話把這位總務處長請來，嚴肅地對他講：「這幢樓一蓋時我就說叫『教授樓』，是應分配給教授住的。你不應該近水樓臺先得月，我不是說你住的房子已很好不應該住，但這個樓不行，你要把鑰匙交出來，以後蓋房你再搬。」總務處長當即把鑰匙交了出來。事後匡妻曾勸說他，你怎麼一點情面不給他留，既然鑰匙已分到手，批評兩句就算了。匡亞明搖搖頭說，做事要有原則，這怎麼叫不留情面，他是管分房子的，他把鑰匙交出來，他就硬氣了，他的工作就好做了，這才有面子。「我做事向來對事不對人，沒有個人好惡，只有是與非。」[3]為人正派的匡亞明，不會討所有官員歡喜。

1 李德天：《東北人民大學的大字報風波》，新華通訊編《內部參考》一九五七年六月四日。
2 佟多人：《懷念匡亞明叔叔》，《吉林大學報》第三六九期，二〇一〇年五月七日出版。
3 丁愛華：《一座不朽的精神豐碑》、《匡亞明紀念文集》，南京：南京大學出版社，一九九七，第八五頁。

文革初期，吉林大學師生就開始揭發前校長兼黨委書記匡亞明問題，後來一些學生還乘火車南下將匡亞明抓捕回長春，進行公開批鬬。這當然是後話。

最後一站，經歷官場起落

一九六三年五月，匡亞明離開長春，調任南京大學校長，想不到這所學校成了他人生的最後一站，直到一九九六年去逝，他都在南大度過。

南京大學的前身是民國時期的中央大學與金陵大學，在學界有較高的知名度。此時的匡五十七歲，已執掌大學八年，辦學經驗豐富，且江蘇是其老根據地，當地的黨政領導與其同屬新四軍系統，不少曾是共患難的同袍，他有更好的外部環境，也有更多可支配的資源。

匡亞明非常重視改善辦學條件，他來南大後，找錢大興土木，蓋起了面積較大的教學大樓，以及幾幢學生宿舍，並在校園內鋪設柏油馬路。而之前南京大學校區內都是沙礫鋪的道路，新舊對比，匡亞明贏得了一些師生的好感。

匡屬於知識份子出身的領導幹部。在「政治正確」的前提下，他比較注重學術發展和教師群體的主導地位。得到他賞識和重用的通常是一些「雙肩挑」幹部和又紅又專的學生，這也讓一些政工幹部與行政人員覺得失落。

匡亞明來南大後，左調不斷增強，他的一些更合人性的做法不能得到部下的認同，石征錄的回憶印證了此點：

一位輔導員向匡亞明反映，說有學生在看《紅樓夢》，這種傾向應該批判。但他卻說：「看就看吧，南大出兩個林黛玉、賈寶玉也沒什麼關係。」這些話現在看來沒有什麼，但在當時那個政治氛圍下就不大合適了。再比如「文革」以後我當學生科科長的時候，有××系的學生從學校圖書館裏偷書，其中有不少裸體畫冊，我當時主張處分那個學生，但匡亞明不同意。他說：「裸體有什麼關係啊？到了浴室裏個個都是裸體。」我說：「校長，他偷書啊！」他卻回答說：「他偷的是書，又沒偷別的東西。」我爭辯說：「假如學生個個到圖書館偷書，圖書館還要不要辦呢？」他這才又說：「處分還是要的。但偷書情有可原，不是什麼了不起的大事。」這就是他的風格。我至今認為他的這些言論是經不起推敲的，甚至可以說是很不恰當的。所以他來南大以後提出的一些東西，當時南大的大多數幹部不太容易接受。[1]

匡亞明是一個對學生寬容對整人很反感的校長。一九六四年秋，學術界一場批判李秀成的鬪爭掃到了南京大學歷史系副主任茅家琦，在江蘇省其成了「吹捧李秀成投降變節」的第一號代表人物，省報安排兩個整版點名批判，批判會沒完沒了。大禍臨頭，茅家琦心神十分慌亂。危難中匡亞明卻雪中送炭。茅以後回憶道：「就在這個時候，有一次匡老到歷史系參加批判會，在系辦公室門口遇上了我。當時只有匡老與我兩個人在場。我無可奈何地向匡老苦笑了一下。匡老輕聲對我說：不要緊張，不要緊張，再寫好文章。我明知，這是安慰我的話，在那個時代，我的命運，恐怕校長也難掌握。但在很多人『橫眉冷眼』相待的

[1] 董國強（策劃、採編）：《親歷「文革」——十四位南京大學師生的口述歷史》，紐約：柯捷出版社，二〇〇九。

時候，作為學校黨委第一書記、校長對我講這一句話，已經是對青年知識份子的最大關懷。我得到很大的安慰。匡老這一句話以及講這一句話的情景，一直縈繞在我的心中。」[1]

匡亞明辦學理念和領導作風，雖然更正確，卻不合時宜，時南大常委七人，能與匡亞明心心相印的極少。他與副書記陸子敏為首的其他黨委成員存在潛在的緊張關係，中層幹部中他的真正支持者也極有限。

南大校內有許多匡的反對者，校外匡與地方當政者也未能建立起有效支援網絡。因為「匡的個性比較強，幹革命的資歷也比較老，行政級別比江渭清（時任江蘇省委一把手）他們都高，所以對於省委這些人呢他就不太理睬。省委叫他去開會，他不能不去，去了以後又對會議沒有多大興趣，他就帶一本英文的《資本論》去看。」每次省委擴大會議結束時，省委書記江渭清的車子剛開出，匡亞明的車子便隨後而出。其他省委書記們只好捏著鼻子讓路，因為匡亞明行政六級，資歷很老。

反應過激，捲進漩渦中心[2]

文革前，各大學都按中央指示，離開大城市到內地辦分校，北大在陝西漢中，清華在四川綿陽，南京大學在湖南桃源都辦起了分校。一九六六年一月十七日，南京大學黨委在中央高教部和江蘇省委的支持

1 茅家琦：《獻身教育，獎掖後進》、《匡亞明紀念文集》，南京：南京大學出版社，一九九七，第三六一頁。

2 南京大學董國強先生對南大文革有非常深入與細緻的研究，本文描述匡亞明文革初期部分借用了其大量研究成果，特此致謝！董先生的相關著述有：《從南京大學「倒匡」事件看「文革」的複雜屬性與多重面相》，《二十一世紀》網絡版第五十四期，二〇〇六年九月三十日；《南京大學文革造反第一波》，《昨天》二〇一二年八月三十日第八期；董國強（策劃、採編）：《親歷「文革」——一四位南京大學師生的口述歷史》，紐約柯捷出版社，二〇〇九。

下，又做出了〈關於建立溧陽分校的決定〉，提出將文、史、哲三系遷往溧陽果園，打通合併組建「大文科」，實行「半農半讀」的構想，這一構想是貫徹毛澤東「教育革命」思想的產物。

一九六六年二月底，文科三系一、二、三年級同學與部分教師打著紅旗，唱著革命歌曲，步行去溧陽果園。時每個年級一百多人，配十輛板車，車上裝行李書籍，同學們自己拉板車。第一天走六十里，住在湯山。第二天又走六十里，住在天王寺。第三天，走八十里，直達果園。六十歲的匡亞明校長也前往溧陽，他走一段路，乘一段車。[1]

溧陽分校條件惡劣，沒有校舍，師生們開始分散居住在當地老鄉家中。初步安頓下來以後，學生們自己動手，開石造房。不僅勞動強度大，且蚊蠅多，用水困難，缺少學習環境，學生們牢騷滿腹，在當時的輿論壓力下，學生們只能將自己的不滿藏在心中，匡亞明沒有意識到，學生的抵觸情緒在形成並要尋機爆發。

一九六六年春，各大媒體對「三家村」的批判日趨嚴厲。文革風暴近在眼前。五月七日江蘇省委召集的在寧高校黨委書記會議上，匡亞明雖然知道了「文化革命不是學術批判而是政治鬥爭」，但是「政治鬥爭」的確切含義是什麼？鬥爭的對像是誰？鬥爭究竟如何開展？中央和省委並沒有給出明確的答案。為了有所動作同時又不致引起太大麻煩，他在五月十一日的全校總支書記會議上提出了南京大學開展「文化革命」的三個步驟：第一是批判「三家村」；第二是開展群眾性的「滅資興無」自我教育運動；第三是深入進行學校教學改革。

五月中旬，中央下發「五一六通知」——要求「批判混進黨裏、政府裏、軍隊裏和文化領域的各界裏的資產階級代表人物，清洗這些人，有些則要調動他們的職務。」匡亞明看到文件，就意識到「問題嚴

[1] 《胡福明：《回憶匡校長》、《匡亞明紀念文集》，南京：南京大學出版社，一九九七，第五二頁。

重，提的尖銳，把我們這些人都包括在內了」。[1]惶恐中，匡亞明只能將來兵擋。五月底南京大學成立了一個黨委領導下的「文化革命辦公室」，對全校師生進行摸底排隊，並將他們分為四類，其中被歸於「第四類」（問題最嚴重）的七十多人是運動的重點目標。匡亞明還根據江蘇省委的部署，從溧陽分校各年級抽調了十幾個能寫文章的學生組成「大批判組」，準備寫文章批判「三家村」和江蘇省委拋出來的幾個本省「反動學術權威」，其中包括南大教授陳嘉、陳瘦竹，省社科院研究員孫叔平，省教育廳廳長吳天石，省委宣傳部副部長陶白等人。

一九六六年六月一日晚8時，中央人民廣播電臺播發了北京大學聶元梓的大字報，其如同一聲炸雷，讓眾多高校領導人如坐針氈，匡亞明也是如此。六月二日早晨溧陽分校師生從廣播中聽到大字報後如同打了雞血般。當天下午，分校學生周冠華、陳雲綺、鄭立業、王鍾元、吳相喬等人貼出了第一張大字報。接著，二年級學生蔡瓊、潘玉玲、李為華、施銳琴、王秀英、鮑玉花、周慧等人又聯名貼出了〈十問匡校長〉的大字報。一時間大字報鋪天蓋地而來，造成一股很大的聲勢。

那些大字報的大致內容多數是對北大師生的「革命行動」表示聲援；少數是指責匡亞明搞溧陽分校的目的是將南大師生下放到農村去，與正在轟轟烈烈開展的「文化大革命」運動隔離開來，用建校勞動衝擊革命大批判。

匡亞明對少數學生提出的「蓄意破壞文化大革命」的指控異常憤怒。在他看來，溧陽分校大字報事件是一九五七年鳴放~反右運動的翻版。學生們貼大字報批評他這樣的領導幹部，就是挑戰黨的領導權威本身。能否儘快遏制這股逆流，是對其領導能力和組織忠誠的一大考驗。

匡於六月二日當晚趕到溧陽分校，召開了黨總支擴大會和全體黨員大會，把學生們貼出的大字報說成

[1]《匡亞明覆滅前的掙扎》，《新南大》一九六八年五月十六日。

是「毒箭」，佈置立即組織反擊，並告誡大家「不能手軟」。一位親歷者描繪了匡亞明獲悉「六二事件」後趕往溧陽分校時的殺氣：

非常突然地，我在大字報的現場看到了匡校長。
匡校長看到我，沖我擺擺手，我就過去了。
匡校長問我：同學，你見過右派嗎？
我說我見過，我們系就有一個，到現在還沒有分配，一個月就拿十八塊錢。
匡校長說：我告訴你，我在吉林大學，寫我大字報的人都是右派！大概有兩三千吧，這些人寫我大字報，都是右派！
我一聽，哎呀，因為我也在批匡校長的大字報上簽名了。這下惹了大禍了。

六月三日上午匡亞明再次召集黨總支擴大會議，要大家「跟蹤追擊」，召開「討論會」批鬪有關學生和教師。為了顯示其堅定的政治立場，匡反復告誡與會者：「對這些右派和反革命分子，絕不能心慈手軟。你們必須對他們殘酷鬪爭，無情打擊，把他們徹底批倒、批臭。如果有人被鬪死了，直接拖出去餵狗！」被鬪的中心人物——三十二歲的學生會主席胡才基通過《人民日報》這樣描述他與匡亞明的衝突過程與衝突感想：

六月三日早晨，鬪爭我們的會已事先策劃好了，他還不放心，還親自動手指揮。他趕來參加對我的鬪爭會時，其他人還沒有發言，他先惡狠狠地對我說：「胡才基，你這個反面教員充當得好啊，你很高明。」他又對同學說：「胡才基是『三家村』黑店的老闆，他的反革命立場像鄧拓一樣堅定，你們千萬不要輕估他啊！」他不容其他同學辯論，又轉過頭來以極端仇視的目光對著我，兇狠地說：「你自己也不要輕估了自己。」在他的煽動下，一些不明真相的人便群起對我圍攻，高呼「向反黨反社會主義分子胡才基開火」的口號。從三日到四日的短短兩天中，他們對我進行了四次殘酷的鬪爭。他們開動宣傳機器，整天廣播誣衊我的稿件，寫了上百張誣衊我的大字報，給我戴上「反黨反社會主義主帥、主謀」、「一貫反黨」「陰險毒辣」等各種各樣的大帽子。他們派人對我進行監視，剝奪我的言論和行動自由，誣衊我所在的小組是「黑組」，是「修正主義集團」，逼我按年按月交代「反黨反社會主義」黑話。他們還對我進行粗暴的人身侮辱，進行「整態度」，揚言要拿到全校大會上去鬪。

匡亞明給我戴上反黨反社會主義分子的帽子還不夠，還要造謠中傷，從政治上對我進行陷害。貼我的第一張大字報，是匡亞明親自口授的，這張大字報誣衊我是國民黨員、三青團員、是階級異己分子。我過去是南京大學學生會主席，匡亞明對我是熟悉的，就在他鬪我的前幾天，他還親自到我們寢室去過，還跟我握手。可是，就在幾天以後，他誣衊我是國民黨員、三青團員、是階級異己分子，這是為什麼？現在我清楚了，以前因為我沒認清他的反動面目，他幻想我會做他的反黨反社會主義的幫兇和爪牙。現在，他對我的幻想破滅了，我要揭發他的問題了，所以便對我進行瘋狂的政治迫害，和無情的打擊報復。匡亞明不僅對我殘酷迫害，他還揚言，共產黨員凡是寫過大字報的，一律開除黨籍，越是老的黨員，越要扭住不放。匡亞明，你為什麼對共產黨員這樣仇視？

匡亞明要把我們鬪死，像野狗一樣拖出果園。他的反革命的立場是多麼堅定，他打擊革命、陷害同志的態度，多麼頑強！但是，匡亞明的反革命暴行很快就被省委所揭穿。黨把我從匡亞明的魔爪下拯救出來，黨給我們撐了腰，黨的光輝照亮了溧陽分校，使我從親身體會中感到我們黨的偉大、光榮、正確。

我們對匡亞明的鬪爭，是你死我活的階級鬪爭！我們有黨的支援，有偉大的毛澤東思想作武器，匡亞明和一切牛鬼蛇神，你們往那裏逃！在黨的正確領導下，在偉大的毛澤東思想光輝的照耀下，我們全體願意革命的師生團結起來，不鬪倒、鬪臭匡亞明絕不收兵！不把南京大學的一切牛鬼蛇神全部揪出來絕不收兵！不把文化大革命進行到底絕不收兵！（新華社南京十九日電）[1]

六月三日下午匡亞明回到南京，他又立即召開黨委常委會，通報了「六二事件」以及處理經過，得意地宣稱「粉碎了一次六小時的政變」。他還命令溧陽分校負責人對被鬪的師生要「扭住不放」。溧陽分校落實校長的指示，召開了幾次大型批鬪會，十多名教師和學生被選作「重點打擊對象」。各班的黨員、團員和其他政治積極分子都被動員起來，強迫那些貼大字報的同學交代罪行。親歷者經盛鴻對當時的批鬪會場景作出了如下生動描述：

首先批鬪幾個教師，包括政治系的林××、中文系的胡××、外語系的蘇××等人。這些老師當時三十多歲，而我們都是一些年輕學生，所以匡校長認為貼大字報是他們策動的。老師批鬪完了，就開始批鬪學生幹部。第一個被批判的是南京大學學生會主席、中文系的胡才基，他的年齡比較大，是調幹生，老共產黨員。第二個受到批判的是中文系的孫家正，他是中文系的團支書。此外還有政治系的學生朱英才等人。他們都被認為是大字報事件的幕後主腦。……這是我第一次參加這

---

1 胡才基：《控訴匡亞明對我的迫害》，《人民日報》一九六六年六月二十日。

樣的批鬬會，當時內心充滿恐懼。所謂「批鬬會」，就是一旦哪個人被確定為批鬬對象，立刻就發動群眾起來，不管真的假的，統統的往你身上扣，上綱上線，甚至要侮辱你的人格，你根本沒有分辯的餘地。批鬬者使用的都是「階級分析」的觀點，平時的各種言行表現，包括個人之間某些極為私秘的問題，統統被揭發出來，使人有一種被剝光衣服、赤身裸體的感覺。看到平時我們尊敬的老師被學生圍在中間批鬬，甚至於有的人開始動手，我們當時站在後面就感到恐怖。

根據當時正式公佈的資料，在六月二日至五日間，有七十多人在各類「批鬬會」上遭到批鬬，其中學生六十四人，教師四人，工人兩人。他們當中有九名黨員，二十二名團員。[1]還有許多學生雖然沒有當眾接受批鬬，但在那幾天也承受著巨大的精神壓力，吃不下飯，睡不著覺。

匡的反擊存在著致命的錯誤，造成了嚴重的後果。

第一，他錯誤地判斷了絕大多數大字報的動機和含義，過分高估了反對者的數量和實力，毫無必要地為自己樹立了大批敵人。

第二，他將十數位老師和學生確定為「重點打擊對象」，是一個更大的錯誤。沒有任何證據支持他的主觀判斷——即這些人是大字報事件的幕後主謀。

第三，還有許多人因為匡在部署反擊時的某些過激言論，例如「對右派和反革命分子絕不能心慈手軟」、「如果有人被鬬死了，直接拖出去餵狗」等等，在反擊期間飽受殘酷的精神和肉體折磨。[2]

1 《南京大學揪出反黨反社會主義的反革命分子匡亞明》，《人民日報》一九六六年六月十六日。
2 董國強：《南京大學文革造反第一波》，《昨天》二〇一二年八月三十日第八期。

站著中槍，成了康生盤中菜

南京大學溧陽分校情況被江蘇省委整理，彙報到中央，當時在中央負責處理這些問題的是康生。他依據毛澤東對北大問題的處理意見，迅速做出批示：匡亞明鎮壓學生運動是錯誤的，必須立即停職反省，接受群眾批判。[1]

康生與匡亞明相識於一九二六年，時二十歲的匡亞明在此求學，加入中國共產黨，上海大學特支書記是比他大八歲的康生。以後匡亞明與康生都在上海從事危險度極高的地下情報工作，匡先後四次被捕，並坐了四年牢，期間匡還被當時的特科紅色保衛隊誤認為是叛徒而遭暗殺，子彈打掉其兩顆門牙從後脖穿出，[2]匡亞明竟大難不死。是康生為他說了話，使他得以免除左傾分子的繼續追殺。以後在延安棗園，康生還特別為他寫了一首詩：「故人不能忘，相見仍如故；威武不能屈，揮之不能去」，以表示對他的讚揚和與他的友情非同一般。[3]

延安整風中，康生任整風學委會的副主任，他調匡亞明作他的政治秘書。以後匡回憶說：

> 在延安的時候，是我機遇最好的時候（時任社會部政治研究室副主任——筆者）我住楊家嶺，右面是毛主席住的窯洞，左面是康生住的窯洞。我住在兩位最行時的人的中間。那時康生管社會部和

---

1 楊穎奇主編：《江蘇通史——中華人民共和國卷（一九四九——一九七八）》，南京：鳳凰出版社，二〇一二，第三一四頁。

2 丁愛華：《一座不朽的精神豐碑》《匡亞明紀念文集》，南京：南京大學出版社，一九九七，第八五頁。

3 王珺：《康生在中央社會部》，《百年潮》二〇〇三年第六期。

> 安全部。我找毛和康都很方便。別的政治秘書，陶鑄等人後來都上去了。平平穩穩過來，也就能一步步上去。[1]

可性格決定命運，匡亞明性格耿直，他看不慣康生專橫作風，出於對康生的關心，善意地提出了兩點意見：第一你對別人的看法有偏見，好的人就好得了不起，壞的人就壞得不行；第二你現在完全聽不得對你的不同意見。康生沒有等匡亞明同志說完，就大發淫威，指著匡亞明的鼻子說：「你給我滾！明天送你去黨校。」[2]

文革伊始，有人寄希望大學生為其火中取栗，可匡亞明卻頂風作案，用高壓手段打壓學生的造反，這與文革的初旨背道而馳。康生立即抓住匡亞明這個反面典型，大做文章，殺一儆百，由是決定了匡亞明成了康生盤中的菜，他以匡亞明來為文革祭旗。

匡亞明當時並不清楚康生已在背後對他捅刀，還寫信給他求助。康生對匡亞明落井下石，一九六七年十一月十八日，他在接見南京大學兩派造反領袖時，要他們集中火力對付匡亞明，他說：

> 你們對匡亞明批判的怎麼樣？這個人很壞，很不簡單，寫過好多書，你們要批判。如果你們批判的話，我還可以幫助你們一點。你們一搞匡亞明的時候，我就說可以登報。他還給我一封信，說小將說話不算數，說學術權威還沒有講話哩！這個人的問題很多，他還自首過。無論思想上，組織

1 王春南：《聽匡亞明校長憶往》，《民國春秋》二〇一一年第一一期。

2 羅青長：《深切緬懷隱蔽戰線的老前輩匡亞明同志》、《匡亞明紀念文集》，南京：南京大學出版社，一九九七，第一一一頁。

上，你們批判他很有油水。文化大革命一起來，鎮壓你們，不是偶然的，我認為是很正常的。[1]

炙手可熱的康生對匡的定性與誣陷，讓匡亞明吃了不少苦頭。文革結束後，真相大白，康生作為無惡不作的大陰謀家被釘在歷史的恥辱柱上，人共棄之，可匡亞明對康生卻仍以德報怨。

一次談到康生，其妻對他說「你們二〇年代同過學、共過事，在延安你又是他的政治秘書，不能說不瞭解你，他送詩、講話稱讚你，可是到了文化大革命時卻說胡話，把你往火坑裏推，看來誰瞭解他誰倒楣，他迫害多少好同志，現已蓋棺論定，此人太壞！」匡並不認同妻子對康生的定性：「此人偏激，他走到這個地步很可悲，但對任何人都要一分為二地看待，不能絕對化，他過去也不是一點好事沒做。」[2]

臭名遠揚，樹為反面典型

匡亞明到省裏去彙報「六二事件」及處理經過，省裏彙報到了中央，康生聽了特別惱火，批評了匡校長，說他整人整得不對。匡得知消息後，知道自己誤判形勢，反應過激，攤上大事了，為擺脫困境，不得不改弦易轍，他找到了徐福基，下達為學生平反的處理意見，說學生是好人犯錯誤，學校裏不予追究了，所有問題「一風吹」。

六月五日，溧陽分校二把手徐福基突然找寫大字報的人去開會。他傳達了匡校長的指示，說你們寫大

1 「中央首長接見江蘇赴京代表團的講話」，一九六七年十一月十八日，載於宋永毅主編之《中國文化大革命文庫》光碟，二〇〇六。

2 丁瑩如：《永遠的懷念》、《匡亞明紀念文集》，南京：南京大學出版社，一九九七，第九八頁。

字報初衷是好的，是積極參加文化大革命，就是把矛頭搞錯了。匡校長和南大黨委，還有溧陽分校總支，都覺得你們還是我們的階級兄弟，還是我們的同志。聽了這話，下面哭聲一片，大家都很感動。當時就有人表態，說匡校長太寬厚了，我們對不起他。

可匡亞明的退讓並不能改寫自己的命運。江蘇省委於六月六日召開常委會議，決定撤銷匡亞明的一切職務。[1]匡亞明成為繼北京大學校長陸平之後第二個被剝奪權力的高校領導。六月八日，江蘇省委向南京大學派出聯絡組。當晚，溧陽分校廣播站突然播放《東方紅》歌曲，讓全體學生到大操場集合。

省委宣傳部副部長戴××在會上向全體學生宣佈：明天你們就看不到匡校長和分校的其他幹部了，因為他們犯了錯誤被調走了。他還說：同學們你們貼匡亞明的大字報是對的！你們的行動是革命行動！你們不是反黨先鋒，而是革命先鋒！聽完這個話以後，參與造反的同學都激動得哭了。而緊跟黨委批鬥過造反的那些同學都呆住了。省委要求：大家參加文化大革命，搞大批判，主要矛頭要對準匡亞明，批判〈二月提綱〉。同學們互相之間不要再糾纏了。

九號，南京大學黨委常委、組織部長從南京來到溧陽分校。他向我們傳達省委的指示：第一，匡亞明就是北大的陸平。第二，南大黨委不等於北大黨委，你們不要把南大黨委和北大黨委等同了。第三，溧陽分校的同學要堅守溧陽，一面搞文化大革命，一面繼續勞動建校。可學生們堅決要求返回南大本部，學校只得答應學生的要求。

十二日下午，南京大學舉行萬人大會聲討匡亞明的罪行。除了南大師生以外，參加大會的還有南京各大專院校推派的大批代表。大會的第一項內容，就是宣佈「揪出黨內資產階級代表人物匡亞明」和中共江蘇省委關於撤銷匡亞明的一切職務的決定。這一決定宣佈以後，全場熱烈歡騰，長時間地熱烈鼓掌歡呼：

[1] 楊穎奇主編：《江蘇通史——中華人民共和國卷（一九四九——一九七八）》，南京：鳳凰出版社，二〇一二，第三一四頁。

「中國共產黨萬歲！」、「毛主席萬歲！萬萬歲！」緊接著，分校師生代表胡才基等人在臺上以極其憤怒的心情，揭發了匡亞明鎮壓革命群眾運動、破壞無產階級文化大革命的反黨反社會主義的罪行。校本部學生代表陳季平在大會上發言，對遭到匡亞明打擊的師生表示親切的慰問。分校學生唐力行、王世泰、楊家玉、張秋良等紛紛表示：省委撤銷匡亞明一切職務的決定，是對南大的無產階級文化大革命的大撐腰。參加大會的各大專院校師生熱烈擁護中共江蘇省委的決定，堅決支持南京大學革命師生的鬥爭。

《新華日報》從六月十三日起，除公開報導撤銷匡亞明同志黨內外一切職務之外，還為此發表題為〈堅決支持南京大學師生的革命行動〉的社論。當時，曾有二十萬人湧到漢口路的南京大學「聲援」，校園裏除大字報之外，還扯起了廣播喇叭，操場上搭起了臺子，一些人登臺講演，展開大辯論。全市各界群眾紛紛集會，擁護省委的決定，聲援南大師生的革命行動。

六月十六日，《人民日報》發表重要社論〈放手發動群眾　徹底打倒反革命黑幫〉，向全國宣告「南京大學革命學生、職工和教師，揪出了反黨反社會主義的反革命分子匡亞明，這是一件大快人心的事」。緊接著這篇社論的，是新華社長篇電訊「革命師生高舉毛澤東思想偉大紅旗大鬧無產階級文化革命，南京大學揪出反黨反社會主義的反革命份子匡亞明，江蘇省委決定撤銷匡亞明一切職務，受到熱烈擁護」，指責「匡亞明以卑鄙毒辣的陰謀手段，鎮壓校內的革命群眾運動，走上了反黨反社會主義的反革命道路。」報導說，「現在，南京大學廣大革命師生，更高地舉起毛澤東思想偉大旗幟，進一步揭發和批判匡亞明的反革命罪行，橫掃一切牛鬼蛇神，決心把無產階級文化大革命進行到底。」

文革伊始，《人民日報》第一個報導被撤職的大學校長是北京大學校長陸平，陸平當時的罪名僅是「黑幫」，學生造反前他就下臺，第二個報導的就是匡亞明，匡罪名比陸平嚴重，是鎮壓革命群眾運動的反面典型，中央文革借其大做文章，用意是鼓勵學生造反，提醒當權者不要阻擋革命小將的行動。這樣，霎時間，地處東南一隅的南京大學成為舉國關注的焦點，南大黨委書記兼校長匡亞明成為路人皆知的「牛鬼蛇神」。

十六日早晨，匡亞明和其秘書並排坐在樓下臺式收音機前，靜靜地聽完播音員激昂的聲討。秘書茫然不知所措。他卻笑著自嘲說：這下子，我可是出了名了：全世界都知道有個匡亞明！秘書看他滿不在乎的樣子，心想，這或許是運動的一種需要，風頭過去，一切又恢復如常了。可形勢的發展遠超乎其想像。[1]

樂觀淡定，任爾東南西北風

南京大學的「倒匡」事件無疑標誌著南京地區「文化大革命」的開端。一段時間，南京大學因為其是江蘇甚至全國的文化大革命搖籃而沾沾自喜。

匡亞明倒臺後，為掌控南大運動，六月八日，江蘇省委先向南京大學派出一個人數不多的聯絡組。六月十五日，省委正式組成由省計經委主任汪冰石為隊長，以南京軍區幹部梁輯卿（江蘇省軍區副政委），杜方平（南京軍區國防工業部部長），吳大勝（南京軍區後勤部副部長）等為副隊長的工作隊進駐南大。七月四日，為了加強南大工作隊的領導力量，省委又改派省委書記處書記彭沖為南大工作隊隊長兼南大黨委書記。此時南大工作隊共有一百三十多人，其中絕大部分是省委向南京軍區借調的部隊幹部。[2]

「下野」的匡亞明宅在青島路71號一棟三層的小洋樓中，附近校園內聲討匡亞明的示威人群，越來

1 丁愛華：《一座不朽的精神豐碑》、《匡亞明紀念文集》，南京：南京大學出版社，一九九七，第八五頁。
2 王德滋主編《南京大學百年史》，南京：南京大學出版社，二〇〇二，第三七七——三七八頁。

越多；打倒匡亞明的呼喊，一浪接一浪。其秘書丁愛華望著沉寂多日的電話機，不知該如何工作。不久，南大黨委負責同志找丁愛華談話，要其按兵不動，注意校長安全，一不讓外人進入院子，二把校長防衛手槍收回。秘書把這意思告訴給匡校長。匡笑笑說，「手槍在枕頭下面，拿去交掉，他們是怕我自殺。你放心，我這個人是不會自殺的。自殺是絕望的表現，我這個人從不絕望。」接著，他第一次向秘書講述了他年輕時期在上海所經歷的來自對手與來自革命內部的打擊。[1]

作為南大最大的反革命分子，每天來南大批鬥匡亞明的小將絡繹不絕。秘書丁愛華每天從早到晚，反復做一件事情：把進院的紅衛兵排好隊，坐到地上；進屋把匡老領出來，低頭站到大家面前。待「小將們」看清了模樣，喊過了「打倒匡亞明」的口號，便紛然散去。這一撥走了，再組織下一撥，因人氣太旺，搞得匡亞明與秘書連吃飯都沒得空閒。

批鬥會上，只要與匡亞明有交集的都要上臺揭發。秘書丁愛華也被迫登臺，會前他私下問匡亞明，這該怎麼辦？匡笑了一下，用食指指著鼻子說：「你問我？我說：一不隱瞞，二不誇大，實事求是。」

六月二十日，南大「造反派」學生給匡亞明戴高帽子遊校。省委駐南大工作隊為此組織三場大辯論，眾口難調。很快文鬥變成了武鬥，開始了對匡亞明動手動腳，遊街，潑墨水，「坐飛機」。動手的多為一幫子中學生與一些外地來的學生。

省委工作隊讚頌溧陽分校的造反者，鼓勵師生們對匡亞明展開批判，但他們試圖阻止針對整個學校黨委的攻擊。因為南大黨委一直處於江蘇省委領導之下，所以對學校黨委的廣泛譴責有可能危及到省委自身。七月份起，要不要批判工作隊，南大師生分成幾派，溧陽分校最早造反的學生變成保工作隊的保守

---

1 丁愛華：《一座不朽的精神豐碑》、《匡亞明紀念文集》，南京：南京大學出版社，一九九七，第八五頁。

派，反工作隊的師生成為造反派，工作隊與造反派越戰越勇，匡亞明成了「死老虎」，他身上的火力轉移到工作隊和其背後的江蘇省委身上。

在一九六六和一九六七年群眾運動高潮期間，相互敵對的群眾組織——無論是「保守派」和「造反派」，還是後來由造反派分裂而來的「好派」和「屁派」——都把批鬥匡亞明作為彰顯自己「革命立場」的一種方式。一九六八年春實現的「大聯合」也沒有改變匡的命運。此後，每當新一輪運動來臨時——無論領導這些運動的是軍訓團，工宣隊，還是文革中後期複出的老幹部——匡總是被列為主要鬥爭對象之一。他的噩夢一直持續到一九七六年毛澤東逝世之後。[1]

「文化大革命」中，匡亞明經歷了人生的各種折磨。紅衛兵曾到其住處抄家。結果除了書籍，沒有任何值錢的東西，翻到一個存摺，只有幾十元。其工資除了吃穿，請客，主要是買書。

原來匡亞明住在洋樓裏，他被打倒後，全家搬到學校十四舍底層一間十餘平方米的房子裏，居住環境一落千丈。屋中除了床鋪、煤爐、灶具，就是方凳和幾把小的竹椅，無奈只能向空中發展，許多雜物釘掛在牆上。

文革期間，大揪叛徒，四處搞外調，因匡亞明認識許多官員，一批又一批來自全國各地的造反組織找到他進行詢問，不管怎樣，他有一是一，從不落井下石。

一九六八年三月，經過幾派間的討價還價，南京大學「革命委員會」總算成立，革委會把匡亞明安置在中文系的資料室中，但中文系資料室裏的負責人也不敢安排他工作，於是他抓緊時間學英語。

四月十六日，經過一個多月的醞釀和準備，有全校師生員工參加的「向階級敵人發動猛烈進攻誓師大會」在大操場舉行。校革委會主任、軍宣隊負責人方敏首先發表講話。他按照許世友幾次講話的調子，聲

---

1 董國強：《南京大學文革造反第一波》，《昨天》二〇一二年第八期。

稱「南京大學歷來就是兩個階級激烈搏鬥的戰場。解放前，南京大學是國民黨的文化中心，封建遺老、反動權威、烏龜王八蛋多得很。解放後，黨內一小撮走資派孫叔平、郭影秋、匡亞明招降納叛，把南京大學變成了一個資產階級的頑固堡壘。現在匡亞明之流被揪出來了，……但他們人還在，心不死，無時不在企圖翻案，同時校內還有不少叛徒、特務、小爬蟲們還沒有被揪出來，甚至還有極少數人要為匡亞明翻案，階級鬥爭是嚴重的、尖銳的」，所以「我們必須高舉毛澤東思想偉大紅旗，向階級敵人猛烈開火，迎頭痛擊為匡亞明翻案的妖風逆流。」隨後持續一年的清隊運動，導致部分師生遭受殘酷折磨。

為徹底打倒對手，時流行以叛徒罪名致人於死地。因匡亞明年輕時四次被捕坐了4年牢，駐南京大學軍宣隊、工宣隊等以為有文章可做，一次次的批鬥要匡亞明承認是叛徒，匡堅決否認。「造反派」不得不承認：「這個傢伙真是硬骨頭，不管怎麼鬥，這個問題他從來就是大聲說『不是』。」

一天，匡亞明要妻子陪他來到雨花臺，兩人坐在草地上，匡頗動感情地對妻子說：「這下面埋葬著我的許多戰友，他們為黨犧牲了，我今天敢於來到這裏，因為我無愧於他們，他們是我最好的見證人。至於現在一些人妄圖加在我頭上的帽子，那是站不住腳的，最終會還我清白。我無所畏懼，現在大不了讓我回家當農民，這有什麼，本來我就是農民，哪裏來哪裏去。」[1]

一九六九年匡亞明被下放到溧陽分校接受改造，其年過花甲卻拉起了板車，做各種體力活。

一九七五年底，文革前期被打倒的當權派都結束批鬥擔任一官半職，如北京大學的陸平、清華大學的蔣南翔、哈爾濱軍事工程學院的劉居英等等，可匡亞明的處境並沒有得到改善，當權者還在叛徒問題上糾纏不休。他一次又一次寫材料，卻過不了關。

---

1 丁瑩如：《永遠的懷念》、《匡亞明紀念文集》，南京：南京大學出版社，一九九七，第九八——九九頁。

文革十年，匡亞明經歷了無數的磨難也經受住了考驗。有人曾問他，在「文化大革命」那種疾風暴雨的衝擊下，把你趕出住宅，睡在教室的地板上，成天掛牌子批鬪、寫檢查，你當時是怎麼想的？怎麼頂過來的？他聽後哈哈一笑，說：這個我見得多了，在國民黨的監獄裏，我什麼刑罰都受過，最痛苦的是上老虎凳，昏死過去，醒來仍然是共產黨員。掛個牌子，低個頭，喊兩聲「打倒」，真是區區小事，我相信真理一定會勝利，相信中國共產黨一定不會允許這種局面長久下去，所以我認為「文化大革命」雖比我預想的延長了一段時間，經歷了十年，但人民、廣大共產黨員終究是不會接受這種災難的。[1]

東山再起，老樹綻放新枝

一九七六年十月，文革結束，可匡亞明並沒有立即得到解放。直到一九七八年五月，匡亞明被江蘇省委重新任命為南大黨委書記兼校長。其復職為何姍姍來遲，原因尚不清楚。

此時的南京大學經過十年文革，元氣大傷。據統計「文革」爆發時，全校有教職工兩千七百八十四人，學生五千九百一十一人，共八千六百九十五人。文革期間立案審查的五百三十三人，面上審查的一百人，計六百三十三人，占全校總人數的七・三％（不包括清查「五一六」期間受審查的八百多人）。當時有教授七十人，副教授三十五人，計一百〇五人。除一人因病住醫院於一九六八年病逝未受衝擊外，一百〇四人都不同程度地受到審查和衝擊，絕大多數被抄家、掛牌、關「牛棚」，不少人被扣上「特務」、「叛徒」、「反動學術權威」等帽子。全校被定為「敵我矛盾」的一百三十二人。審查中，不堪凌辱、自

1 韓星臣：《敬仰與懷念》、《匡亞明紀念文集》，南京：南京大學出版社，一九九七，第二三九——二四〇頁。

殺身亡的二十七人。文革結束後，南大共清理、銷毀各種檢舉揭發材料重量達三千兩百一十九斤。

此時，幾乎所有「造反派」頭頭都遭到清洗，有些還被關進監獄。然而，那些新近復職的省委領導人從原來的「保守派」學生領袖中提拔了一批人擔任高級領導職務，以表彰他們在文革初期對省委工作隊和江蘇省委的效忠，其中包括胡才基和孫家正，這讓匡亞明心有不爽。

此時，匡亞明已是七十二歲，臉狹長，顴骨很高，頭已禿髮，歲月和磨難在他臉上刻出深深淺淺的皺紋。在這之前的十二年他受批受鬥沒有工作機會，他希望把失去的年華補回來，幹點實事，讓南京大學以其為榮。在施政報告中他給自己下了挑戰令，「八年之後，如若不把南大辦成社會主義典型學校，還有什麼三代同堂的現象，不死就滾蛋，另請高明！」

重新擔任校長的匡亞明，比以前要低調，他沒有住在小洋樓裏，而是住在一處筒子樓，走廊裏擠滿家家戶戶的爐灶，混雜著油煙煤氣，奏鳴著鍋碗瓢盆。他的宿舍在走廊的盡頭，南邊一間臥室，走廊對面是書房兼會客。

匡亞明重任校長後，依舊把人才放在重要位置。他不顧風險，先下手為強，挖到了一些重量級人物。如他商請著名劇作家陳白塵出任「文革」後第一屆中文系主任。陳白塵黨齡長，享有副部長級待遇，但「文革」中被誣陷為「叛徒」，由中央組織部立案審查，當時還未作結論。這時請他出山，風險很大，但匡校長以事業為重，迎著風險上，特地請他從北京來南京就職。

程千帆先生在武漢大學被錯劃為右派之後，一直遭到打擊和迫害，後且被勒令「自願退休，安度晚年」，被「下放」到街道上。

一九七八年，有人向南京大學中文系推薦，系裏立即向匡校長彙報，匡校長經過調查，得知千帆先生確有真才實學，立即批示吸收，並命後勤部門申報戶口，安排房子接待。程千帆、陳白塵二先生一到南大，馬上面臨一個待遇問題，財務處要發工資了，究竟照哪一級的職稱計算？因為千帆先生等在錯劃右派之後，工資大大降低，僅夠糊口而已，後雖為之摘帽，但工資一直沒有恢復。南大黨委決定，每人先按月暫發一百五十九元，但財務處仍感為難，此款不知從哪一項名目下支出？匡校長表示：從哪裏支出我不管，但每月必須先把這一筆錢發下去，財務處也就照辦。

當年舊曆年底，中央下達甄別錯劃右派的決定，匡校長立即打電話給中文系總支副書記朱家維，要他立即赴程、陳原任職的單位辦平反手續。朱家維與保衛處一幹部趕到武漢大學，武大表示，程千帆平反之事不能考慮。磋商多時無效，朱家維等只能返回。匡校長乃將此事告知江蘇省長惠浴宇，由他寫信給湖北省委第一書記陳丕顯，上峰出面干預，此事才解決。

那時距離「文革」結束不久，極「左」思潮還未徹底肅清，人們大都心有餘悸，一些經過折磨重新任職的人大都抱著多一事不如少一事的態度。尤其是碰到有關「叛徒」、「右派」等敏感的政治問題時，更是顧慮重重，不敢輕易表態。匡亞明在「文革」中遭受到那麼多的迫害，恢復工作伊始，仍然保持他過去的作風，大刀闊斧地幹。陳白塵、程千帆不負眾望，成果累累，為南京大學貢獻卓著。[1]

一九八二年，七十六歲的匡亞明才退居二線，擔任南京大學名譽校長。文革前他任南大校長三載便被打倒；文革後他東山再起，擔任南京大學校長四年便因年齡太大離開崗位。他在南京大學校長這個職位上工作了七年，中間卻隔了十二載的空檔期。

文革給匡亞明諸多磨難，但磨難也使匡亞明變得更成熟，同第一個任期相比，第二個任期的匡亞明，施政得分要高得多。即使這樣，還是沒有任何理由去讚美苦難。

1 周勳初：《懷念老校長匡亞明同志》、《匡亞明紀念文集》，南京：南京大學出版社，一九九七，第三六五——三六六頁。

被貶出京城的蘭州大學校長——江隆基

江隆基原是中國最牛的北京大學掌舵者，後被貶到一個二流的蘭州大學當校長，可這位官越做越小的領導卻在西部留下了濃墨重彩的一筆，蘭州大學以他為榮。

一九四九年中國歷史翻開了新的一頁，隨之各大學的掌門人也紛紛新桃換舊符。在中共最早的一批大學校長中，江隆基下場最為悲催，他結束自己生命時才六十一歲。

老革命遇到新挑戰

一九五二年，經過院系調整，重組的新北大誕生了，其校園也從隍城根下搬至西郊未名湖邊（原燕京大學舊址）。

作為中國執牛耳的高校，誰代表黨來領導北大最合適，任命者自有一番斟酌，最終他們鎖定了江隆基。

此時的江隆基才四十七歲。正是年富力強時。他一九二五年考上北大預科，後在日本與德國留學，他一九二七年入黨，是一位老革命，幾十年來他一直耕耘在教育戰線，曾在陝北公學、延安大學、華北聯大等學校擔任過領導職務。江隆基既有不凡的革命資歷，又有著豐富的教育管理經驗，由他去領導北大，任命者決策前是做了一番功課的。

在江隆基到北大時，馬寅初已在校長任上幹了一年，此時的他七十高齡，雖然老驥伏櫪，但畢竟不是黨員，他這位校長當然是形式大於內容。時馬寅初的副手是湯用彤，其畢業於哈佛大學，年屆六旬，一直埋首於書堆，沒有任何革命資歷，也不是黨員。一九五四年湯用彤突發腦溢血，不能上班，只能長期在家中養病。一九五六年，教務長周培源晉升為副校長。全校形成一正三副的格局。但這時中共八大召開後，確立高校黨委領導下的校長負責制，江隆基出任北京大學黨委第一書記兼副校長，馬寅初雖仍掛校長之名，其實更加邊緣化。

很明確，江隆基來到北京大學，雖是排在馬寅初之後的一名副校長，但他要代表黨來掌控這所大學。他是這所大學的最高決策者，擁有這所大學的最高領導權。但這樣的體制怎麼看都有些「彆扭」：有實權的江隆基，其行政六級，卻是一個副校長；無權的馬寅初行政三級（相當於副總理），一個知名度很高的學術權威，卻是正校長。

北大圖書館館長向達也看不懂這種「奇形怪狀」的指揮體系，他曾在會上吐槽道：

> 自己過去一直弄不清楚這樣一些問題，這幾年學校是黨委領導的，但是不知道在什麼時候宣佈過？是怎樣領導法？我自己作行政工作，也參加校務會議，就一直不知道。黨在學校領導，黨、政如何分法？是黨政合一呢，還是以黨代政？黨政究竟是怎樣的關係，無明文，不知道究竟是誰領導。校長做花瓶，馬老就是一個花瓶。從一些現象來看，以黨代政的氣氛很濃厚，校長、系主任和教研室主任一般都有有職無權之感，一九五四年的一次行政會議上，馬老很委婉地說好多同學和教師反映六節

一貫制受不了，是否可以再研究一下，黨委文重在旁立刻起來反駁。他說：「馬老，你的話不對，我們所接到的報告都說是好極了。」弄得馬老頓時啞口無言，在場的江副校長和黨委書記夢蘭都不說話。這表明黨委完全同意文重的話。文重就是這樣地把校長視若無物。對校長尚且如此，我們當教授的還能發一言嗎？實在看不過去。聽說文重還是黨委會的統戰部長，這樣還統什麼戰？這是一個比較突出的例子，事實上，馬老在校務委員會上的發言，常常是受不到黨委的尊重。[1]

在這種不合理的體制下，當事者都有著難言的苦衷，馬老認為他作為一校之長應當有一定的話語權，而江隆基是校長與副校長中的唯一黨員，代表黨來領導北大，他的權威理應存在。一九五七年鳴放時，馬寅初「言論謹慎，不肯輕易發表意見，當他看了光明日報報導北大教授說馬有職無權，學報不登馬的文章，他對姜明說：『我的心理話他們都說出來了，我自己不說，他們說比我自己說強。』他對記者很小心，文匯報與光明日報、新華社記者都要求他談黨委制問題，他說：『我在擴大幹部會上談了，就是那個意見，我與江副校長是有摩擦，但教授治校與黨委制各有各的好處，到底那個好，我還沒有研究，我在報上不發表意見』。」[2]

江隆基與馬寅初雖有摩擦，但還能做到共存。後當陸平取代江隆基後，馬寅初就時常被「炮轟」，其只得在一九六〇年三月無奈地辭去校長職務。對副校長周培源，陸平也是不太尊重，兩者的矛盾激化。兩相對比中，人們不滿強勢陸平的同時也更加懷念溫和的江隆基了。這當然是後話。

---

1 中國科學院整風領導小組辦公室編印：《中國科學院右派分子言論材料彙集（一）》內部資料，，一九五八年六月。載於宋永毅主編之《中國反右運動資料庫》光碟，二〇一〇。

2 《馬寅初鳴放以來的言行》（一九五七・〇九・一九），中共中央宣傳部《宣教動態》一九五七年第二九九期。

校內江隆基關係不好理順，校外他與其上級管理部門也不和諧。北京市對江隆基的工作方法有看法，但礙於江的老資格身分而有所容忍。在市高校黨委工作報告中，對江的內部評論一直不高：「少數同志背著『老資格』的包袱，自以為是。北大江隆基副校長自恃在掌握政策、思想意識、工作方法等方面的修養差不多了，不能虛心接受大家的意見，教學改革進展遲緩了，就產生了消極情緒。」（見一九五四年高校黨委常委會議文件第7號〈高等學校黨員校院長學習四中全會決議檢查思想情況的報告〉）江隆基時常抱怨高教部、市委對他支持不夠，自嘲自己為「過渡時期的校長」。這讓市委頗有些惱火，雙方矛盾持續甚久。[1]

江隆基在北大主事期間，其主要困難除了這些不流暢的內外部關係外，還有就是如何應對一場又一場的政治運動。

讓北大師生震撼的第一次政治運動是一九五二年初開始的思想改造運動，又名「洗澡」（此運動由北大校長馬寅初提議，得到周恩來等中央高層的批准）。時把這些從舊時代過來的知識份子分為四類：第一類問題小，其中有的還比較進步積極，不用幫助就可過關；第二類問題小，但不願暴露或願暴露而分析差，需要加以說明然後過關；第三類問題較大，需要在較大範圍內認真加以幫助，才能過關；第四類問題大、有典型性，需要在更大範圍內加以幫助。[2]法學院周炳琳、文學院朱光潛兩位大權威在這場運動中「中彩」了，他們小會挨批大會挨鬥，還是過不了關，師生們的政治覺悟被調動起來了，不少學者都成為大批判的積極分子，人與人之間的關係開始變得緊張。與知識份子「洗澡」同時進行的是「三反」（反貪

---

1 陳徒手：《故國人民有所思》，北京：三聯書店，二〇一三，第三八頁。

2 王學珍等主編：《北京大學紀事》，北京：北京大學出版社，一九九八，第四四六頁。

汙反浪費反官僚主義），上綱上線之中，一些人不堪壓力自殺身亡，如三月二十一日圖書館職員趙竹君夫婦自盡，五月上旬，北大又有五名職員給自己的人生畫上句號。[1]

一九五二年的「洗澡」給許多知識份子都造成了心靈創傷，留下了巨大的心理陰影，其使接著開展的院系調整變得毫無阻力。

江隆基來北大上任時，「洗澡」已經結束，其在北大領導的批判運動是一九五四年開始的從批判北京大學俞平伯教授的《紅樓夢》研究與胡適派資產階級唯心主義觀點。這場運動在知識界廣泛展開，批判文章連篇累牘地出現在《人民日報》等各大報刊上。因胡適曾在北大長期任教，並擔任北京大學文學院院長與校長，與許多北大老師都有過交集，他們或是胡適的同僚，或是胡適的學生，或得到過胡適的賞識與提攜，或為胡適幫過忙，對胡適的批判衝擊最大的當然是胡適的「老巢」北京大學。《人民日報》吹響批判胡適號角時，與胡適關係密切的副校長湯用彤因過分緊張，出現腦溢血，從而直到去世前都喪失工作能力。北大文科院系的老教師在這場運動中多半膽顫心驚。

作為北京大學運動的領導者，江隆基相當理性，他也講這場批判是「非常有意義的，也是非常必要的」，可他講得更多的還是要和風細雨地去進行學術批評，他說：「不可否認的，學術鬥爭是階級鬥爭的反映。但是學術鬥爭和政治鬥爭顯然是有區別的，學術思想的改造是比政治思想的改造更為困難的，因此我們就需要更加穩妥、更加耐心、更加持久地進行。不能企圖開幾次座談會、寫幾篇表態的文章就解決問題，更不能採取開鬥爭會、輪流檢討、過關、交代思想等簡單粗暴的方式進行。」，「學術批評要以理服人，而不能依靠政治聲勢去壓倒人。要深入地開展學術批評，必須和科學研究工作結合，要提倡調查研

1 王學珍等主編：《北京大學紀事》，北京：北京大學出版社，一九九八，第四四八——四五〇頁。

究，具體分析……要提倡自由討論，自由爭辯；允許被批評者進行反批評，而不能用多數人的意見壓倒少數人或個別人的意見。」[1]江隆基的發言是有針對性的，當時各種運動都較簡單粗暴，每次都有一批人成為受害者，可一九五七年後，左的思想開始在黨內佔據上風，江隆基這種理性的聲音就為時代所不容。

反右「不給力」緣於其心太軟

一九五七年春，中央提出整風，號召民眾向黨提意見，幫黨改正錯誤。一些知識份子相信組織的宣傳，或為潮流所左右，打消了顧慮，對單位或領導或社會的不良現象提出批評，結果風向一變，這些批評都變成了向黨進攻的「真材實料」，他們後悔莫及為時已晚。在風向轉變前，毛澤東曾在內部透風，一方面要領導不要胡講，一方面要繼續鳴放，「最好讓反動的教授、講師、助教及學生大吐毒素，暢所欲言。」[2]作為高級幹部，江隆基得悉了毛澤東的戰略部署，出於保護北京大學老師的愛心，他「在全校黨員幹部大會上講，你們對『大鳴大放』不要稀裏糊塗，這是嚴重的階級鬥爭。與會者主要是全校教師黨員和學生黨員。略有經驗的黨員在江隆基打完招呼後，說話就謹慎了。」[3]

可江隆基不便向學生透露中央要收的內部消息，北京大學的一些學生五月十九日在大飯廳東牆貼出大字報，第二天，更多的大字報出現，大字報從生活區擴展到教室區了，內容涉及廣泛的方面，例如要求改革學制，開放全部禁書，改變考試制度，政治課改為選修，選拔留學生反對由黨團員包辦，要求公開考試

1 王學珍等主編：《北京大學紀事》，北京：北京大學出版社，一九九八，第四八六頁。

2 《毛澤東選集》第五卷，北京：人民出版社，一九七七，第四三二頁。

3 袁向東、郭金海：《我在北京大學的前期經歷——丁石孫訪談錄》，《科學文化評論》第九卷第二期（二〇一二）。

等等。[1]安靜的校園失去了平靜，學生們的政治參與激情火山一樣迸發。江隆基作為一名掌舵者，面對船上激情澎湃的學子，面對上級的政治意圖，與人為善的他沒有獵物上鉤的欣喜，而是有著良知的掙扎。

江隆基當時的心靈軌跡已無從復原，相關的文字記載尚未發現，從以後出版的《北京大學紀事》中，僅見他在北京大學一批年輕學子熱情似火，忙於辦刊辯論、演講聚會、指點江山之際，他有三次活動：二十日晚，江隆基在大飯廳向同學們作當前學校開展整風的報告，表示支持同學們大「鳴」大「放」，幫助黨整風；二十四日在校務委員會會議上，江隆基說：同學們所提意見的方面很廣，把學校工作中的矛盾來一個大暴露，這對我校的黨員幹部有深刻的教育意義。但是也應看到所提的意見中也有少數反映了不正確或不完全正確的政治思想。二十五日，一些學生以西語系英三班團支部的名義在辦公樓禮堂召開了一個「反三害」的控訴大會。會上顧文選與周鐸表現突出。當晚在東操場電影晚會後，江隆基向全校同學講話，譴責了這個「控訴會」，並警告這些人，不要越出整風的範圍。[2]

六月八日，《人民日報》發表社論〈這是為什麼〉，風向大變，那些發表意見的同學落入早已鋪好的陷阱，一場反右運動開始了。十六日，江隆基向全校師生員工作「整風運動的初步總結報告」。報告認為：「黨委會對一個多月來學校整風運動的估價，認為基本上是正常的健康的，但不可否認也出現了一些反社會主義的言論。絕大多數人都站在愛護黨的立場客觀冷靜實事求是地提出了許多好意見，其中也有些人帶著偏激的情緒發表了一些不正確的言論，但這或是由於他們在過去政治運動中受到了壓抑，傷了自尊心，或是由於對黨和社會主義理想過高，或是把局部、個別的現象當做整體。但從整個和實

1 朱正：《反右派鬥爭全史》（上），臺北：秀威資訊科技，二〇一三，第二一一頁。
2 王學珍等主編：《北京大學紀事》，北京：北京大學出版社，一九九八，第五一六——五一七頁。

質來看，他們並不是仇視黨和社會主義的。這種不正常的情緒是可以理解的，不能因他們發了幾句牢騷就當做是反社會主義的言論。」江隆基並特別舉出這次運動中提意見極其尖銳的化學系傅鷹教授，和認為江隆基才不足勝任副校長的西語系李福寧教授說，他們是愛國的好教授，並感謝他們所提的意見。

江隆基代表黨委會保證將貫徹整風運動，要求大家無保留地提意見。他說目前的問題主要還是人民內部的問題，沒有超越思想範圍，而思想工作是一個細緻耐心的工作，需要坐下來冷靜地考慮，要從室外進到室內，把大會變成小會，根據團結——批評——團結的精神，來求得某些重大思想問題的解決。在思想爭論中，只能以理服人，任何粗暴而簡單的方式都要避免。他要求黨團員尤其要在這方面帶頭。[1]

反右伊始時，江隆基的發言，調子定得還比較低，但隨著反右鬪爭的深入，語言日趨粗鄙化暴力化。這一點也表現在江隆基的講話中，七月二十七日，他向全校師生員工作「整風運動的初步總結」中說：

> 在過去的大約七十天內，我們同資產階級右派分子展開了一場激烈的戰鬪。這場戰鬪是右派分子利用黨整風的機會挑動起來的。他們向我們開火，我們不能不起來應戰。在戰鬪的初期，黨組織為了讓牛鬼蛇神都登上舞臺，好讓同學們見識見識，所以有意識地採取放任態度，並一再地號召黨團幹部沉著忍耐，不得輕易還手。右派分子們誤以為黨團組織已經喪失了戰鬪力，一時氣焰萬丈，威風凜凜，大有最後勝利非我莫屬之勢。等到六月八日以後，右派分子們受到廣大群眾的鳴鼓而攻，有些招架不住，於是大叫「上當了」。[2]

1 《感謝愛護黨的師生員工提出寶貴意見，北大在整風中改進工作，江隆基指出不能讓少數壞分子繼續興風作浪》，《文匯報》一九五七年六月十八日。

2 《首都高等學校反右派鬪爭的巨大勝利》，北京：北京出版社，一九五七。

上當的師生戴上了「右派」的「桂冠」，刻上了「紅字」，被批鬪被羞辱，輕者降級降職重者開除學籍勞動改造。至十月十九日，北京大學劃右派五百一十一人，其中教職員九十人，學生四百二十一人。時北京大學師生員工總計一萬一千兩百六十八人，其中教師一千三百二十八人（教授一百三十七人），本科生七千六百二十九人。[1]

清華大學劃了五百七十一個右派分子。其中教職工兩百二十二人，學生三百四十九人。清華黨委常委中就劃了四個（其中一個為前黨委）右派，黨委、黨總支幹部中有數十人。清華大學副校長錢偉長、黨委書記袁永熙、著名教授黃萬里都上了另冊。（一九五七年清華全校教師有一千兩百三十人，其中教授五十四人、副教授四十七人、講師兩百五十二人、教員和助教等八百七十七人）同清華相比，北大教師中的右派人數要少一半，依當時的運動邏輯，作為文科院校的北大比作為工科院校的清華，理應有更多的右派存在，理應要劃出更多的右派。

北大哲學系共處理了三十六名右派，但多是青年學生。其作為全國最大的文科院系，擁有馮友蘭、金岳霖、周輔成、朱光潛、湯用彤等二十九名老教授，卻僅僅劃了一個張岱年為右派，戰績微小。黨委常委、人事處處長伊敏曾在全系黨員大會上披露，學校曾經暗地裏搜集過哲學系幾個老教授的材料，但在黨委會逐個研究時，終究覺得他們暴露不夠，材料不足，未能成為劃右派的根據。只能怪江隆基當初領導鳴放太差，決心不大，動手不狠，一念之差，被動地造成荒廢戰機的全校性錯誤。[2]文革期間，蘭州大學師

1 王學珍等主編：《北京大學紀事》，北京：北京大學出版社，一九九八，第五二二——五二三頁。
2 陳徒手：《馮友蘭：哲學鬪爭的個人掙扎史》，《隨筆》，二〇一二第四期。

生要求為被迫害致死的江隆基平反，中央文革顧問康生明確反對，其理由就是「江隆基在五七年反右派當中完全是投降主義，整風、反右，北大的工作最差了。北大對資產階級教授完全保護下來了，馬寅初是在我們的壓力下撤掉的。」[1]

「在學生們看來，江隆基是夠左的了，可是在中共北京市委看來，他還太溫和了。」[2]正是江隆基反右「不給力」，北大教職工的反右沒有達到預期目標，北京市委與高教部決定改派陸平來北大取代江隆基領導反右運動。十月中旬，陸平來北大之後，大搞反右補課，使北大右派上升到六百九十九人，其中教職員一百一十人，學生五百八十九人。[3]

陸平比江隆基年輕九歲，入黨比江隆基晚了六年，陸取代江隆基擔任北大黨委第一書記後，江隆基擔任第二書記。

陸平上任後，在北大推行極左政策，馬寅初受到師生的「炮轟」，一些教師也在拔白旗運動中受到傷害，江隆基也被排擠。一九五八年十月下旬到十二月底，陸平主事的北大黨委對江隆基進行了兩個多月的批判，會上江隆基對大家的批判曾做過耐心的解釋與反復的申辯，但會議是一邊倒地圍攻他。發言的諸多是江隆基熟悉的一些同僚，一些人還得到他的提拔與關懷，他們的所作所為讓江隆基感到陣陣寒意，每晚他都是拖著疲倦的身軀回到燕南園家中，家中也失去了往日的歡快。

會議還形成了一個綜合性的意見書，指責其右傾保守，認為這表現在五個方面：第一，從一九五六

1 胡繼宗：《胡繼宗傳達中央領導同志關於甘肅問題的有關指示》，（一九六七・〇八・一七），載於宋永毅主編之《中國文化大革命文庫》光碟，二〇〇六。
2 朱正：《反右派鬥爭全史》（上），臺北：秀威資訊科技，二〇一三，第二二四頁。
3 王學珍等主編：《北京大學紀事》，北京：北京大學出版社，一九九八，第五二七頁。

年五月到波匈事件的一段時期內，北大黨內有過右傾思想，而這種錯誤是和江隆基的指導思想分不開的；第二，貫徹執行黨委制不夠堅決，對黨領導教學與科學研究缺乏信心；第三，在依靠誰的問題上，依靠老教授多，依靠青年新生力量則差；第四，在反右傾鬪爭以前，對學校主要矛盾估計右傾，對中央鳴放指示理解有偏差，執行不夠堅決；第五，個人與組織關係有些不夠正常。[1]對其在北大六年工作的否定性的評價，妻子宋超勸他是否找上級領導作些必要的說明，他說：「目前，找領導解釋沒有必要，有些問題一時說不清楚，領導也未必聽得進。問題的是非讓實踐和歷史來證明吧！」[2]

應當說，反右期間北大的教師得到江隆基的照顧，右派劃得不是很多，但北大的學生卻未能得到他的保護，劃出的右派不少，其中許多右派結局都很悲催。如中文系才女林昭打成右派後，繼續抗爭，文革期間被槍斃，年僅三十六歲，尚未成家；五月二十五日下午，英文系學生顧文選在集會上控訴他上大學之前，在家鄉杭州，在「肅反」運動中遭到冤枉和迫害的事情。江隆基當晚，就對顧文選加以譴責和警告，他沒有查證顧文選所講是事實還是捏造，而且他不認為需要查證這是否事實。由於這個發言，顧文選被劃為「右派分子」並被判刑五年。刑期滿了以後，也仍然不能離開勞改農場。他試圖逃出中國，被逮捕，在一九七〇年被以「反革命罪」判處死刑。一場文革，江隆基與他所反對的右派都遭到迫害的命運，這是歷史的諷刺，也是沉重的悲劇。

一九五九年，中央決定調江隆基到蘭州大學任校長。一月二十八日江帶全家離開北京，北京大學黨委常委及各部門負責人到前門北京車站為其送行。六年前，他懷著一種對新工作的嚮往與忐忑來到北京大

1 楊恕：《江隆基》畫冊，蘭州：蘭州大學出版社，二〇〇五，第二八頁。
2 宋超：《憶隆基》、聶大江等編：《紀念江隆基文集》，蘭州：蘭州大學出版社，二〇〇五，第三八四頁。

學，六年後他如同一個戰場敗將帶著沮喪離開首都，奔赴大西北。這六年他付出了很多，可上下左右能理解他支持他肯定他的卻少之又少。

蘭州大學以他為榮

一九五九年的蘭州大學，直屬甘肅省領導。甘肅省人口不多，地處西部，經濟落後，缺少支撐資源的蘭州大學，沒有多少競爭力，是一個二流高校。

一九五四年十月五日，高等教育部確定中國人民大學、北京大學、清華大學、哈爾濱工業大學、北京農業大學、北京醫學院等六所學校為全國重點高校。一九五九年四月二十二日，中共中央發佈〈關於在高等學校中指定一批重點學校的決定〉，除了第一次的六所高校外，又增加了復旦大學、中國科學技術大學、上海第一醫學院、天津大學、上海交通大學、西安交通大學、華東師範大學、北京工業學院、北京航空學院、北京師範大學等十所學校，全國重點學校增加到十六所，裏面還是沒有蘭州大學。江隆基從執牛耳的北京大學來到這樣一所二流院校，並沒有消沉，而是帶著高昂的鬪志要打一個「翻身仗」。

江隆基來蘭大之前，蘭大的前領導在反右與大躍進教育革命運動中，大力推行極左政策，強調突出政治，強調教學與生產勞動相結合，批白專道路，學生忙於政治學習，正常的教學秩序不能保證，鑽研業務的知識份子不吃香，空頭政治大行其道。更為荒唐的是，在一九五八年的躍進中，蘭大文科經濟、中文、歷史三系撤銷，人員和專業分別劃入甘肅財經學院、蘭州藝術學院和甘肅師範大學，蘭大從一所綜合大學變成一所只有十三個專業的理學院。

到一九五九年統計，蘭州大學共劃了兩百六十二位右派。其中教職員右派六十人，占教職員總數的十•二四％；而講師以上骨幹教師中被打成右派的高達十八•八％，學生右派兩百〇二人，占一九五九年在校學生總數的九•五四％。[1]

江隆基所接管的蘭大本來基礎不強，可經過反右與大躍進的瞎折騰，元氣大傷。面對這個爛攤子，江隆基卻想妙手回春，他把全部身心都投入學校的發展中。

其到校後，立即深入實際，作了大量的調查研究，並根據條件從整頓教學秩序入手，開始了全面的整頓工作。他指出，「學校教育必須以教學為中心」，不能「以政治代替教學」，也不能是「政治活動越多越好」。至於說「教學、科學研究、生產勞動三結合」，並不是要求「三分天下」，而「必須是以教學為主」。「科學研究、生產勞動以及學校的其他一切活動，都應該圍繞教學這個中心去進行」。

江隆基通過一系列措施狠抓教學品質，他特別強調加強「三基訓練」，即基本理論、基本知識、基本技能的訓練。他敏銳地看到，基礎科學是應用科學、技術科學的基礎，而且愈是應用、技術性質的學科，愈是需要基礎科學的支撐。而且隨著現代科學的發展，還會愈來愈多地出現眾多的邊緣學科，所以在課程設置和教學應用中必須加強「三基訓練」，必須注意「博」與「精」的統一。

江隆基非常重視校風的建設，他採取多項措施培養優良的學習風氣。這種風氣，江隆基概括為五點：（一）提倡刻苦鑽研、堅韌不拔的意志，他說，「學問之道深似淵海，沒有移山填海的堅強意志是難以在科學領域取得突出成就的。」（二）「養成好讀書而且好求甚解的學習習慣」，要孜孜不倦地讀書，要刻苦鑽研求甚解。（三）「要善於獨立思考，發揚獨創精神」，他說，「學習本身是一個思維過程」，只有善於思考才能有所收穫有所進步。（四）「要有謙虛、謹慎和老老實實的態度」，他說，知識、科學不能

1 張克非主編：《蘭州大學校史上編》，蘭州：蘭州大學出版社，二〇〇九，第二六〇頁。

有虛假。輕率武斷，虛張浮誇都是要不得的。（五）「要善於支配自己的時間，珍惜和充分利用自己的時間」。他說，學習必須有時間保證，珍惜學習時間無異於擴大空餘時間。他勉勵學生，千萬不要浪費寶貴的時間。[1]

當時蘭州大學的教師隊伍，大體由三部分組成：一是由本校歷屆畢業生中選留任教的教師，他們占教師的大多數；二是由國外留學歸國後及由上海、天津、北京等兄弟院校支援大西北來校任教的教師；三是由解放前蘭州大學留任的教師。江隆基尊重教師，注重調動教師的積極性。

在江隆基的勵精圖治下，蘭州大學進步很大，一九六〇年十月二十二日，中共中央發佈〈關於增加全國重點高等學校的決定〉，將六十四所學校確定為全國重點高校，其中有十三所綜合性大學，蘭州大學榜上有名，這使蘭州大學和西安交通大學、西北工業大學一起，成為當時西北地方三所全國重點大學，並且成為西北唯一一所全國重點綜合性大學。蘭州大學躍上一個新的平臺。在江隆基的努力下，一九六一年夏蘭大中文、歷史、經濟三系重新組建起來，一些離開蘭大三年的老師重新歸隊。江隆基的目標是把蘭大建成國內一流的綜合大學。他的許多理念都贏得教師們的共鳴。

一九五〇年從美國歸來建設新中國的劉天怡由於複雜的經歷，在運動中動輒被「修理」，弄得他心灰意冷，可江隆基卻非常重視這位經濟學副教授，他對劉天怡說，學校是知識份子集中的地方，黨對知識份子的團結教育改造的政策是一項極其重要的政策。知識份子出身於不同的社會環境，受過不同的家庭教育和學校教育，有著不同的社會閱歷和生活實踐，因此對他們應該具體分析、區別對待，不能籠統地一律稱為資產階級知識份子，而且，知識份子在黨的領導下，已經歷過十多年教育和改造，在政治上、思想上、

1 崔乃夫等：《江隆基——蘭州大學邁上新臺階的奠基人》，《蘭州大學學報》，一九九九年第三期。

業務上都是進步的。在政治上已經轉變成堅決跟著黨走社會主義的左派。至於世界觀、人生觀問題，雖然還沒有根本解決，但這是一個長期的反復自我改造的過程，不能要求過高過急，相信大多數人可以改造成為工人階級知識份子的。

劉天怡已經多年沒有聽到一個學校領導幹部這樣態度誠懇、推心置腹的談心了，心裏很感動，他立刻意識到眼前這位校長，是一個懂教育、懂知識份子的領導，這太難能可貴了！這些年來，他接觸過學校許多行政幹部，其中有相當一部分人，他們生活在學校，工作在學校，但從來不把學校當學校，不讀書而排斥讀書人，沒有學問而排斥做學問，不愛學校、不愛教師、不愛學生，永遠板著一張臉教訓別人，他們最熱衷的是撥弄是非，藉助政治運動來整人，並以此為樂事。他對江隆基說：「學校是一個民族生存興旺發達的搖籃，在學校裏，教師是最重要的力量，是中堅力量。教師的思想政治和業務水準，決定了學校的水準。大學是做教書育人的學問、做大學問的地方，要給教師和學生一個安靜的書桌。學校裏要有大教育家、大學問家，這個大學才能立得住，走得遠。作為一個全國重點綜合大學，蘭大不能重理輕文，其實蘭大文科在五〇年代比理科強，有相當一批教師在全國都有名氣，許多人在蘭大不吃香，但出去以後卻彰顯實力，給蘭大爭了光。人才要培養，人才也要靠發現，不能自己埋沒自己培養的人才。」[1]

除了重視人才重視校風建設，抓教學抓科研外，江隆基嚴於律己，大公無私，辦私事絕對不用公車，家人更是不能揩公家的一點油水。在三年困難時期，他堅持吃學校食堂，不搞任何特殊化，按政策分給他的一些食品，他也捐給幼稚園等單位。[2]他還省吃儉用，省下來的錢捐給需要的人。他剛正不阿，胸懷坦

1 四毛：《劉天怡小傳》，http://blog.sina.com.cn/19530823ldp，二〇一五年三月。

2 苗高生：《江隆基傳》，蘭州：蘭州大學出版社，一九九一，第二四二頁。

蕩，表裏如一。對上級，他敢於直言，不見風行事，始終將對工作負責放在第一位。他腳踏實地，講求實效，從不圖虛名。他愛生如子，尊師重教，不論工作多忙，他都堅持每週聽一次課，他聽過蘭大每位老師的課，並提出了寶貴的意見。

江隆基為蘭州大學帶來了「相容並蓄」的治學理念，並宣導形成了蘭大人踏實苦幹的優良學風；他把脈定調，為蘭州大學確立了以後的優勢學科，培養了一批學術帶頭人；他不顧個人安危，保護了一批學術大家，為蘭州大學保留了一批強身固本的關鍵力量；他將蘭大帶進了一個前所未有的「黃金時代」。[1]

江隆基吃苦在前享樂在後的品質與他寬廣的胸懷、超強的能力以及對蘭大的卓越貢獻使其成為蘭州大學的「人氣王」。師生們非常敬重這位德才兼備的校長，為蘭州大學擁有這樣一位不可多得的好校長而慶幸。

士為知己者死，當年在蘭州大學有許多知識份子感受到江隆基的人格魅力，成為他的粉絲。如歷史系右派教授的趙儷生、一九五八年被錯劃為「白旗」，撤銷了數學系主任職務的趙繼游教授、劃成右派的有機化學朱子清教授等等，在將知識份子定性為資產階級的時代，江隆基頂風而行，為蘭州大學的老師們創造了一個寬鬆的環境，為他們的教學科研創造了較好的條件。校長是學校的靈魂。一個好校長能吸納一群賢才，看一個校長的好壞，當首看他有無招賢納才的眼光、胸懷和能力。江隆基在蘭州大學做到了這一點。但江隆基這些做法跟大講階級鬥爭、大搞教育革命的時代大氣候並不相容，從文革期間批鬥他的文章中可以看出：「鼓吹智育第一，宣傳讀書至上，叫囂團結百分之百的人，叫囂教授治校」都成了其搞修正

1 蘇洛：《江隆基：鐵骨錚錚的教育家》，《教育與職業》，二〇一一年第十一期。

主義的罪狀。[1]

一九六〇年八月，江隆基當選為蘭州大學黨委第一書記，其書記校長一肩挑，為其提供更大的舞臺。一九六二年七千人大會後，中央對反右傾運動中錯批的一些幹部群眾進行平反甄別，江隆基也就北大工作中發生的分歧與爭論，從總結歷史經驗的角度，給中宣部、北京市委和當時的北大黨委寫了一份申辯書。他在申辯書中寫道：「我對這個意見書（指前文提到的一九五八年底北大黨組織給江隆基的政治評定）中所指責的我的錯誤一直是不同意的，也作了耐心的解釋和反復的申辯，但當時同志們對我的話是聽不進去的。……現在事情已經過了三年半，實踐已經替當時的是非之爭做了結論；冷靜的回憶這個時期的工作經歷，把當時沒有取得一致的看法的某些是非問題澄清一下，對我們總結過去的一段工作不會是沒有益處的。」可申辯書發出後石沉大海，杳無音信；對一個老黨員的申辯如此輕率，令人寒心。

一九六五年江隆基到北京，在一次宴會上，陳毅副總理不無歉意地說：「你就是江隆基同志吧！你看，我們把你調走了，北大的工作還是沒搞好。」陳毅同志的話，使江隆基得到莫大的慰藉。回到蘭州，和妻子談起這件事，極為感慨地說：「有了陳老總這句話，就是把自己這後半生全部獻給西部的教育事業也甘心了！」[2]可江隆基還是太天真了，沒多久一場席捲神州的文化大革命不僅要重創他孜孜努力的教育事業，而且還要斷送他的性命。

---

1 頡普等：《江隆基推行的是徹頭徹尾的修正主義教育路線》，《甘肅日報》一九六六年七月十八日。
2 宋超：《憶隆基》、聶大江等編：《紀念江隆基文集》，蘭州：蘭州大學出版社，二〇〇五，第三八四頁。

上司同他過不去

一九六五年十二月十日，姚文元的〈評新編歷史劇《海瑞罷官》〉發表後，拉開了文革的大幕，三個月後，批判又擴大到「三家村」，這種批判要求全民參與，蘭州大學的校園同其它高校一樣，貼滿了批判鄧拓、吳晗、廖沫沙「三家村」的大字報和標語，報紙上到處是粗鄙不堪的批判語言。

面對這種居高臨下強辭奪理而又鋪天蓋地的大批判，妻子宋超心裏惴惴不安。一天傍晚，她禁不住憂心地問丈夫：「剛批評海瑞罷官，又批三家村，這是為什麼？黨內要發生什麼事啊？」江隆基拉住妻子的手，輕聲說：「看來是老人家重蹈史達林晚年的覆轍，聽不得不同的意見。」妻子心中一沉，緊握住他的手擔心地問：「這樣下去將有什麼結局啊！」江隆基嚴肅而深沉地說：「沒有什麼大不了的，無非是這個工作不能幹了，幹別的工作去，城裏不能待了到農村去，哪裏不是幹革命！」這是他們夫妻最後一次見面談心裏話。[1]

作為一名老資格的高級幹部，江隆基熟稔黨內的政治鬥爭，憑著敏銳的政治頭腦，在文革風暴初起時，他就預感到史達林的悲劇在中國決策者身上要重演，預感到將有一大批幹部、知識份子要面臨殘酷的迫害。對這場運動的殘酷性他雖有心理準備，可殘酷的烈度還是遠遠超過了他的預期。

對蘭大的文革運動，黨委書記兼校長江隆基一開始是按學術論爭處理的，全校只有歷史、中文二系緊跟形勢寫文章，五月十日下午，全校大會聲討鄧拓、吳晗、田漢、翦伯贊之後，晚上他在校黨委擴大會議

1 宋超：《憶隆基》、聶大江等編：《紀念江隆基文集》，蘭州：蘭州大學出版社，二〇〇五，第三八四頁。

上說：「蘭大的領導權在我們手裏，問題不大。從各系的情況看，只是中文、歷史兩系的領導權不在我們手裏，經濟系尚未摸清……你們要相信黨委，個別委員如果不好可以揭發。要按社教二十三條搞文革，落腳點在提高教學品質上，文理科要有所區別，學術和政治要區別開。這次運動我校要整的也就是能跟三家村掛上號的四、五個人，打擊面不要過寬。」就是這幾個人，他也反復說也屬於人民內部矛盾。但事情由不著他，運動開始後，省委一直盯著蘭大，要在蘭大做大文章。五月十三日，省委讓蘭大停課搞運動，江隆基違抗省委，致電請示高教部。五月十四日，江隆基再次說：「高教部未同意停課。」

蘭大文革運動從文科三系開始後，上掛下聯，中文系揪出了副系主任劉讓言和老講師孫藝秋，歷史系揪出了系黨總支副書記王翼洲和知名教授趙儷生，經濟系揪出了副系主任李國傑和劉天怡。而三個系揪出的這幾個人中，劉天怡的問題顯得特別突出，他主要是歷史背景複雜，所著的《外國經濟史》講義還被人揭露出一百多處「政治」問題。校黨委副書記、黨辦主任陳慶堂一開始就定調說：「劉天怡的問題不是學術問題！」劉天怡當時處境非常險惡。

正在這個時候，政治鬥爭的風向突然轉變了，中央發佈〈五一六通知〉，文件說：「混進黨裏、政府裏、軍隊裏和各種文化界的資產階級代表人物，是一批反革命的修正主義分子，一旦時機成熟，他們就會要奪取政權，由無產階級專政變為資產階級專政。這些人物，有些已被我們識破了，有些則還沒有被識破，有些正在受到我們的重用，被培養為我們的接班人，例如赫魯雪夫那樣的人物，他們現在正睡在我們的身旁，各級黨委必須充分注意這一點。」江隆基熟悉史達林晚年的悲劇，從這些火辣辣的語言裏，他更感受到災難即將來臨。

五月十八日，省委再次要蘭大停課，並對蘭大不停課進行了批評，江隆基說：「可以考慮停課，但還是要集中火力批判三家村，為復課做準備。」十九日，文科三系停課，全校師生參加對「三家村」的批判。二十四日，省委第一書記汪鋒來蘭大視察，並參加了中文、歷史兩系召開的座談會，強調了目前的主攻方向仍然是「黑幫」、「黑線」，批判的重點要經過省委批准；而蘭大批判的具體人選仍是省委批准的兩位教授；在講話中，還批評了蘭州大學，說學校的文化大革命，搞得「四平八穩，原來認為蘭大還不錯，現在我懷疑」。

二十五日，省委召開了蘭州地區大專院校積極分子大會，動員對「反動學術權威」、「黑幫」、「黑線」進行批判，當天，蘭大校園內貼出了揭發「校內黑幫」的大字報。

五月二十六日，江隆基校長在省委召開的會議上作了系統發言，談了教育路線的黑線問題和領導權問題，認為「教育戰線的黑線就是杜威教育思想（資產階級教育思想）和凱洛夫教育思想（修正主義教育思想）的結合」，蘭大在「政治上組織上的領導權在我們手裏，但業務上、學術上的領導權有一部分不在或不完全在我們手裏」。省委第一書記嚴厲批評了江隆基，說他的發言「回避矛盾，不接觸實際」，「過高地估計成績」。當天，校黨委被迫決定全校停課，這在蘭州地區甚至在全國學校中是停課最早的。從此文化大革命在蘭州大學全面展開。[1]

甘肅省行政六級的幹部只有兩個人，一個是蘭州大學黨委書記兼校長的江隆基，另一個則是西北局書記處書記兼甘肅省委第一書記的汪鋒，汪鋒比江隆基年輕五歲，他們都是陝西人，江一直奮鬥在教育戰線，而汪鋒則在地方與軍隊工作，以前他們並不相識，六〇年代初，為糾正甘肅省委的左傾錯誤，務實的汪鋒從寧夏回族自治區書記的職務調往甘肅取代張仲良，因都在蘭州工作，江隆基與汪鋒才有了交集。

文革風雲初起時，每個省都要找幾個反面教材，甘肅省委就「相中」了江隆基等人，這以前汪鋒與江

1 張克非主編：《蘭州大學校史上編》，蘭州：蘭州大學出版社，二〇〇九，第四一二頁。

隆基是否有過節，筆者不得而知。正是由於頂頭上司同他過不去，也就註定了江隆基悲慘的命運。而此時的汪鋒也是泥菩薩過河，自身難保，「他已經不再得到中央信任。家鄉在社教中被西北局作為重點縣，汪鋒家被強制劃為地主式富農，這是個特殊成分，全國也是唯一。此時汪鋒家飯桌上加了一個討論的話題：幹休所。」[1]即將出局的汪鋒為何對江隆基殘酷鬥爭，是出於自保還是其他原因，謎底難以揭曉。《汪鋒傳》也是選擇性記憶，不提其「修理」江隆基這件事。

一九六五——一九六六學年初，蘭州大學共有教職工一千三百九十八名（其中專任教師六百一十九名，教授十四名、副教授十一名，講師一百七十名，教員十三名．助教四百一十一名），本科生兩千九百二十七名（其中文科五百二十二名，理科兩千四百〇五名），[2]校園占地面積六百〇八畝。

學生全面停課後，天天搞運動。那些先跳出來造反的人，受到黨政幹部的批評和打壓。李貴子所在歷史系五年級，全班三十一人，被劃成左中右三派，批評校系領導的左派李貴子等人卻被劃為「右派」，受到控制。李貴子以後在《甘肅日報》發文，講述其當時的困境：「他們的爪牙對我們隨時隨地進行監視，我們的一言一行都上了他們的黑帳，甚至連我們說話時的表情都被記在黑帳上。」[3]

在這種水火不容的對抗中，校內頻繁發生起鬨、揪鬥、自殺事件，僅五月三十日一天之內就出現了十次揪鬥、起鬨事件，已經發生了四起自殺事件。為了加強領導，使運動健康發展．黨委召開了全校政治輔導員、團總支以上幹部、黨總支書記參加的大會，江隆基代表校黨委提出蘭州大學文化大革命的「五點意見」：

1 本書編委會：《汪鋒傳》，北京：中共黨史出版社，二〇一一，第五二一頁。
2 張克非主編：《蘭州大學校史上編》，蘭州：蘭州大學出版社，二〇〇九，第四〇五頁。
3 李貴子：《控訴江隆基反對文化大革命的反革命罪行》，《甘肅日報》一九六六年七月十二日。

一、堅持半天學習，半天搞運動，逐步形成制度。二、只能文鬪，不能武鬪。三、座談會與大字報並重。不能光靠大字報。大字報是發動群眾的一種很好的方式，特別是前一段，大量大字報對於轟開局面是必要的；但是它又有局限性，字數少，問題談不透，特別在有爭議的時候，更不易把問題說清。現在運動要深入，要真正制服敵人，就要深入調查，坐下來分析。只有分析才能提高。應好好地提倡座談會，它能充分說理。師生結合的形式要提倡。四、抓大是大非問題。大是大非即階級鬪爭，黑線、黑幫、黑話、立場、觀點、世界觀、教育思想、學術思想。小是小非即細節，特別是男女關係絕不能糾纏，糾纏是沒完沒了的，反而轉移了目標。涉及到學生問題不要搞。五、目前主要是揭露，可以背靠背分析，為批判做準備。把材料梳梳辮子，準備以後戰鬪。

校黨委的「五點意見」是為了保持運動的可控性，給正在走向極端化的運動降溫，其與第二天召開的甘肅省各大專院校黨委書記、工作組長會議精神完全相符。五月三十一日，李貴子等人給省委書記汪鋒寫信，指責江隆基的「五點意見」不符合省委的精神，是給運動設條條框框。

當時陳慶堂在歷史系蹲點。歷史系揪出的王翼洲和趙儷生，在學生中很有威望，特別是趙儷生，其學問和講課水準，很受學生敬重和好評，因此引起一些學生的不滿，認為江隆基竭力轉移鬪爭的大方向，用「丟車馬、保將帥」的手法，拋出幾個病老虎、死老虎和假老虎來打，並糾纏在學術問題上，妄圖把蘭大的運動引向死胡同。當天下午歷史系五年級學生李貴子、馬海科等人貼出〈駁「不准質問校領導」之怪論〉的大字報。李的大字報立即遭到一些師生的反擊，被上百張支持校黨委的大字報所淹沒。[1]

[1] 苗高生：《江隆基傳》，蘭州：蘭州大學出版社，一九九一，第二八五頁。

李貴子的造反精神立刻被甘肅省委注意到了，甘肅省委正在學生中尋找江隆基的對立面，現在李貴子出現了，他們求之不得，派人多次與李貴子等人接觸。

六月一日晚，中央廣播電臺廣播了北京大學聶元梓等七人炮轟北大書記兼校長陸平的大字報，這給想造反卻心怯的大學生打了一針強心劑，文革的烈火點燃了。

面對這種新情況，江隆基清楚蘭大文革的「野馬」想攔也攔不了，六月一日連夜他向省委「文革」辦負責人何英彙報蘭大文革運動問題，請求省委向蘭大派工作組，以加強領導。省委宣傳部副部長何英趕快通知將自己在昨天召開的甘肅省各大專院校黨委書記、工作組長會議上作的六點指示收回。

北大的大字報讓李貴子等人異常興奮，他們馬上貼出「向北大師生學習，向北大師生致敬」和「打倒蘭大的宋碩、陸平和彭佩雲」的大標語。在省委副秘書長程萍授意下，李貴子等人貼出〈學校領導嚴重右傾保守思想必須立即糾正〉的大字報，江隆基及其支持者不能接受這種對黨政領導的批判，給李貴子等人施加更大的壓力，壓力越大反作用力也越大，李貴子等人去當面質問江隆基，對革命的群眾運動抱什麼態度，江的回答當然難以讓這些一心造反的年輕氣盛的學生滿意。李貴子也被視為「現行反革命」受到打壓。

為保衛校長而戰

聶元梓大字報被播發後，《人民日報》又發表了一系列大作，鼓動學生起來打倒身邊的「牛鬼蛇神」，打倒那些曾經給他們造反制定條條框框的單位領導者。在蘭州大學黨委搖搖欲墜之際，六月四日，甘肅省委派出以省委組織部副部長張韜為首的四人工作組進駐學校。省委工作組一進校就在校黨委會上表態說：「蘭大黨委百分之百是有嚴重問題的！」這種定性打擊了一大片，蘭大黨的幹部、黨的積極分子等對此都不能接受。

六月四日和五日下午，省委副秘書長程萍召開蘭州大學、蘭州醫學院、蘭州鐵道學院等高校部分學生座談會。會上，程萍稱李貴子等人為「革命左派」，並在會後向李貴子透露江隆基及校黨委的「問題」和省委的「態度」，表示省委支持李貴子。其後程萍與李貴子一直保持單線聯繫。六日下午，程萍親臨學生宿舍，指示李貴子等人要聯合其他系的學生一起幹。當晚，李貴子等人和物理系、現代物理系、生物系部分人開會，成立了「李貴子小組」。

李貴子因得到省委的支持，更加底氣十足，他講：「我們就是左派，這不是我們自封的，是省委說的，願意革命的跟我們走！」一些學生開始跟著李貴子造蘭大黨委的反，可他們在蘭大還是少數，更多的學生還是按「傳統」的方式行事，反對造反。

客觀地講，李貴子起來造反有一定的合理性，他是出於對趙儷生老師的熱愛，反對校黨委把趙打成「反動權威」，從而跟校黨委叫板的。他這種路見不平拔刀相助的氣概使他擁有了一批粉絲。可吊詭的是，一九五七年被打成右派的趙儷生處境艱難，被剝奪了上講臺的機會，是江隆基不顧政治風險，為其提供各種幫助，讓其「東山再起」，大放異彩。趙儷生二〇〇七年去逝前，都一直把江隆基校長當成其救命恩人，充滿著感恩之情。文革初起時，上級要求每所大學都要拋出幾個「資產階級反動權威」，進行點名批判，趙儷生這位學富五車的自由主義者便被入選，去完成上級的「指標」。年輕的李貴子根本不清楚歷史與政治的複雜性，出於對老師的愛，出於對主流宣傳的相信，他認為江隆基為了自保而轉移鬥爭的大方向，其必有問題。就這樣，陰差陽錯，李貴子義無反顧地走上了造反的道路，並且越陷越深。

六月六日，甘肅省委又增派省委機關黨委書記李磊任工作組副組長，帶領兩人來校，加強工作組力量。在六日下午的全校大會上，江隆基被迫代表校黨委作檢討：「我校黨委對黨中央毛主席的指示還理解不深，認識落後於形勢，領導落後於群眾，對群眾的革命要求，存在嚴重問題……」李磊副組長發言批評校黨委說：「我來蘭大只有四小時，對蘭大的情況我不瞭解，我只看了一張大字報，一封信，但我可以斷定蘭大黨委是千方百計壓制群眾運動，不是千方百計，起碼也是百方壓制破壞文化大革命」，他對學生說：「你們的頭腦還不夠熱．在運動中，頭腦越熱越好。」此話一出會場頓時譁然，當場就有許多學生對工作組的言論提出了批評，紛紛遞條子質問該副組長，認為：「工作組的大字報與工作組的講話自相矛盾、出爾反爾，發人深思：為什麼要把省委和黨中央相提並論？用毛澤東思想武裝起來的革命師生，早就批駁了〈不准質問校領導〉這樣一張錯誤的大字報，提出必須用毛澤東思想衡量黨委的口號，現在再不能套上一個框框。把省委和黨中央相提並論，實際上就是不許廣大革命師生用毛澤東思想去衡量省委。這表明：工作組不是高舉毛澤東思想紅旗進校的．而是帶著『省委正確』的框框進校的。他們以此束縛群眾手腳，壓制革命運動，反對群眾自己教育自己，自己解放自己。」由於會上該副組長沒有回應這些批評，因而在會後學生仍前去質問，並給工作組貼了許多大字報，引發了一場大辯論。[1]

六月七日，在工作組成員支持下，李貴子等人貼出大幅標語與大字報，給寫大字報批評工作組的人扣上一頂又一頂「牛鬼蛇神」「反革命」「打著紅旗反紅旗」的帽子。這種做法引起了許多師生的強烈不滿，大家立即與他們當場進行了辯論，並向工作組反映。中午11時，李貴子等人又針對給工作組貼的大字報，貼出了〈不准打著「紅旗」反紅旗〉、〈江隆基公開詆毀毛澤東思想〉兩張大字報，對此，化三二學生張超仁向他們當面提出質問：「為什麼要說給工作組貼大字報的學生是『牛鬼蛇神』、『打著紅旗反紅

1 張克非主編：《蘭州大學校史上編》，蘭州：蘭州大學出版社，二〇〇九，第四一四頁。

旗』？為什麼要隨便污蔑革命師生，亂扣帽子，破壞民主辯論空氣？」對方理屈詞窮，暴跳如雷，當場辱罵那些給工作組貼大字報的學生和在場的學生就是「牛鬼蛇神」。這樣更激怒了對立面，使得爭論越來越激烈，爭辯人數也越來越多，辯論也逐漸由馬路上轉到學校大禮堂。

數千名學生、教師湧入禮堂與李貴子等人進行激烈辯論，許多人發言揭露李貴子等人「抱有個人動機」，是「個人野心家」，提出「要用毛澤東思想衡量省委」。大辯論使李貴子等人處於不利地位，主持大辯論的省委工作組組長見勢，隨即公開表態支援李貴子，要求「大家跟工作組走，堅決做無產階級革命派，不做資產階級保皇派」，這些話引起許多人的激烈反對，辯論會現場兩派壁壘分明，一派高喊「保衛工作組！」「堅決跟工作組走」，另一派高喊「保衛黨中央！」「保衛毛主席！」

現場群情激昂，省委工作組無法控制局面，辯論會也從中午12時延續到下午5時仍無結果。因此，正在召開黨委會議的江隆基被臨時叫到會場，許多師生要求江隆基表明態度。在得到工作組同意後，江隆基在支持者熱烈的掌聲中講道：「同志們，省委派工作組來領導蘭大的文化大革命，這是件好事，我們表示熱烈歡迎，我們要聽工作組的話。今天提出的問題一時辯不清，雙方都很激動，頭腦都很熱，時間也長了。我們要有革命的秩序、革命的紀律嘛！現在我建議暫時休會。」但許多群眾不肯離去，高喊：「李貴子怎麼辦？」江隆基說：「至於李貴子的問題，交給工作組處理。以後再辯，現在黨團員帶頭離開。」於是，廣大師生才離開會場，辯論會宣告結束。[1]工作組乘江隆基講話之機保護李貴子、馬海科等幾個學生離開禮堂，坐著小車躲進省委。一些師生發現了，尾隨追趕到省委請願，直至深夜才散去。

文革初起時，蘭州大學被撕裂成兩個陣營，雙方勢於冰炭，不共戴天。李貴子所領導的造反派處於少

1 張克非主編：《蘭州大學校史上編》，蘭州：蘭州大學出版社，二〇〇九，第四一五頁。

數，但由於得到省委的支持，由於與當時中央所宣傳的造反精神合拍，顯得毫不示弱。會後，他們在校園組織遊行，高喊口號：「保衛工作組！堅決跟工作組走！誓作無產階級革命派，不作資產階級保皇派！」與李貴子對立的一派，看不慣工作組與李貴子的所作所為，他們相信江隆基相信蘭州大學黨委，不滿省委工作組拉一派打一派，這派學生當晚向中央拍發出多份電報，內容多為「黨中央、毛主席：學校文化大革命情況複雜，省委和工作組嚴重脫離群眾，壓制群眾運動，請黨中央和毛主席親自派人來」。或掛長途電話，要求中央派人處理蘭州大學的問題，或去省委講述「六七」辯論會的經過，質問省委和省委工作組為什麼包庇李貴子。

這完全是一場零和博弈，在階級鬥爭的宏觀敘事下，對立的雙方都沒有退路。許多大學的校史對文革這段動盪都採取「宜粗不宜細」的筆法，寫得很抽象很概括，而張克非主編的《蘭州大學校史》卻與眾不同，它詳細描述了雙方博弈的過程，其記載道：

「六七」事件後，正在西安參加西北局會議的省委書記汪鋒當晚打電話給省委副秘書長程萍，「我們堅決支持李貴子」，並作出五點指示：「一、蘭大工作組要加強，不能讓轟出去，當晚增派二十人去。廣播室和槍支要控制起來。二、在蘭州的書記處書記找江隆基談話，批評江的五點指示（即五月三十一日的「五點意見」）是反對毛主席所領導的「文化大革命」的精神的。批評江隆基在今天（即六月七日）大會上的講話是支持右派，要工作組處理李貴子是打擊左派，是搞省委。江隆基給高教部打電話的內容要向省委交代。三、分析一下明天會出什麼事，一個可能是繼續鬧。如果要鬧就讓他鬧，一個可能是上大街遊行，若上大街、則要動員工農兵說服勸阻，四、搞一個文稿指出江隆基的錯誤。到省委請願的學生要照相，不要讓他們馬上回去，要做工作。若他們不回去，叫江隆基來接他們回去。江若不來，叫他的親信來。五、加強領導，放『牛鬼蛇神』出籠。若有學生向中央、西北局打電報，要把內容記下來。」

根據這位封疆大吏的五點指示，當晚召開的省委緊急會議做出了四點決定：（一）「六七」是江隆基煽動右派學生趕走工作組，反對省委的嚴重的反革命事件；（二）抽調強大的工作團進駐蘭大，發佈文告；（三）學生在文告發佈後可能不服，要上街鬧事，由市委從城關區和七裏河區部分工廠抽調大批工人，隨時準備對付要上街鬧事的蘭大學生。（四）到軍區動員軍隊，不帶武器。隨時準備勸阻要上街鬧事的蘭大學生。[1]

汪鋒這位從戰爭中走出來的省委書記，有著豐富的政治鬥爭經驗，他是用打仗的思維要把江隆基與其支持者打得落花流水。「六七」事件中，江隆基的發言無可挑剔，它讓情緒高亢的雙方暫時「休戰」，避免走向極端。可甘肅省委卻錯上加錯，把「六七」事件定性為反革命事件，把江隆基定性為這次反革命事件的主帥。這必然註定了江隆基要陷入萬劫不復的境地。

革命吞噬了他的生命

六月八日凌晨，甘肅省委陸續派出一百五十多人的龐大工作團進駐蘭大，早上8時召開全校師生員工大會，會上宣佈了〈中共甘肅省委蘭州大學工作團文告〉（即「六八文告」）。

1 張克非主編：《蘭州大學校史上編》，蘭州：蘭州大學出版社，二〇〇九，第四一六頁。

蘭州大學革命師生同志們：

毛主席親自領導和發動的無產階級文化大革命，正在全國興起。這場大革命，就是要以毛澤東思想為武器，團結革命師生，橫掃一切盤據在思想文化陣地上的牛鬼蛇神，揪出一切隱藏在黨內的資產階級代表人物，打倒一切資產階級「專家」、「學者」、「權威」。蘭州大學的革命師生，同反黨反社會主義的黑線堅持了不懈的鬬爭，對大家的革命行動，省委是堅決支持的。李貴子等同志批評學校領導嚴重右傾，及時揭露牛鬼蛇神破壞運動的罪惡活動，都是正確的。

蘭州大學黨委書記兼校長江隆基同志，犯有反對毛主席文化革命路線的嚴重錯誤，省委一再批評過他的錯誤，他不改正。在五月三十日他提出的5點意見，是壓制廣大革命師生的強烈革命要求，打擊了無產階級左派，支持了資產階級右派，是反對文化大革命的，是完全錯誤的。六月七日，當一些別有用心的人煽動群眾，瘋狂反對省委，公然要趕走省委工作組，把蘭州大學搞得烏煙瘴氣的時候，江隆基同志不採取堅決支援革命群眾和省委工作組的立場，而實際上打擊了群眾的革命行動，完全是錯誤的。省委嚴厲地批評了他的錯誤，並號召蘭州大學的革命師生堅決同江隆基同志的錯誤思想劃清界限，凡是受了蒙蔽和一時上了當的人，應該迅速覺悟，站到革命立場上來，徹底揭發一切牛鬼蛇神的罪惡活動。

省委工作團是省委派來蘭州大學領導文化大革命的，今天正式向大家宣佈，根據省委指示，為了加強對運動的領導，省委工作組擴大為省委工作團，省委決定由龍炳初同志任工作團長，李磊、張韜同志為副團長，工作團下各系設立工作隊。蘭州大學無產階級文化大革命的領導權全部歸工作團，蘭州大學黨委要經常向工作團彙報工作，工作團一定要高舉毛澤東思想偉大紅旗，同全校的革命師生緊緊站在一起，把這一場關係到黨和國家命運和前途的大革命進行到底。不管什麼人，不管他的資格多老、職務多高、打著什麼旗號，要想保護牛鬼蛇神，是萬萬辦不到的。省委號召蘭州大學的真正共產黨員、共青團員、革命的知識份子和革命幹部，堅決地團結在工作團的周圍，跟著黨中央和毛主席走，當無產階級革命派，不當資產階級保皇派，勇敢地揭露一切牛鬼蛇神的陰謀詭計，搗毀黑店，奪回無產階級的文化陣地。不論有多大風浪，都要經得起、頂得住，不動搖不退卻，不挖掉黑線，絕不收兵。

讓我們在偉大毛澤東思想的光輝照耀下，把無產階級文化大革命進行到底！保衛黨中央！保衛毛澤東思想！保衛社會主義！

中共甘肅省委蘭州大學工作團

一九六六年六月八日[1]

「文告」對江隆基做了全面的否定，將其劃入了黨的對立面。從此，六十一歲的江隆基不僅被剝奪了一切權力，失去了工作機會，而且作為蘭州大學最大的走資派，受到殘酷的批鬥。「打倒江隆基」、「江隆基是『六七事件』的幕後黑手」、「『六七事件』是個大陰謀」的大標語出現在蘭州大學校園。

工作團佈置全校討論〈文告〉五天。廣大師生雖然面臨強大的政治壓力，但是對於省委的〈文告〉仍然持有反對意見，尤其是〈文告〉中關於李貴子和「六七」事件的提法。

[1] 四毛：《劉天怡小傳》，http://blog.sina.com.cn/19530823ldp，二〇一五年三月。

六月八日，甘肅省委組織上萬工農兵川流不息地來蘭大聲援蘭大的文化大革命。從這天起，許多在「六七」事件中反對過李貴子、質疑工作組和省委的師生被打成「右派」、「反革命」，各系、班、各單位追查每個人在「六七」事件中的表現。學校裏設立了「自首台」，各處貼滿了「通緝」的大字報，大字報上描繪了「牛鬼蛇神」的身高、容貌、特徵。

工作團還拿著照片在教室和學生宿舍揪人，被揪出的學生當即被戴上高帽子，脖子上掛上「現行反革命」的牌子，被一幫人推搡著遊街。打成「反革命」的學生，逼著寫交代材料，一個個脖子上吊著沉重的杠鈴盤，細鐵絲嵌進肉裏。中文系學生張海晏被揪鬪、毒打，躲在被窩裏給黨中央和毛澤東寫控訴信。化學系學生張禮志偷跑出學校，在焦家灣站撞向飛馳的火車，鐵路上橫陳著他殘缺不全的屍體。生物系學生王益民從學生樓二樓打開的窗戶跳下，不死，又爬到四樓再次跳下，樓下是他血淋淋的屍體。[1]

李貴子小組先後寫了污蔑江隆基的〈關於學校文化革命運動近兩日向省委的報告〉、〈就六月二日至六月八日學校文化大革命情況向省委所作的報告〉，污蔑「六七事件」是「江隆基一手策劃的，經過長時間準備的，有計劃有步驟的反革命事件，是一次資產階級保皇派打擊無產階級革命派，並借此達到他們趕走省委工作組，破壞蘭州大學無產階級文化大革命的目的的反革命復辟事件。」，「江隆基黑幫集團在這個事件中，對黨、對人民、對社會主義犯下了不可饒恕的滔天罪行。」為了羅織江隆基「反黨反社會主義反毛澤東思想」的材料，李貴子小組採取了斷章取義、截頭去尾、歪曲原意、憑空捏造等手法，貼出了〈再論江隆基公開詆毀毛澤東思想〉、〈剝開教育專家江隆基的畫皮〉數百張大字報，並在《甘肅日報》上發表批判江的文章。

---

1 四毛：《劉天怡小傳》，http://blog.sina.com.cn/19530823ldp，二〇一五年三月。

批判江隆基的大字報在蘭州大學校園裏鋪天蓋地，這裏摘錄一份經濟系老師的大字報——其為後人留下了江隆基尊重知識的務實作風，可在黑白顛倒的文革時期，這成為其罪狀：

一、蘭大的領導權不在無產階級手裏，主要是：（一）校黨委走投降路線，校務委員會二十八人，十二人是教授，占四十四%，可全校教授才二十六人！許多系的頭頭都是教授。（二）培養教師政治與業務並重，十年規劃，業務要求很詳細，政治方面很少，「三基」（即基本理論、基本知識、基本技能的訓練——引者）唯獨沒政治。（三）用升留級等辦法排斥工農子弟。（四）堅持舊的教育制度，反對半工半讀。

二、江隆基想盡辦法對抗文革，分三階段：第一階段是五月十九日至二十四日，他抗拒省委，反對文革，給運動劃框框，限制群眾的革命行動，保護我校的黑幫分子。……第二階段是五月二十五日至六月一日，汪書記來校講話後，他竭力轉移鬥爭的大方向，用「丟車馬、保將帥」的手法，拋出幾個病老虎、死老虎和假老虎來打，並糾纏在學術問題上，妄圖把蘭大的運動引向死胡同。中央、省委多次指出文革的性質和意義，他陽奉陰違，要我們寫文章，胡說政治鬥爭中有學術之爭，並要我們集中火力批判他規定的孫藝秋、王翼洲等人。還說：「不要怕右傾。」—要防止運動節外生枝。第三階段是六月一日至六月七日，他看形勢不妙，就組織他的人馬掩護退卻，妄想伺機反撲，東山再起。六月六日他作假檢討，說有右傾思想，對文革認識不足，以取得善良人們的好感和同情。由於他一時蒙蔽了很多人，所以「六七」事件的發生不是偶然的。以上事實說明江隆基是一個不折不扣的反革命修正主義的黑線人物……[1]

1 四毛：《劉天怡小傳》，http://blog.sina.com.cn/19530823ldp，二〇一五年三月。

李貴子小組在對江隆基極盡污蔑之能事的同時，還開始對他進行殘暴的人身摧殘，先後進行四次大規模的批鬥。他們還在江隆基家門口貼對聯：「反黨老手陰險毒辣；本性不改妄想變天」，並讓江隆基念，江堅決回絕說，「這不符合事實！」[1]

大會批鬥時，江隆基被畫黑了臉，頭戴高帽、脖掛木牌站在用課桌壘起的高臺最高一層上，劉天怡頭戴紙糊的「博士帽」跟一群頭戴各種造型高帽的幹部、教授手拿破臉盆或簸箕站在高臺的第二層。造反派寫的大字報如實記述了江隆基的「頑固不化」與「囂張」：

江：你們是幹什麼的？
眾：黑幫頭子江隆基老實向黨向人民交待你的反黨罪行。
江：誰讓你們代表黨？誰給你們的權利？你們能代表黨嗎？
眾：高呼「打倒江隆基！」「砸碎江隆基的反黨頭骨！」
江：我的腦袋在這裏伸著，（一面伸過頭），砸吧，你們這麼多人，要砸就砸！
眾：（一邊按頭，一邊高呼口號）
江：我屋裏有一部《中華人民共和國憲法》，你們看一看吧。
眾：（一邊罵，扭江的胳膊，一邊按江的頭）
江：哎唷，把我的胳膊扭斷了。我六十多歲了，你們這樣糟蹋我像話嗎？《中華人民共和國憲法》

1 苗高生：《江隆基傳》，蘭州：蘭州大學出版社，一九九一，第二八七頁。

這樣規定了嗎？

眾：老實交待你的反黨罪行。

江：事實最後總會澄清的，你們這樣做，讓人悔改嗎？不是我的思想，我不念。（暴徒們強迫江隆念他們寫的誣衊自己的大字報——引者）

眾：你為什麼要策劃「六七」反革命事件？

江：這明明是侮辱我的話，你們拿出事實嗎？

眾：你和你的爪牙為什麼要迫害工人？

江：工人不是我直接管的，這裏有直接責任，也有間接責任。我沒有縱容過任何人去迫害工人。

眾：你為什麼要包庇重用右派分子、要重用資產階級反動學術權威？

江：這些道理將來會弄清楚的，不是三兩句話能說清楚的。

眾：老實向革命群眾，交待你在蘭大犯下的滔天罪行。

江：我來蘭大七年半了，老同事老同學都看著，大家都知道我的罪過在哪裏？[1]

六月十七日，得到工作組支持的一些「左派」學生到江隆基家中，把他推拉到操場，搞「接力賽跑」，幾個大漢輪換著連推帶拉地逼著江隆基快跑，他的鞋掉了，襪子也沒有了，手錶被打落了，他們全然不顧。[2]鬪爭時，給他戴上十多斤重的鐵籠子，上邊又套上衛生間的手紙簍，臉上抹滿了黑墨汁。這一

1 張忠修：《堅持真理，剛正不阿》、聶大江等編：《紀念江隆基文集》，蘭州：蘭州大學出版社，二〇〇五，第三二六頁。

2 苗高生：《江隆基傳》，蘭州：蘭州大學出版社，一九九一，第二八六頁。

天共「揪鬪」了七十多人。這些人都被戴高帽子、毆打。蘭州大學成為全國校園暴力最早的學校。

正在蘭州大學化學系上學的江隆基女兒江亦曼親眼目睹了父親被折磨的慘像，她心如刀割。此時江隆基的妻子在自己的工作單位蘭州女中也受到師生的殘酷批鬪，有家不能回。

聽說自己的妻子宋超也作為三反分子揪鬪時，江隆基對這種株連非常氣憤，他立即打電話給宋超，可宋超被隔離，無法通話。後來他讓十四歲的女兒帶給妻子三句話：「一是要經得起運動的考驗；二是要實事求是，是自己的錯誤就檢查，不是自己的錯誤不要包攬，要頂得住；三要想開，保重身體。」宋超萬萬沒有想到這竟成了丈夫訣別前留給她的遺言！[1]

經中共中央批准，六月二十三日，甘肅省委做出〈關於撤銷江隆基黨內外一切職務的決定〉，指責江隆基「一貫反對毛澤東思想」，「貫徹執行了一整套資產階級教育路線，包庇了『大批壞人』」；「在文化大革命中，他又公然反對黨中央和毛主席制定的文化革命路線，千方百計抵制運動，同省委工作團爭奪領導權，支持右派，反對革命」；說他「是一個長期隱藏在黨內的資產階級代表人物」。〈決定〉宣佈：撤銷江隆基黨內外一切職務，由省委蘭州大學工作團團長龍燦初代理蘭州大學黨委書記。

六月二十五日，省委工作團在文科樓下籃球場召開全校大會，工作團副團長張韜主持大會，工作團另一副團長李磊宣佈省委決定：開除江隆基黨籍，撤銷黨內外職務。

工作團團長龍炳初講話，部署「批江」工作，號召受蒙蔽的師生反戈一擊。第二副校長甄華貼出大字報表態支持工作團，與江隆基劃清界線。左派學生敲鑼打鼓封甄華為「無產階級革命家」。

是日，江隆基在家裏以死抗爭，身體吊掛在廁所裏。江隆基被葬在桃樹坪專門埋地富反壞右分子的亂

1 宋超：《憶隆基》、聶大江等編：《紀念江隆基文集》，蘭州：蘭州大學出版社，二〇〇五，第三八四頁。

墳崗上。

江隆基參加革命時，曾兩次被捕，他經過風浪見過世面，他應該比一般人有著更高的「抗壓力」、「耐擊力」，可他為何這麼早就要投環自盡？他死前肯定有過心靈痛苦的掙扎與強烈的思想鬪爭，這個世界上有他愛戴的妻子與孩子，有他留戀的許多東西。何況，此時南京大學的匡亞明校長、西安交大的彭康校長都被報紙點名批判，他的「難友」增加了，他思想上的包袱可以減輕點，可他卻過早地離開了人間。革命吞噬了自己忠誠的兒女。

去世後其「陰魂不散」

江隆基去世後，省委某些領導人指示要掃除江隆基「陰魂」，打倒江隆基的「孝子賢孫」，擴大鬪爭規模，戴高帽子、掛黑牌子、坐「飛機」、跪煤渣，橫掃一切「牛鬼神蛇」。截至六月二十九日，已批鬪學生五百七十六人，占全校學生總數二十三%。[1]

從六月七日打倒江隆基到八月十六日李貴子逃跑、工作團撤走，為蘭州大學歷史上「白色恐怖的七十天」，這一階段，全校師生員工遭受的迫害是深重的，殘酷程度全國罕見。據資料記載：蘭大在校生兩千五百七十七人，被鬪六百五十八人占學生總數的二十五・五%；教工一千一百五十七人，被鬪三百八十人，占總數的三十二・八%。教職員工及學生自殺六人，自殺未遂十四人，逃跑三十八人，下落不明三

1 張克非主編：《蘭州大學校史上編》，蘭州：蘭州大學出版社，二〇〇九，第四一八頁。

人。[1]如當年渾身傷痕累累的蘭大教務處長崔乃夫（八〇年代曾擔任民政部部長）向黃河的激流中央走去，卻被激流沖到岸邊，復又向河中走去，後被雁灘的農民救起。工作團帶領左派學生趕到，抓住了水淋淋的崔乃夫，押回學校。[2]

造成這一錯誤的主要責任應由當時領導文革的江青、康生等人承擔。甘肅省委的一些領導人是執行者和指使者。至於李貴子等極少數學生，則是由於投機和某種政治野心，自覺地充當了受人利用的打手和工具。歷史不會忘記他們各自無法推卸的責任。[3]

毛澤東下令把鎮壓學生運動的工作組趕出校園的消息，讓成千上萬受工作組壓制的學生歡呼雀躍，最高領袖解放了他們，他們對毛主席當然是更加崇拜。

八月二十二日，甘肅省委第一書記汪鋒被停職反省，他不得不代表省委在一場接一場的造反派大會上作檢討。十月中旬的一天，蘭州大學校園張貼一張用紅紙寫的大字報：特大喜訊！偉大領袖毛主席在最近召開中央工作會議上點了薄一波、何長工、汪鋒和李范伍的名，說他們不是混入黨內的壞分子，起碼也是頑固的修正主義分子……會上毛主席點將，胡繼宗同志任甘肅省委代理第一書記。汪鋒成為文革開始後第一個被點名的省委第一書記。

十月二十二日，汪鋒灰溜溜地來到蘭州大學，向全體師生做檢查。物是人非，此時江隆基已離開人世一百多天了，他的支持者非常懷念他。

1 《蘭州大學七十天白色恐怖記實》，蘭州大學化學系全體革命員工，一九六六年十一月八日修改稿。
2 四毛：《劉天怡小傳》，http://blog.sina.com.cn/19530823ldp，二〇一五年三月。
3 張克非主編：《蘭州大學校史上編》，蘭州：蘭州大學出版社，二〇〇九，第四二一頁。

十一月十日，蘭州四十多個群眾組織在七裏河體育場召開十多萬人參加的「憤怒聲討汪鋒一小撮推行資產階級反動路線滔天罪行大會」，胡繼宗在會上宣讀中央「關於決定汪鋒停職反省的通知」。

被罷了官的汪鋒，作為「甘肅最大的走資本主義道路的當權派」，面對的是前後近11年的被批鬥、管制、勞動改造，以及在家賦閑的漫長歲月。對其的肉體折磨與精神摧殘遠超過江隆基所遭受的。在失去自由的漫漫長夜，汪鋒有沒有想到過他曾摧殘過的江隆基，有沒有為自己的行為痛悔，這一切都不得而知。

汪鋒失勢後，「六七事件」得以平反，可江隆基卻不能平反，一九六六年冬，蘭州大學的江隆基支持者成立了「江隆基專案調查團」，要為校長翻案，該組織以學生為主，江隆基的女兒江亦曼是其中的一員。

江隆基支持者主要做了三件事：一是完成〈江隆基問題調查報告〉；二是蘭大中文系教師柯揚等人寫出紀實作品《蘭大風雲——白色恐怖七十天紀實》；三是「白色恐怖七十天」展覽——圖書館一樓展覽哄動了蘭州城，人們扶老攜幼前來參觀，蘭大校園人山人海，從圖書館出來的人眼睛都哭得紅紅的。展臺上擺著各種高帽子和刑具以及一件件血衣等，人們形象地稱之為「高帽子展覽」。一解說員說：「甘肅省委及其在蘭大的代理人李貴子在蘭大犯下了滔天的罪行，他們在蘭大大搞法西斯專政，實行的是一條資產階級反動路線，應進行徹底的清算！」為一個剛被打倒的領導幹部當即翻案，而且搞得這麼轟轟烈烈，有聲有色，這在當時獨此蘭大一家。[1]

直至文革結束後的一九七八年四月，中央為江隆基平反，甘肅省委主持了隆重的追悼大會，汪鋒送了花圈；一九八六年，其辭世二十周年之際，蘭州大學為其在校園塑像。

受盡磨難的汪鋒也在一九七七年東山再起，在新疆擔任一把手的他，在支持真理標準的討論，平反冤

[1] 四毛：《劉天怡小傳》，http://blog.sina.com.cn/19530823ldp，二〇一五年三月。

假錯案，維持民族團結等方面，其表現都可圈可點。

曾大紅大紫七十天的李貴子，在工作組撤退後溜之大吉，逃離蘭大，直到清理階級隊伍後期（一九六八年底）才敢回到學校，此時他的老對頭們早已離校分配工作，他在接受處分後回家鄉甘肅省秦安縣一中教書直到退休。「他後來寫了不少東西，但一直沒有懺悔的東西。最該懺悔的人沒有懺悔，這說明文革實際上還沒有完。」[1]

1 四毛：《六七真相》，http://blog.sina.com.cn/19530823ldp，二〇一五年三月。

未能善終的武漢大學校長——李達

常有人把李達之死「歸功於」造反派，其實當年武漢大學的造反派在李達死後才誕生，其興起的動力之一就是要為老校長之悲慘結局「討一個說法」，為此他們與湖北省委當權派交上了火。

在茫茫人海中，我們要與成千上萬的人相遇，可與自己生命發生密切交集並能影響人生軌跡的並不多。

李達人生後半場同最高領袖毛澤東有著極大的關聯。他們相識於一九二一年炎炎夏日的上海法租界一次不同尋常的會議——它宣告了中國共產黨的誕生，此時中共黨員全部加起來僅五十來人。

此年，毛澤東二十八歲，畢業於湖南第一師範，職業是長沙修業小學校長，全校教職工還是個位數；李達三十一歲，留學日本七載，職業是上海商務印書館的編輯。兩人很投緣，一年後，毛澤東邀請李達出任湖南自修大學校長，他們一起度過了半載朝夕相處的時光，留下了一段美好的回憶。一九二三年李達脫黨後，不再參加革命活動，在諸多高校宣傳馬克思主義，因懂日文、英文、德文、俄文，他翻譯了十多部著作，是一名紅色教授；而比他出道晚的毛澤東經過幾十年的艱辛奮鬥，大功告成，成為一名開國之君。

萬千寵愛在一身

共產黨取代國民黨執政前夕，解放區之外的教授們心態迥異，少數流亡臺灣香港異國，多數留下的也是忐忑不寧，為不明朗的未來擔憂，只有極少數為革命做過貢獻的教授們心中暗喜。李達屬於後一類。

一九四八年底，勝負已定，地下黨給在湖南大學當教授的李達轉來一封毛澤東寫給他的頗值得玩味的信函——「吾兄為我公司發起人之一，現本公司生意興隆，望吾兄速來加入經營。」

李達找藉口離開尚屬於國民黨控制的長沙，轉道香港經天津到達北平，中央特派一輛專車把身穿藍布長袍和布鞋的李達接到香山。一九四九年五月十八日晚，睽違二十二載的李達與毛澤東久別重逢，暢敘舊誼，此時當年參加中共一大的十三名代表多數已不在人世：何叔衡、陳潭秋、鄧恩銘犧牲；王盡美病逝；李漢俊被殺；陳公博被槍斃；周佛海病死監獄。此時健在的六人也有雲泥之別：張國燾移民境外；劉仁靜、包惠僧與黨形同路人；董必武作為革命功臣身居高位，毛澤東成為國家最高領袖，李達是一名普通的大學教授。

新政權建立後，李達開始青雲直上。一九四九年六月，華北高等教育委員會成立，李達任常委。六月二十六日，中國新法學研究會籌委會成立，李達任籌委會常委，隨後任副會長。七月八日，中國新哲學研究會籌委會成立，李達任主席。七月十四日，中國社會科學工作者代表會籌委會成立，李達任副主席。八月，李達任中國政法大學第一副校長和中國新法學研究院副院長。

九月二十一日，中國人民政治協商會議第一屆全體會議在中南海懷仁堂舉行。中國共產黨及各民主黨派、人民團體和無黨派民主人士等單位的代表（含候補代表）共六百六十二人參加了會議。李達是以無黨派民主人士代表蒞會並當選為全國政協委員（總數為一百九十八人）。後經劉少奇介紹、毛澤東作證人，其重新入黨。

十月，李達被任命為中央人民政府政務院文教委員會委員和法制委員會委員。十二月，經中央人民政府委員會第四次會議通過，李達被任命為中南軍政委員會委員、文教委員會副主任和湖南大學校長。一年前他還是湖南大學的一名「白板」教師，一年後就是該校的最高領導；此際他六十周歲，退休之年還能出任一校之長，這老樹開新花的好事，普通人不可遇也不可求。人生最大的資源就是有品質的朋友。

一九五二年，李達轉任武漢大學校長，兼任中國科學院武漢分院主任委員、院長，湖北省哲學社會科學研究所所長暨哲學社會科學聯合會主席，中國科學院中南分院副院長。

李達來到武大先住在特三區，那是兩位教授住過的聯體平房，每套有四間大房、四間小房和一個院子。李達家中只有兩口人：他與小自己三十歲的妻子石曼華（因其沒有生育，一九六四年抱養了剛出生的李媛媛），占了兩套教授住宅，主要原因是他有四個警衛員。沒多久他就搬進了專門為他在老三區新修的小院。這個院落很大，也是平房，有警衛的偏房和門房，圍牆很高，在外面只看得到房頂和新移入的高大雪松。他出入乘坐當時極為少見的黑色福特轎車，有專職司機。[1]

一九五四年李達當選為第一屆全國人大代表，時代表總數只有一千兩百二十六人。李達是作為安徽省全國人大代表與會的（全省三十九個代表），雖然他是湖南人，他在武漢工作，跟安徽完全不搭（一九五七年武漢大學有人認為這很不合理，被打成右派言論）。

1 項爍：《究竟是為什麼！——我眼中的李達校長》，項爍的博客 二〇一〇年七月二日，http://blog.sina.com.cn/s/blog_5505de2a0100jq三七.html。

一九五五年，中國科學院設立學部委員制度，只有兩百三十三人成為新政權所挑選的首批院士，武漢大學兩人，一是數學部的李國平，另一人則是搞哲學的李達。哲學社會科學部（包括文學、哲學、歷史學、語言學、經濟學）學部委員全國六十一人，占學部委員總數的二十六%，他們中間除郭沫若、陳寅恪、呂叔湘、馮友蘭、湯用彤、金岳霖、陳垣、季羨林、楊樹達、羅常培等極少數學術大家外，多數是延安黨政幹部和知識份子如于光遠、尹達、王學文、艾思奇、何其芳、吳玉章、李亞農、狄超白、周揚、胡喬木、胡繩、范文瀾、茅盾、張如心、張稼夫、陳伯達、馮定、楊獻珍、潘梓年、鄧拓、薛暮橋、錢俊瑞等。

這次學部委員沒有經過學界評議和公示，完全由推薦和協商產生，體現組織的意志。沒有「延安背景」的李達能在千軍萬馬中「脫穎而出」，不是他有著一流的學問，而是他有著難得的「背景」，當然他從事毛澤東思想的闡釋，這也為他加分。

一九五〇年底，毛澤東的〈實踐論〉在《人民日報》發表，李達讀後即創作《〈實踐論〉解說》一書，此書他一邊寫作，一邊在《新建設》雜誌連載。一九五一年三月，李達將第二部分列印稿寄呈毛澤東審正，二十七日，毛澤東即回復：「兩次來信及附來《〈實踐論〉解說》第二部分，均收到了，謝謝您！《解說》的第一部分也在刊物上看到了。這個《解說》極好，對於用通俗的言語宣傳唯物論有很大的作用。待你的第三部分寫完並發表之後，應當出一單行本，以廣流傳。第二部分中論帝國主義和教條主義經驗主義的那兩頁上有一點小的修改，請加斟酌。如已發表，則在印單行本時修改好了。關於辯證唯物論的通俗宣傳，過去做得太少，而這是廣大工作幹部和青年學生的迫切需要，希望你多多寫些文章。」[1]《〈實踐論〉解說》單行本七月由三聯書店出版。

---

[1] 《毛澤東書信選集》，北京：人民出版社，一九八三，第四〇七——四〇八頁。

一九五二年四月，《人民日報》單篇發表毛澤東的〈矛盾論〉後，李達又撰寫《〈矛盾論〉解說》。九月十七日，毛澤東給李達回信說：「九月十一日的信收到。以前幾信也都收到了。愛晚亭三字已照寫如另紙。〈矛盾論〉第四章第十段第三行『無論什麼矛盾，也無論在什麼時候，矛盾著的諸方面，其發展是不平衡的』，這裏『也無論在什麼時候』八字應刪，在選集第一卷第二版時，已將這八個字刪去。你寫解說時，請加注意為盼！」五〇年代的李達唯毛澤東馬首是瞻，成為全國最著名的毛澤東思想闡述權威。

一九五六年評選國家一級教授兩百三十四人，其中農科、理工科、醫科一級教授有一百八十三人，人文社科類一級教授僅三十一人。[1]武漢大學李達、劉永濟、劉賾、李劍農、李國平、高尚蔭當選為一級教授。

一九五六年，李達當選中國共產黨第八次全國代表大會代表，此次湖北參加八大的代表只有區區二十九人。

與專職教授不同的是，李達同時是武漢大學校長，他是行政與業務雙肩挑的「兩棲動物」。除了被定為一級教授，五〇年代行政定級時，他定為六級，而當時武漢只有他與省委書記王任重是六級，工資每月為三百〇八・三元。武漢市委第一書記宋侃夫是行政七級，在武漢這個超過兩百五十萬人口的城市裏，七級以上的幹部不超過十位，十級以上的幹部不超過一百位。所謂高級幹部（即行政十三級以上）總數接近一千位。多數市一級各局主要領導在行政十三級至十級之間，每月工資在一百四十至兩百元之間。

1 徐彬：《一九五六年一級教授評定之研究》，南京師範大學碩士論文，二〇〇七。

一級教授、學部委員、行政六級、全國人大代表、全國黨代會代表這些稀缺資源集於一身，李達是贏者通吃。他擁有太多過於耀眼的符號，「萬千寵愛在一身」，難免樹大招風，有人仰慕，有人側目，有人內心不平衡。

批判運動中的重炮手

一九五二年十一月，中央人民政府政務院第十九次會議批准任命李達為武漢大學校長，任命徐懋庸為副校長。一九五三年二月二十三日，李達校長正式到校就職。當晚，李達校長在校內廣播講話中宣佈，翌日開始工作，原校務委員會宣告結束，準備成立新的校務委員會，撤銷秘書長、副秘書長職位，成立校長辦公室，譚崇台任校長辦公室主任，其他機構和人員均不變動，學校一切工作按原定計劃進行。

比起湖南大學，武漢大學的平臺更高。其是抗戰時期國內的四大名校之一，其他三所名校是西南聯大（由北大、清華、南開三所大學組成）、中央大學、浙江大學。[1]在院系調整前，武漢大學師資力量十分雄厚，教授一百六十人，占全校教師的五十二・五%，院系調整後，武漢大學師資力量明顯下降，一九五四年上半年統計，正副教援一百三十人，占全校教師三十八・四%，其中教授九十一人，占全校教師的二十六・九%。[2]

1 吳中傑：《復旦往事》，桂林：廣西師範大學出版社，二〇〇五，第一頁。
2 宋鏡明編：《李達與武漢大學》，太原：山西教育出版社，一九九九，第二七〇頁。

時許多高校掌握實權的並非一校之長，而是黨委書記。剛開始與李達搭檔的是徐懋庸，能說會道的老革命徐懋庸一九四九年八月起便掌控武大，其推行輕視知識份子的極左政策，引起不小民憤。一九五三年六月，中南局派李凡夫部長率工作組對徐懋庸的問題進行了徹底調查。七月六日，徐在全校師生員工大會上從五個方面檢討了自己的錯誤。十八日，中南局向黨中央上報了〈關於徐懋庸同志在武漢大學工作中所犯錯誤的報告〉。九月，黨中央對中南局的報告作了批示。十月十三日，李凡夫在學校黨總支黨員大會上傳達了中央對徐懋庸錯誤所作的處理決定，徐懋庸行政上受到撤職處分，調離武漢大學。

二十世紀五〇年代，為建構一個全新的意識形態，最高決策者隔三差五地開展大批判運動，在《武訓傳》批判、胡適批判、梁漱溟批判、胡風案件、「反右鬪爭」等一系列「思想戰線的重大鬪爭」中，李達全部扮演了急先鋒的角色，其下手之狠，調門之高，當時的「思想理論界」無出其右。[1] 一九五四年十二月二十日，李達將其〈胡適的政治思想批判〉和〈胡適思想批判〉兩文寄呈毛澤東，二十八日毛澤東給他回信說：「十二月二十日的信及兩篇文章，收到看過了，覺得很好。特別是政治思想一篇，對讀者幫助更大。……你的文章通俗易懂，這是很好的。在再寫文章時，建議對一些哲學的基本概念，利用適當的場合，加以說明，使一般幹部能夠看懂。要利用這個機會，使成百萬的不懂哲學的黨內外幹部懂得一點馬克思主義的哲學。未知以為如何？」在最高領袖的鼓勵下，他高產，兩年間出版論著《胡適反動思想批判》（湖北人民出版社，一九五五年三月版）、《實用主義——帝國主義的御用哲學》（湖北人民出版社，一九五六年版）與《梁漱溟政治思想批判》（湖北人民出版社，一九五六年七月版。）

一浪接一浪的運動讓許多知識份子都產生了疲勞與厭煩。一九五七年元旦，李達在《光明日報》發表

1 shidi:《馮婦作倀——讀〈李達評傳〉》、《關天文集二〇〇五年卷》（電子書），第四五九頁。

短文〈我打算寫兩本書〉，他吐槽道：「連六分之零的時間也不易保證」，盡幹「與我無關」的事，「會議多，兼職多」，還得「開夜車」，「我是願意搞研究工作的人，我的主要工作是寫幾本書。我的希望很多，說不完。我只提出一個很單純的希望：做一個專任教授或專任研究員。」

這年春，毛澤東開展整風運動，鼓勵大鳴大放，幫助共產黨整風，反對官僚主義、宗派主義和主觀主義。五月十六日，李達在武大《學習簡報》發表〈大膽地鳴，大膽地放〉，說「武大黨群關係之間隔了一道牆，一道鴻溝，並且牆是很厚、溝是很深的。這道牆和溝是我們共產黨造成的」；並提出「要拆掉擋在黨和群眾之間的官僚主義的牆」。同時，他還向《文匯報》記者發表談話，認為形勢「好極了」。「百花齊放、百家爭鳴的方針，絕不是鳴——放——整」。

李達的這些言論，完全夠得上右派標準，然而，他不僅沒有被劃入右派，而且在全線反擊以後，還成為一名反右權威發言人。

七月四日，身為全國人大代表的李達在全國人大一屆四次會議作專題發言，題目是〈從右派分子的進攻看知識份子必須加強改造〉，發言最後他提出一個很奇葩的建議：「中華人民共和國憲法，是我們大家在一九五四年九月二十五日全體起立舉手一致通過，然後頒佈的。現在有些右派分子公然敢於破壞我們的憲法了，這是我們絕對不能容忍的。為了擁護我們的憲法，我們要和那些右派分子鬪爭到底！」事實很清楚，破壞憲法規定的公民權利的，恰恰不是右派分子，而是發動反右的決策者與李達這類反右的積極參與者。李達身為一級教授、大學校長黑白顛倒、不辨是非，其原因何在，不得而知。

李達還主持過武大和湖北社會科學界的反右大會，發表〈批判馬哲民的「實踐與認識」〉、〈徐懋庸對於馬克思主義哲學的修正〉、〈整風運動的辯證法〉等論著。馬哲民、徐懋庸都是李達的熟人，李達對他們在政治上上綱上線。

一九五七年反右鬪爭期間，武大共劃「右派分子」四百三十人，其中教授二十一人，占教授總數的二十四%，副教授七人，占其總數的十七%；講師十五人，占其總數的十九%：助教二十九人，占其總數的九%；還有幹部二十二人，助理員四人，小學教師三人，醫生一人，工人一人，學生三百二十七人。尤為突出的是，法律系正副教授二十一人，劃為「右派」的正副教授占全系正副教授總數的八十六%；中文系四年級學生三十七人，只有兩個「左派」，其餘均為「右派」或為「中右」。中文系中國古典文學專家程千帆被打成「右派元帥」。[1]武大「右派」總數占全校師生總人數十%，單列全國第一。如此「佳績」，作為武大校長的李達有多大「貢獻」，還不是很清楚，但「他負有不可推卸的責任」。[2]

在反右大合唱中，李達算是嗓門比較高的，他像一個過於自信的判官，刀刀見血，他或許沒有意識到他強大「火力」使受害者心驚肉跳夜不能寐。他批學者潘光旦時這樣下定論：

> 「潘光旦對於帝國主義侵略中國是舉雙手贊成的。像費孝通等一切文化買辦一樣，他也是一具帝國主義文化侵略的急先鋒，沒有任何國家觀念和民族觀念，經常是賣國通敵。」[3]

對於傑出社會學家孫本文《社會學原理》，他下了這樣置人於死地的結論：「這本書是西方各派資產階級社會學的合訂本，全書貫穿著主觀唯心主義的觀點和形而上學的方法；在理論上，反對馬克思主義，

---

1 《武漢大學校史》（上），武漢：武漢大學出版社，一九九三，第三〇六頁。

2 王炯華、向繼東：《李達與毛澤東和陳獨秀》、向繼東編：《二〇〇五中國文史精華年選》，廣州：花城出版社，二〇〇五，第八一頁。

3 李達：《歷史唯物主義講座》第三章，《理論戰線》，一九五八年第三期第四二頁。

反對歷史唯物論，宣傳改良主義；在政治上，粉飾階級鬥爭，反對革命，隱瞞帝國主義、官僚資本主義和封建主義在中國的統治，引誘他所教的青年們離開當年中國共產黨所領導的反帝反封建的人民革命，為蔣介石集團的政府服務。」

他給社會學大師級人物費孝通的結論是：

「費孝通等的社會學是買辦社會學，是在社會學招牌下搞私貨的社會學，沒有絲毫學術的氣味。他們叫囂要恢復資產階級社會學的目的：在思想上是要用買辦階級的社會觀代替歷史唯物主義的社會觀；在政治上是要用資產階級民主代替工人階級和人民群眾的民主；在經濟上是要用資本主義代替社會主義，把歷史車輪扭轉到半殖民地半封建時代去。馬克思主義社會科學界的同志們！我們必須戰鬥，為粉碎買辦階級的社會科學而戰鬥！」[1]

對費孝通如此嚴厲的定性並非他認真研讀了費孝通著作之後做出的，而是臨時抱佛腳的斷章取義。李達寫道：「在以前，我不曾看過費孝通所寫的社會學著作，最近看到他把資產階級社會學誇張比歷史唯物主義還要高明，我這才搜集他在解放前後所寫的幾本主要著作，如《鄉土中國》、《鄉土重建》、《重訪江村》和幾篇論文以及報端所揭載的關於他的某些著作摘要等，拿來研究了一番。我所得的結論是：費孝通的社會學是另一種資產階級社會學的流派，是中國的一種資產階級的社會學。費孝通的這種資產階級社會學雖然帶有中國味，但它和歐美各國資產階級社會學在根本上是相同的，並且還繼承了它的先輩的衣缽。」

1 李達：《批判費孝通的買辦社會學》，《哲學研究》，一九五七年第五期。

翻閱當年報刊上李達的文字，想想他身為全國人大代表、一級教授、學部委員、名牌大學校長，想想他已六十七歲高齡，閱人無數，總感到有些不可思議。是當年鬭爭的「氣場」太大使李達失去判斷力還是李達自身人格不健全、知識記憶體有缺陷？是人在江湖身不由已還是投其所好從而遞了刀子？後人已搞不清楚李達言行的內在動機。

不管怎樣，當九年後李達遭遇當年他所批鬭的右派相同命運時，人們不免感到因果的循環。剃人頭者，人也剃其頭。

與一般左派不同，李達對有才華的右派還是懷有憐憫之心的，如他把鼎鼎大名的大右派曾昭掄作為領軍人才「挖」到武漢大學化學系，予以重用；他對一些右派教師也給以關心。

教育革命結冤家

一九五八年一月，四十五歲的劉仰嶠出任武漢大學黨委第一書記，其比李達小二十三歲，李達三〇年代在北平大學當教授時，劉是該校戲劇系的一名學生，他們相差一代人。

劉仰嶠到武漢大學上任時，適逢大躍進，最高領袖要求全國都要打破常規，不怕做不到只怕想不到，對此劉書記積極予以貫徹實施。一九五八年六月，學校制訂了〈武漢大學一九五八——一九六二年初步規劃綱要草案〉，即「躍進」規劃，提出「奮戰五年把武漢大學建成共產主義大學」的奮鬭目標。他說：「過去的武大是一家腐朽不堪的大學，經過教育革命，要辦成新型的武漢大學，要放衛星，要由武大師生員工辦起現代化、正規化的新武大。」

他還提出，武大的中心工作任務是群眾性的政治運動還是讓師生搞教學科研？教學內容和教學方法是守舊還是創新？編寫教材是以「老權威」為主還是依靠青年教師與學生合作？科研工作是著重於應用還是攀登尖端高峰？這是「資本主義教育道路與社會主義教育道路、專家路線與群眾路線的鬥爭」，是「一場極其尖銳複雜的階級鬥爭，實質上是教育戰線上的社會主義革命」。[1]

武大以階級鬥爭和群眾運動的形式進行的「教育革命」，首先是「拔白旗，插紅旗」運動，青年助教和學生大編教材「放衛星」，與所謂資產階級專家、教授「打擂臺」，運動在七月至八月形成高潮，深入到各個學科領域，數學領域成為突出典型。當時數學系四百餘名師生組成了四十多個辯論團，展開了一場「百團大戰」。通過班、年級、系各級一百多次大小辯論會，就數學領域中的學術觀點進行辯論。「百團大戰」的結果，一批有學識的專家被當作拔「白旗」的對象進行批判。八月二十日，《人民日報》在以〈駁倒數學教學的唯心論〉為題報導武大數學系「百團大戰」的同時，發表評論員文章《拔掉教育戰線上的白旗》，將其樹為典型，導致許多單位前來取經。十月，湖北人民出版社出版了《拔掉白旗插上紅旗》一書，系統地介紹了武大拔「白旗」的經驗。

教育革命的另一項內容是「政治掛帥，勞動上馬」，學生大辦工廠。

一九五八年九月十二日，毛澤東視察武漢大學——他向來不願到大學去走走，北大清華他執政後從未去過，大躍進中他破例去了天津大學與南開大學，其後又來到武漢大學，那天一大早他就來到東湖邊的化學和物理系的工廠區，看了在「大躍進」中創辦的煉焦廠、電池廠、硫酸廠、煉銅廠等，詳細地詢問了在工廠勞動的同學，和他們親切地握手。他讚揚在工廠勞動的同學「像個工人的樣子！」並對領導工廠的同學說，「要依靠大家」「邊學，邊領導」，在技術革新中「土洋應結合」。他勉勵同學們「好好學習，鑽研知識」「青年人就是要有志氣，要經得起考驗，要苦幹，要巧幹」。

---

1 王炯華：《李達評傳》，北京：人民出版社，二〇〇四，第三六九頁。

毛澤東在視察現場聽取學校負責人彙報教育革命的情況後說：「學生自覺地要求實行半工半讀，這是好事情，是學校大辦工廠的必然趨勢，對這種要求可以批准，並應給他們以積極的支持和鼓勵。」「在教學改革中應注意發揮廣大師生的積極性，多方面集中群眾的智慧。」

李達當時在青島休養，沒有機會接待毛澤東的視察，但他對毛澤東肯定武大教育革命的成績卻心知肚明。

一九五九年一月，李達在學校黨員代表大會上提出：「全黨幹部和黨員，都要朝著又紅又專的方向前進，不但要大大提高政治覺悟和馬列主義水準，而且要使自己逐步由外行變為內行」。二月，他在武大首屆師生員工代表大會上號召全面貫徹黨的教育方針，為把武大建成以教學為中心、教學和科學研究、生產勞動緊密結合的基地而奮鬪。五月，他主持召開以討論教學工作為中心內容的校務擴大會議，就教學問題做了重要講話。他提出，在教學與科學研究、生產勞動的結合中，教學是中心，應當把提高教學品質放在首要地位；在師生結合方面，教師應當起主導作用，提高教學品質，提高學校的科學水準，都有待於教師的努力；教師應當認真讀書，要減少不必要的活動，保證教師有讀書的充分時間。這一年，他在全校教師大會上說：「你們要坐下來讀書，要認真地讀書。如果有人叫你開會，你就說兩個字：『不去』！」他的這些講話，針對的正是一九五八年以來的教育革命。[1]

對教育革命截然相反的認知使校長李達與書記劉仰嶠之間關係一直處於緊張狀態。一批教育革命的積極分子緊跟書記，一批對教育革命有想法的幹部職工則支持校長，無形中形成了水火不容的兩座「山頭」。

在教育革命問題上，李達比較冷靜。但在大躍進狂飆中，他也有頭腦發熱之時。一九五八年十月，

1 王炯華：《一九五八年毛澤東與李達》，《社會科學論壇》，二〇一〇年第六期。

七十六歲的北京大學校長馬寅初外出調查來到了湖北，六十八歲的武漢大學校長李達請他吃飯。開飯前李達既和顏悅色又鄭重其事地對馬說：「馬老呀，現在大躍進，糧食吃不完，不是夠不夠吃的問題，您的人口論恐怕要重新考慮考慮！」馬老聽了，一言不發扭身就走了。回到招待所對他秘書說：「這是他們通過李達來做我的工作，這樣的飯吃了有什麼意思！」[1]

一九六〇年十一月，中央文教工作會議決定調整文化教育工作方針，提出「高等學校要把提高教學質量擺到第一位」。這時，李達似乎有了尚方寶劍，決心糾正「教育革命」的後果。一九六〇年底至一九六一年春，武大黨委開展了整風，湖北省委派朱劭天率工作組來領導這一場整風。這是一場非常激烈的鬥爭，李達、朱劭天批判了武大一九五八年的教育革命。結果，繼劉仰嶠之後主持武大黨委工作的劉真書記調回湖北省委，朱劭天擔任武大黨委第一書記。朱畢業於燕京大學，比李達年輕二十七歲，他非常尊重李達，與李達合作得很好。

一九六一年五月，李達在武大黨委常委擴大會議上作了一次重要講話，指斥大躍進時期武大教育的失敗：青年助教就擔任系主任是「荒天下之大唐」；總支書記總攬教學行政大權不對；校辦工廠搞生意也不對，開口就講賺了幾十萬，大學不是做生意。他還多次說：「一九五八年教育革命搞得很糟，挫傷了知識份子的積極性，損害了知識份子的自尊心。」「學生給教授寫大字報，批評教授，真是荒唐之極。」他還認為武大黨委「不但不是執行黨的知識份子政策，而且破壞了黨的知識份子政策，這是書記一長制的結果」。這些講話後來還被指控是對一九五八年「教育革命的反攻倒算」。

新中國的高等學校是接受中央和地方的雙重領導，儘管武漢大學是國家重點大學，李達是國務院任命的

[1] 胡治安著：《統戰秘辛——我所認識的民主人士》，香港：天地圖書有限公司，二〇一〇，第四五頁。

部管高級幹部，但卻同時接受高等教育部和湖北省領導。一九六三年，湖北省委書記處主管文教的書記劉仰嶠要將在一九六一年整風後調離武大的侯福珍、羅鴻運調回武大重新擔任黨委副書記，並已獲得省委同意。

按照慣例，劉仰嶠找李達談話，以示通報。侯福珍、羅鴻運原來分別擔任物理系和化學系總支書記，正是因為一九五八年教育革命「敢想敢幹」而由擔任武大第一書記的劉仰嶠把他們提拔為武大黨委副書記的。他們本來已經調走了，現在又要調回，李達以他們不懂教育為由堅決反對。劉仰嶠乾脆說這是省委的決定，意思是你李達聽省委的還是省委聽你李達的。被逼急了的李達也將軍說：「那好，我做校長，他們就不能回來；他們回來，我就不做校長。」說完竟拂袖而去。

劉仰嶠不顧李達的反對，準備給侯、羅二人下調令，李達一氣之下打電報給高教部部長楊秀峰，請求辭去校長。堂堂大學校長電請辭職，這在新中國還是「史無前例」，何況楊部長與李達三〇年代同在北平法商學院共過事。楊部長馬上派員去武大看望李達，瞭解情況。他在獲悉李達與劉仰嶠之間的人事糾紛後，直接給湖北省委第一書記王任重打電話：「請你們省委尊重李達同志的意見，不要使他為難，不要跟他過不去。」在王任重的過問下，兩位副書記的調任才收回。

但是，李達在王任重眼皮底下打電報向高教部辭職，並驚動高教部部長反過來給他打電話做工作，王任重和湖北省委何其難堪！他對李達自然不便直說，並且次年春節陪同中南局第一書記陶鑄來武大給李達拜年時還「道歉」地說：「省委對您老不夠尊重，還請您老多加原諒。」李達也感動地說：「我對省委也不夠尊重，也請您和省委原諒。」然而，王任重卻遷怒於武大黨委第一書記朱劭天。朱劭天於一九六四年調出武大，去廣州任中南局科委第一副主任，主持科委工作，省委另派莊果擔任武大黨委書記。[1]莊果比李達小二十二歲，他同李達間形同水火。

---

[1] 王迴華：《懷念朱劭天先生》，《書屋》，二〇一一年第三期。

一九六五年一月，七十五歲的李達當選為全國三屆人大常委，時常委總數是九十四人，這是一個有更高待遇的榮譽。中央組織部已通知他在京專任全國人大常委，不再擔任武漢大學校長，還給他在京找了房子。他本人也於十月十四日給武大黨委寫信說明原委，並要其家屬將書籍、衣物搬去北京。但到十二月中旬，中組部又派員向他傳達：原決定系個別部長意見，現予作廢。李達仍舊擔任武大校長兼人大常委，既可住京亦可回漢。他因急於向其助手交代《馬克思主義哲學大綱》下卷「歷史唯物論大綱」的編撰工作，便於一九六六年一月二十二日回武大暫住。他未曾料到，他這是自投羅網。一張大網已為他張開了。

圍剿戰的「政府行為」

二十世紀六〇年代，對毛澤東的個人崇拜開始在黨內流行，康生、林彪等人提出的「毛澤東思想是馬列主義的頂峰」四處流播。李達認為這是不符合馬克思主義基本原理，指出「頂峰論」違反辯證法。

一九六六年一月十六日，中南局擴大會議作出了〈關於深入開展學習毛主席著作運動的決定〉，第一書記陶鑄作報告說：「毛澤東思想是當代馬克思列寧主義的頂峰，是最富有革命性與戰鬥性的馬克思列寧主義。」三月，李達看到《羊城晚報》通欄大標題社論〈馬克思主義發展的頂峰〉，他搖頭了，直言不諱地說：「是頂峰，不發展了？」助手提醒他：「這是林彪同志說的，中南局的決定也是這樣寫的。」李達卻毫不猶豫：「我知道，我不同意！『頂峰』這個說法不科學，不合乎辯證法嘛。馬列主義是發展的，毛澤東思想也是發展的。就好比珞珈山（武漢大學所在地），到頂了就沒有地方走了。馬列主義怎麼能有『頂峰』呢？違反辯證法的東西，不管哪個講的，都不能同意！」李達如此直言批評「頂峰論」，此事很快就被彙報上去。[1]

一九六六年春天，階級鬬爭的火藥味越來越濃，批判的調子越來越高。四月十日，廣州開始舉行「中南局學術批判座談會」。十三日，陶鑄講話說：「這是一場很大的仗，中南局下了決心要打……現在最大的問題是反對我們內部的修正主義」。講話中，他毫不留情地點了李達的名，同時也點了中山大學教授容庚和劉節的名。三個月前他稱讚李達的書，現在他說：「李達的這本書也並不怎麼樣。」陶鑄還傳遞毛澤東對〈唯物辯證法大綱〉第二篇「馬克思主義哲學是人類認識史的唯物的辯證的綜合」頗為不贊成的資訊：「毛主席說李達同志的書講洋人古人的東西多，講現代人的東西少。」但李達當時並不知情，他聽到比他小十八歲的陶鑄這些話，竟然說：「陶鑄懂什麼，他又不懂辯證法！」

一九六四年以後，一些知識份子開始成為大批判的靶子，如中央黨校校長楊獻珍、文化部副部長夏衍、北京大學副校長翦伯贊等，但被推上祭台的大學校長，李達就是第一人。李達為何成為陶鑄的眼中釘，尚不清晰，這其中肯定與陶鑄的部下——中南局第二書記兼湖北省委書記王任重有很大關聯。

王任重一九一七年出生，因得到毛澤東與陶鑄的高度賞識，三十七歲就出任湖北省委一把手，文革爆發前十年，毛澤東到武漢不下幾十次，有時住三四十天，一切警衛、招待、生活、參觀、游泳等等都是王任重親自負責抓的。從一九五八年起，王任重同李達之間就有了過節，李達對頂峰論的不認同，對教育革命的不滿，更使他認為李達屬於應該被清除的對象。

因李達是大牌，並且能通天，「體量較大」，陶鑄、王任重也清楚，要扳倒他，要費一番功夫。

四月二十一至二十三日，一連三天，時任湖北省委書記的王任重派車把武大哲學系助教陸舒端接到其

[1] 王炯華：《陶鑄的一九六六不可或缺李達之死》，http://blog.sina.com.cn/u/1939688124，二〇一四年四月一日。

百花村住所，聽她彙報已經搜集到的關於李達等人的材料，指示她將彙報的材料以寫信的方式送達省委。

一九六六年四月中下旬，對鄧拓、吳晗、廖沫沙「三家村」的批判席捲全國，並被上綱上線為反黨反社會主義。湖北緊跟步伐。湖北省將李達、朱劭天、何定華（武漢大學常務副校長）作為武大的「三家村」。中南局召開「文革」動員大會，進一步部署打倒李達「三家村」。李達「三家村」成為南北呼應、在全國影響甚大的第二個「三家村」。

二十五日，王任重在湖北省「學術工作會議」上作報告，他依據陸某提供的材料點了武大哲學系和中文系的名。他還說：「武大哲學系，哲學史學四年，馬列主義只學一年，毛主席著作只學六周。」「工農調幹學生為反對學哲學史，被迫退了學。這是共產黨幹的事麼？」[1]

二十八日，武大黨委書記莊果向全校黨員傳達王任重的報告，並宣佈省委確定武大為「教育革命」的試點，已派省委書記處許道琦和宣傳部副部長史子榮來武大領導運動，會同武大黨委成立「教育革命領導小組」。這是全國第一個文革運動的高校工作組。

王任重特別指示，要把李達鬪倒，關鍵在於做好知情人的工作。教育革命領導小組根據這個指示，對他們所確定的「知情人」，包括李達的編書助手、秘書、警衛、司機以及與李達有工作關係的教員和幹部，日夜追逼他們按已經定下的框框寫交待、揭發材料，要求他們「拿出定性的東西來」，「一句話也要」。在那種「知情不報就是對組織不忠，對毛主席不忠」的時代氛圍下，一些人出於對組織的忠誠，或出於自我保護，都不得不揭發交待。於是，「教育革命領導小組」很快便編印了〈關於李達反黨反社會主義反毛澤東思想言行的初步材料〉，並由王任重加上夾批按語上報中南局和黨中央。

---

1 王炯華：《李達評傳》，北京：人民出版社，二〇〇四，第四五八頁。

王任重在上報黨中央的這份材料時又附信請示：「如中央同意，我即告武大黨委首先印發給全校黨員閱讀討論，然後發動全校師生進行批判。這是武大教育革命中要打倒的一個資產階級權威，也是黨內資產階級當權派的主帥。」附信還說：「我看這一場革命不能再拖延下去了。省委決定先以武大作為試點，取得經驗，逐步展開。」在當時，主持中央日常工作的領導同志，既不可能判斷這份材料的真假，又沒法不同意湖北省委的意見。[1]

跟隨李達多年的秘書劉長森同情李達，五月一日向中共中央組織部寫信反映李達的情況。五月初，武大黨委書記兼中共湖北省委「教育革命」工作隊黨委書記莊果和武大政治部主任、「教育革命」工作隊成員陸舒端嚴厲批評了劉某向中組部寫信反映李達情況的「違反紀律」錯誤。他們聲色俱厲地說：「你知道李達是中央管的幹部，所以目前的一切都不許再向中央反映，必須絕對保密！」同時交給他一項祕密的「特別」任務：偽裝同情李達又嚴密監視李達，每天向工作隊密報李達動態。[2]

人生最後也最痛苦的104天

五月十日晚，黨委書記莊果去李達寓所正式通知李達：停止編書，不許回北京，老實交代問題；毛澤東思想研究室立即關門。由此李達的煉獄之旅開始了，其持續了一百〇四天，這是李達人生最痛苦最艱難的時段。

1 湘人：《文革中的李達與王任重》，《炎黃春秋》，二〇〇六年第一〇期。

2 王炯華：《李達在一九六六年七月十九日》，http://blog.sina.com.cn/u/1939688124，二〇一一年七月二十六日。

十一日，哲學系工作組在教工中進行「戰鬪動員」，開始點名哄鬪，進行關於李達問題的逼供。此後，李達領導的毛澤東思想研究室被打成李達「反毛澤東思想的黑窩」，李達主要助手陶德麟被打成「李達的忠實走狗」、「幫兇」，研究室其他人員，除了一兩個「起義」的以外，也被打成「黑幫分子」。哲學系余志宏、李其駒等一批幹部、教師則被打成李達「三家村」「黑幫」、「黑幹將」、「黑爪牙」，「總頭目」就是李達。

十二日，陶鑄在廣州召開的中南局擴大會議上宣佈，批判李達，中央已經同意了。與會的湖北省委第二書記、省長張體學則說：「省委要以武大作為樣板，取得經驗。」當有人反映李達說他有錯誤要向毛主席作檢討時，張體學說：「要批判他，開鬪爭會。什麼向主席檢討？先向我們檢討了再說！」，「李達的書是駁得倒的，不外三本書的本事加修正主義的東西。要把李達的政治觀點『搞得很臭很臭』。這次要徹底揭，新老賬一起算！我向道琦說了，這次武大搞不好，我從長江大橋跳下去！階級鬪爭是不講情面的，你死我活嘛！運動開始會死些人。你自己死，能怪我呀？」

其實，這期間，無論陶鑄還是王任重、張體學以及許道琦，對打倒李達還是有些顧慮的。一九六六年上半年，王任重則三次當面問毛澤東「李達可不可以批判」。毛澤東前兩次均不表態，直到第三次他才說：「既然群眾要求批判，在校內批判一下也可以。但不要點名，也不登報。」又指示王任重說：「不要把李達整死，要照顧一下。」[1]

二十四日，在工作組的啟發下，武漢大學哲學系四年級王炯華等九位同學，聯名寫信給王任重，揭發李達一夥的反黨活動。

1 王炯華：《李達評傳》，北京：人民出版社，二〇〇四，第四六〇頁。

敬愛的任重同志：

今天我們給您寫信，就是向黨交心，向黨要武器。

我們都是工農子弟，都是共青團員和共產黨員，都是黨和毛主席從舊社會拯救出來的。我們的一切都是黨和毛主席給予的。……

我們一九六二年剛進來上課，李達就親自坐著轎車，讓人攙扶著來到教室，接見我們，發表講話。在講話中，除了極力強調哲學的地位，說什麼「哲學是首席科學」，「自然科學、社會科學都離不開它的指導。」還給我們戴高帽子，說什麼「今年我對你們的成績都很滿意。今年考上，真不容易。往年來一個取一個，只要身體合格，成績取四十分左右的（這是攻擊黨的教育方針，也是發洩對我系前幾屆工農調幹生的不滿！）。而今年幾乎平均二十個取一個，有些地方是五十個取一個。你們的成績都是七十幾分以上。」（筆者注：一九五八、一九五九、一九六〇、一九六一、一九六二、一九六三年大學招生數與高中畢業人數之比分別為一百二十一%、九十一．三%、一百一十一．四%、四十四．六%、二十四．三%、三十．七%，一九六二年高考錄取率最低。）還告訴我們，他在編哲學講義，說什麼「中國還沒有一本適用的統一教科書。」（沒有嗎？實則詆毀毛主席著作！）「蘇聯的那本《馬克思主義哲學原理》也和中國環境、實際有隔膜。」（只是這個缺限嗎？實則默認修正主義貨色！）。還介紹他的治學經驗，表達他對我們成名成家的「希望」，說什麼「外文學習很重要，要看外國書，國文也要緊，要練習多寫。讀書的時候，腦子要清楚、靈活，口要能講，手要能寫，將來做一個馬克思主義哲學家……我對你們有很大希望，希望你們鞏固專業思想，好好讀書。」一九六三年六月七日又第二次接見我們，除了吹噓他的教材，吹捧他的助手，又鼓勵我們學好專業，進一步給我們戴高帽子，說是「集天下英才而教之。」……

敬愛的任重同志：我們學校、我們系問題大得很，我們正在全力揭發，也正在重審、清算李達的哲學講義及其對我們的惡劣影響，我們決心把企圖取代毛主席地位、用「李達主義」代替毛澤東思想、按照資產階級世界觀改造世界、爭奪青年，進行種種反黨反社會主義活動的珞珈山的「鄧拓」、「三家村」粉碎，埋葬！[1]

被洗腦的王炯華等把李達對學生的關心說成是別有用心，把對他們的鼓勵說成是另有所圖，王任重這位封疆大吏也善於借力使力，他給學生回信，煽風點火。

王炯華等九位同志：

看了你們揭發李達一夥人的反黨活動的來信，我完全贊成和支持你們的革命精神。資產階級、修正主義分子千方百計爭奪青年，毒害青年；是為他們篡黨篡國、實行資本主義復辟的罪惡目的服務的。我們必須徹底粉碎他們的陰謀，把被他們竊取、霸佔了的文化陣地統統奪回來。你們說得很對，李達這一夥人霸佔的武漢大學哲學系，是一個修正主義的窩子，一個資產階級的染缸。你們要起來抄掉修正主義窩子，打爛資產階級染缸，打倒資產階級「權威」求解放！省委已經派工作組到武漢大學來領導開展文化革命運動，不僅要解決哲學系的問題，而且要徹底解決武漢大學全校的問

[1] 《武大九同學寫信給任重同志，揭發李達反黨反社會主義的罪行》，載於宋永毅主編之《中國文化大革命文庫》光碟，二〇〇六。

題。省委決心同武漢大學的同志們一起把這一場革命運動進行到底，把毛澤東思想的偉大紅旗牢固地、永遠地插在珞珈山上。希望你們在武漢大學教育革命領導小組的領導下，活學活用毛主席著作，積極參加戰鬥，做一個文化革命的英勇戰士。[1]

在批判校長的運動中，王炯華等學生被當槍使，半年後他們便幡然醒悟，衝破阻力，要為李達翻案，其後他們曾把王任重抓到武漢大學，進行盤問，要其交待迫害李達的經過。二〇〇四年，年過六旬的王炯華出版了《李達評傳》，他是帶著「原罪」意識從事這項研究的，並成為國內首屈一指的李達專家。這是後話。

五月二十七日，經中南局同意，武漢大學原黨委書記朱劭天被從廣州揪回武大，並被指控為「武大三家村」的「老闆」，湖北省委又宣佈武大常務副校長何定華停職反省。此時，聶元梓雖然在北京大學貼出第一張馬列主義大字報，但遭到了北京大學校長陸平陣營的強烈反擊，處於下風。而這時武漢大學的幾位校領導已成為被清洗的對象。作為全國第一個被拋出的大學校長，看著其他大學校長都平平安安，李達心理有很大的不平衡，有對施害者劇烈的憤恨。

1 《王任重給武漢大學九同學信》，一九六六年六月八日，載於宋永毅主編之《中國文化大革命文庫》光碟，二〇〇六。

套住他脖子的繩索越拉越緊

一九六六年六月一日晚，在最高領袖的授意下，聶元梓的大字報通過中央人民廣播電臺播向全國，從此文革的烈火熊熊燃燒。

一直緊跟中央極左政策的中南局與湖北省委，加大了討伐李達的力度。

六月三日，武大召開全體師生員工緊急動員大會。會上傳達了陶鑄五月十九日在中南局文化革命動員大會的報告，武大黨委書記莊果正式宣佈：「我們學校也有一個『三家村』黑店，李達、朱劭天、何定華是它的三個大老闆，牛永年（黨辦主任）是『三家村』黑店的總管。他們向黨向社會主義發動了猖狂進攻，把武大的領導權篡奪過去了。我們一定要把這條黑線揪出來，把這個『三家村』黑店徹底粉碎掉，把學校領導權奪回來！」「現在我們宣佈：從今天起，運動正式展開！」這是全國所有高校被揪出來的第一個「三家村黑幫」。

由此，學生們不上課了，天天搞運動。每天從早晨7點到晚上8點，一撥一撥的人在李達寓所門外敲鑼打鼓聲討，喊口號、唱歌，張貼大字報。從這一天起，學校還在他的寓所安裝高音喇叭，對著他的書房和臥室廣播。他家的保姆被不明不白地弄走了，電話被剪斷，北京的來信也被劫去了。

被批後，李達向莊果要他的「罪行」材料。幾經要求，六月五日，莊果才讓人把五月初整理的那份〈關於李達反黨反社會主義反毛澤東思想言行的初步材料〉交給他。他看了三遍，用劉某密報的話說，「他基本上逐條反駁」。他說：「材料絕大部分是造謠，他們把話變了樣，王任重看過加了按語，只聽他們的，偏聽則暗，兼聽則明，不聽聽我的情況。」「他們講我反黨反社會主義，是反動派，我怎麼能承認？我到死也不能承認是反動派！」

這份「初步材料」特別有某黨史教員揭發李達一九六二年在湖北省委黨校一個訓練班上所說毛澤東、何叔衡參加「一大」時是「S.Y」（即社會主義青年團之意）而不是「C.P」（中共），是他說「你們既然來了就參加C.P開會吧，以後回去在湖南就組織C.P。」該教員痛斥李達不僅否定毛澤東是黨的締造者，而且公然抬高自己。李達看了這一條，坐在床上把雙手一抬說：「真後悔，我當時不該把這實況講出來，引來這場大禍。」

在這個如火如荼的運動大潮中，武漢大學幾乎每個師生都在用惡毒語言詛咒他們的老校長。如曾受到李達特別關照的化學系講師（八〇年代任武漢大學校長）、時年三十三歲的劉道玉大字報這樣寫道：

不管「三家村」老闆們資歷多老，職位多高，「權威」多大，手段多狡猾，我們有決心徹底摧毀「三家村」，一定要把反黨的右派分子鬭臭，把珞珈山上的牛鬼蛇神打得永不翻身。我決心與「三家村」反黨反社會主義分子鬭爭到底，不獲全勝，絕不收兵。[1]

六月七日，武大召開三級幹部擴大會。湖北省省長張體學在會上講話後同李達個別談話。他說：「你的問題，就是一九五八年寫了一篇文章，是右派立場。這次你好好檢查，觸及靈魂，只要有認識，我個人意見，武大校長不做了，去當人大常委，還是一級教授，工資照發。」聽張省長這麼說，李達似乎覺得自己的「問題」還不是那麼大。他向省長表示「不戴黑帽子進火葬場，要深刻檢查，跟上毛澤東思想」。他

[1] 劉道玉：《徹底打垮「三家村」黑幫》，《湖北日報》一九六六年六月十三日。

還把「頂峰」問題向省長做了解釋，表示「材料已見過，大部分是沒有這回事。我要老來紅，活到老，學到老，改造到老。」

張體學對李達沒有憐惜之情，他與省委書記王任重觀看了武漢大學校園大字報，王還題詞勉勵師生：「高舉毛澤東思想偉大紅旗，把教育革命進行到底。」六月十二日，失去行動自由的李達對秘書劉某說：「我請求把我送拘留所去！我現在是驚弓之鳥，聽到門口有人喧嘩，呼口號，打倒李達，心裏很不安！這如何來寫坦白申辯材料，把我送拘留所，讓我安靜反省。」

劉長森忠實地執行組織交待的任務，「潛伏」得很好，他是隨時記錄他一言一行的臥底。他悉數記錄李達的舉動，每天密報他的「動態」，日後成為人們研究那段歷史的依據。還有兩名學生住進李達家裏，既監視李達，也監督劉長森。

十三日，武漢大學組織七千餘名師生員工集會，批鬪李達，聲討珞珈山「三家村黑幫」、「反黨反社會主義罪行」。先讓李達在家聽實況廣播。散會前，保衛科指使人把他揪到會場示眾，被三次按下頭來批鬪，並被攝像。這時還流行文鬪，沒有戴高帽子、掛牌子、坐「噴氣式」，可這位七十六歲的瘦小老人看到成千上萬師生高舉的手臂，聽著他們震耳欲聾的口號，其神情木然，內心惶恐不安。

就在這一天，省市十幾萬人來武大聲討，人流長達數里。接著又有數十萬群眾，夜以繼日，敲鑼打鼓會聚武大，圍著李達的院子喊口號，半個月從早到晚，每天震耳欲聾！個個都是一把無名火，要燒萬重山的架勢，可憐這些群眾從未見過這三人的面，甚至名都未聽過！是男是女，高矮胖瘦一概不知！

六月十四日，《湖北日報》、《武漢晚報》和省、市人民廣播電臺報導武大揪出「珞珈山三家村」，兩報還發表社論。其中，《湖北日報》第一版通欄標題是：同聲歡呼毛澤東思想的新勝利，眾口齊誅珞珈山的「三家村」黑幫，全省人民堅決聲援武大革命師生，橫掃一切害人蟲。第二、三兩版則是報導聲援情況。此時報刊電臺對李達尚未點名，將李達隱稱為「某資產階級權威」。

其後，《湖北日報》、《武漢晚報》等報刊，長篇累牘發表批判揭露文章，指出：「長時期以來，武漢大學存在一條反黨反社會主義反毛澤東思想的黑線。朱劭天、何定華和某資產階級『權威』等組成的『三家村』黑幫，猖狂地反對毛澤東思想，瘋狂地攻擊一九五八年教育大革命，推行資產階級路線，抗拒省委領導，陽奉陰違，欺上瞞下，打擊無產階級革命派，扶植資產階級『專家』，把武大變成他們復辟資本主義，反黨反社會主義的頑固堡壘。」

六月二十八日，中共中央中南局向中央報送〈關於文化大革命意見的報告〉。報告點秦牧、柯麟、劉志明、李達、何定華、朱劭天、程雲、武克仁、康翟、郭曉棠、陸地等人的名，稱之為「反黨反社會主義的頭面人物」。七月七日，這份報告被主持中央工作的劉少奇轉發。

六月三十日，對於李達的批判開始升級，李達的名字，在報紙上公開點了出來。《湖北日報》發表了〈李達反黨反社會主義反毛澤東思想的言行〉和〈揭發武大的「三家村」黑幫反黨反社會主義反毛澤東思想的罪行〉，並加「編者按」。

「編者按」集中揭批李達說：「李達是個徹頭徹尾的反動的資產階級『權威』。長期以來，他掛著『老黨員』、『老馬克思主義者』的招牌，擺出『名流』、『學者』的架子，利用他竊取的領導權，一貫地、系統地、猖狂地反黨反社會主義反毛澤東思想，大肆宣揚和推行他那一套資產階級的修正主義的路線，陰謀把武漢大學變成他們復辟資本主義的一個陣地。李達欠人民的債夠多了，夠長的了，應該進行徹底的清算了！李達實際上是假共產黨，真國民黨；假馬克思主義，真修正主義。他在大革命時自動脫黨，直到一九四九年才重新找共產黨，這段歷史是很不光彩的，很值得懷疑的。解放後，李達到了武漢大學，他的所作所為又是怎樣的呢？武漢大學有一小撮反動的資產階級知識份子、反革命分子，李達是他們的大老闆，保護人。武漢大學長期受資產階級教育制度的束縛，李達是這個鐐銬的製造者。武漢大學的『三家村』黑幫陰謀篡奪學校的領導權，李達是這個黑幫的主要人物之一。在他們陰謀復辟和革命師生反復辟的鬪爭中，李達赤裸裸地露出了他的反動的『學閥』面孔，殘酷地壓制和打擊革命師生。」

自六月下旬以來，李達身體日衰，血壓不斷上升。他看了六月三十日的《湖北日報》大批判文章後說：「他們把十幾年來朱、何、我三人講的話，東拼西湊拉一些話，放在一起，組成一個『三家村』，不相干的話放在一起就算問題了。血壓這麼高，過不了這一關，作為一個黨員，經不住一場考驗，身體不給作主，就這樣死去啦。」

七月一日，李達又對劉某說：「現在上報了，把我搞倒搞臭。我已倒了，還要把我鬪倒鬪臭，鬪吧！」他說：「我抱三條：坦白、認錯和申辯。」

二日，武漢大學一把手莊果找李達談話。回家後，李達一直沉默不語，在那裏發呆。晚上測量血壓，又升了：２１２／１０４。他對劉某說：「談完話回來，知要開鬪爭會鬪我，我血壓就高起來了。現在政策變了，張省長講不上報，背對背的，在家裏寫檢查，會可以請假不去；現在上了報，點了我的名，又要我參加面對面的會，開鬪爭我的會。我血壓這麼高，開鬪爭會一喊口號，我還不昏死過去？」

五日，工作隊制定了〈關於徹底鬪倒鬪臭李達的戰鬪計畫〉，提出「以兩至三周的時間，集中優勢兵力，對準珞珈山『三家村』黑幫的主要頭子之一李達猛烈開火」，「進一步追查李達的罪惡歷史及其上下左右的黑線」。

七日，李達被揪到師生員工代表鬪爭會現場。自此，連續舉行大大小小的鬪爭會。七日晚上，李達對劉某說：「今天太苦了，椅子沒有扶手，坐不穩要摔倒的，做的太慘。」他說：「作為一個黨員，要通過這一關再死去，現在不能死，死了就是叛黨。人總是要死的，我已七十六歲了，要死的，爭取晚些死，過不了關，死了也就算啦。你去講一下，後天給我換個木椅有扶手的，不至摔倒。」

十一日，劉某報告工作組黨委：「李達這傢伙今天聽廣播後，無動於衷，還不時發出冷笑，真是罪惡至極。又躺在床上裝死，怕死的要命。這個叛徒，罪該萬死，仍不低頭認罪……中午吃完飯我進去，李達、石曼華均沉默不語。下午進去量血壓，李仍不語。我問他上午廣播聽清楚了沒有？他才講：『說我是大地主、大剝削者，真是冤枉，可以去調查。一九三七年我回家，我父親給我看分家合同，我沒要，又去廣西，後又到中山大學教書去了。一九四三年回鄉種田，我自己種，又請了一人，兩人種十二、三畝地。我回家種田，因教書搞不下去，總遭解聘，又有很多人跟蹤我。回家種田，國民黨湖南省政府主席薛岳還打電報給地方專員，此人現在是武漢河運學院副院長，叫他監視我。另距我家不遠處，有一個人，我知他是CC分子，總來我家看我幹什麼』。又講：『我有五兄弟，父親分給我十二、三畝田，我不靠這田生活，在外面教書。我沒賣過田，我把田換成地，種果木。我家裏是小土地出租者。我兩夫婦，一兒兩女，五口人有十二、三畝田，就成地主，真冤枉。』……今天下午對代表會上揭露他是地主，死不承認，百般抵賴，別的問題他不作反應，只講幾次『說我是大地主大剝削者真冤枉，組織上可去調查』這句話……尿糖驗的仍是土紅色，四個加號，高醫生來檢查也是4+。醫生說隨時都可能發生休克，囑注意。」[1]

十四日，「李達反黨反社會主義反毛澤東思想罪證展覽」開場。

十七日，召開全校師生員工及家屬大會，由李達家鄉——湖南零陵的「貧下中農代表團」揭發和控訴李達的「十大罪惡」。最後由帶隊的縣委宣傳部副部長宣佈給李達戴「地主分子」帽子。大會還公佈了李達「叛變投敵」的調查材料。李達在家裏聽大會實況廣播，邊聽邊講：「全是捏造，全是捏造，在胡說八

1 王炯華：《李達評傳》，北京：人民出版社，二〇〇四，第四七八頁。

道，哪有這麼回事？」

十八日上午，工作隊組織「貧下中農代表團」和哲學系部分師生到李達家中進行「短兵相接」的面對面鬪爭。他仍然說：「我是腦力勞動者，土改時是小土地出租者。」他在外教書，並沒有收租剝削。他說：「我若收過一顆租穀，你砍我腦殼！」

他死也不能瞑目

七月十六日，七十三歲的毛澤東由王任重等陪同，在武漢暢遊長江。身處絕境的李達從門外雀躍的小孩知道了這一喜訊，不由產生了一線希望。十七日，他試探地問跟隨自己多年的秘書：「聽小孩講，毛主席來武漢了。」此時，劉某因未得工作隊指示，不便回答，只是冷冷地答說「不知道」。劉某迅即向工作隊彙報，工作隊擔心的正是怕李達去見毛澤東，便反過來讓他去試探李達是不是有想見毛澤東的念頭。李達受家鄉零陵「貧下中農代表團」和哲學系部分師生的面鬪後，心裏愈加憤怒，也更加痛苦，很少說話。得到了工作隊指示的劉某反過來以關心的口氣問李達：「毛主席來武漢了，你是否想去找主席？」但此時的李達卻反而冷靜地說：「毛主席在武漢，可我現在這個樣子，不好去找，去，也可能不會接見我。問題這麼多，毛主席怎麼包得了！」劉某向工作隊彙報，工作隊也就放心了。[1]

十九日下午，李達的血壓已升到了236／114，尿糖仍是四個加號。在飯廳床上量血壓時，劉某勸他坦白交待，低頭認罪，他「頑固猖狂」地講：「我過不了這一關，快死了，鬪死算了。我顧不得別人

1 王炯華：《李達評傳》，北京：人民出版社，二〇〇四，第四八一頁。

了。死了拉倒，後代也不管啦。」量完血壓，他回書房又怒氣沖沖地說：「叫我回鄉，帶回去鬪，我不去，要帶就帶死的回去，我就死在這裏。」

石曼華想到風燭殘年的李達肯定逃不過這次劫難，沒有工作的她為自己與才四歲的抱養女兒未來無所寄託的生活擔心害怕，整天在家痛哭流涕。目睹此景，李達愁腸寸斷。他可以一走了之，可他還年輕的妻子，他還沒有上學的孩子，怎麼辦？走投無路的李達，只好抱著一線希望，向毛澤東求援。但他的一舉一動都在嚴密的監控之中，李達清楚這封信要突破武漢大學與湖北省委的封鎖，送到毛澤東手中，極其困難。

李達拉著夫人石曼華的手說：「你去東湖，給毛主席送封信，救我一命。」夫人說：「我出去買菜都有人跟著，我怎麼去得了啊。」隨後劉某進來，李達對他說：「你幫我一次忙，不知肯不肯，就幫這一次忙。」劉某問：「什麼事？」李達說：「我血壓這麼高，隨時都可能腦溢血，今天氣喘病又發作，這是心力衰竭的徵兆。我七十六歲了，死了算啦，你幫我一個忙，救一條命，毛主席在武漢，給我送封信到毛主席那裏去。毛主席住在東湖賓館，內有冷氣設備，你去找。」隨即，他用毛筆親筆寫了一封信。信封上寫：「送呈毛主席　武漢大學李達」。信紙上寫：「主席：請救我一命！我寫有坦白書，請向武大教育革命工作隊取閱為感。此致最高的敬禮！李達七月十九日」。[1]

李達根本不知道，他的秘書劉長森拿著他寫給毛澤東的救命信直奔武大工作隊所在地，交給了黨委書記莊果，莊果拆開信件看完後扣壓了此信。

毛澤東從武漢回到北京後，矛頭直指劉少奇派往各高校的工作組，指責其阻礙了運動，轉移了批判黨內當權派的方向。他說：「文化大革命，批判資產階級思想權威，陸平有多大鬪頭？李達有多大鬪頭？翦

1 湘人：《文革中的李達與王任重》，《炎黃春秋》，二〇〇六年第一〇期。

伯贊出那麼多書，你能鬪了他？」聽到此資訊，七月下旬，工作隊陸舒端害怕承擔「扣壓偉大領袖毛主席信件」的責任，才讓其秘書將此信以機要件郵寄北京。

在不間歇的殘酷折磨下，李達的身體越來越糟糕。胃（病）出血不止，糖尿病惡化，手顫抖得嚇人，進食困難，每天僅靠少量的稀粥維持生命，身體骨瘦如柴。家人看到李達不行了，要求去醫院治療，但被拒絕。李達非常痛苦地對看守說：「我們共產黨人和解放軍就是對待俘虜，也是有病治病，病好後送回原地，可現在就是把我當作敵人，當作你們的俘虜，也要給我治病呀！」過了幾天，家人看到李達時有昏迷，要求自費去醫院，但仍然被拒絕。

李達的信輾轉送到毛澤東手裏，已經是八月十日，毛澤東看到了一張條子：「李達（武漢大學）要求主席救他一命。」毛澤東當即就用他那特製的粗紅鉛筆作批：「陶鑄閱後，轉任重同志酌處。」同日，陶鑄照批照轉：「即送任重同志」。而在之前的八月一日，時任中央常務書記的陶鑄已經批復中共湖北省委關於將李達永遠開除黨籍、戴地主分子帽子、遣送原籍交貧下中農臨監督改造決定的報告。

李達不清楚他的信是否送到了毛澤東手中，也不知道毛澤東已對他做出了保命的批示。對他有利的一丁點資訊都全被打包封鎖。處境更艱難的情況下，李達對毛澤東產生了巨大失望，他的病情愈來愈重，八月上旬，他感到極度虛弱。多次請求自費住院檢查、治療，讓他活到運動結束以後再死。十三日凌晨5時，石曼華聽到一陣響動，她跑進臥室一看，李達仰臥在地，臉色蒼白，口吐鮮血，噴濺到牆上。上午9時，衛生科醫生來探視，診斷可能是胃出血，血壓也陡降為90／50，隨時有發生休克的危險，建議立即送醫院治療，卻遭到工作隊拒絕。

八月十六日晚，武漢大學和水利電力學院舉行師生三萬人大會，因毛澤東對劉少奇派工作組的嚴厲批評，省長張體學發表講話，不得不對李達「網開一面」：

今天下午，我問你們學校文化革命代表大會的主席團：李達這個老古董、老而不死的老傢伙，鬪臭了沒有？他們說：鬪臭了。我問：還鬪不鬪？他們說：還要鬪。我說：老鬪也不行。文化革命有三大任務，一鬪二批三改嘛！對老古董，鬪完了，就把他保存起來，搞個黑幫博物館，把他當個反面教員，放在博物館裏展覽。

你們批評我，上次到武大來喊過李老。你們批評得對，批評得好。那時候李達的問題還沒有完全揭出來，性質還沒有肯定，所以我留了幾分餘地。但是，當時可以喊李老，也可以不喊。今天，我就不喊李老了。我喊的是老而不死的老傢伙。這說明我接受批評了，改正錯誤了。不過，今天我的講話，可能又要犯錯誤。我建議，把李達弄到哲學系鬪一次，其他系就不鬪了，把他保管起來，把他的材料發給大家，背靠背地批判。李達不僅在湖北臭了，在湖南也臭了。給他戴上地主分子的帽子，開除他的黨籍，罷官罷到底，把秘書，警衛員，統統給他取消掉。給不給飯吃？政治上要嚴，生活待遇可以寬一些，還是給飯吃，給房子住。

不能老鬪。「三家村」一人鬪一個月，就要鬪三個月，太久了。三大任務，一個任務三個月，就得九個月。明年還上不上課？而且，小學畢業的要升中學，中學畢業的要升大學，你們該畢業的不走，別人就不能升學了。希望你們響應黨中央的號召，搞六個月就夠了。

除了這三條，你們怎麼搞都行。三個月搞完也行，兩個月搞完也行，只要把走資本主義道路的當權派搞臭了，就可以轉到下一步。李達已經臭了，再搞就沒有意思了，可以轉入鬪爭其他走資本主義道路的當權派，然後轉入二批、三改。真正抓緊搞，再用三、四個月可能搞完。搞完了就放假，大家回家去看母親。你們看，真是有人想回家。希望你們提前勝利地搞完文化大革命運動，然後復課。[1]

這變幻無常的政治風雲，李達因消息閉塞，他根本不瞭解。八月十七日，他囑咐妻子：「我如死去，請轉告（陶）德麟同志，我唯一的懇求，就是希望他們一定要把《馬克思主義哲學大綱》下卷編出來，上卷改好，幫我完成毛主席交給我的任務。」十九日晨，李達高燒39.4℃，又從床上摔下，監視人員仍漠然置之。到二十日才來一位護士打針。她發現李達小便帶血，大小便都拉在床上。她要去向醫生反映情況，也被制止。

二十二日，李達已奄奄一息了，工作隊才叫劉長森等人送他去武漢醫學院附屬第二醫院，但不允許夫人石曼華陪同。李達有氣無力、斷斷續續地對夫人說：「他們不讓你今天去，你好好帶嫒嫒，明天來看我。」於是，李達以「李三」的侮辱性名字（「李達」「三家村」意）住進普通病房（按行政級別，當住高幹病房）。這時的李達處於半昏迷狀態，已難以輸液。當局不准家屬探視，斷醫停藥。在醫院三天，李達粒飯未嘗，石曼華托人捎帶些牛奶，也不被允許。

八月二十四日，李達心臟停止了跳動，他死前的一百〇四天是最屈辱的一百〇四天，他被批被鬥被監控被誣陷，喪失人身自由，得不到正常的治療，過著生不如死的生活。

人生大幕拉上前，李達心痛如錐，他最平凡的願望——見自己的妻子最後一面，看尚不懂事的女兒最後一眼，卻被「組織」斷然地阻擋著無法實現。他回想自己人生的最終結局，想到自己大起大落的人生，

[1] 一九六六・八・二六中共湖北省委文化革命小組辦公室編《文化革命動態》第三六期，載於宋永毅主編之《中國文化大革命文庫》光碟，二〇〇六。

是多麼荒誕與可悲。攤上這一切，是造化弄人還是自己搬起石頭砸了自己的腳？這些天問，他無力回答。

他是帶著萬分的痛苦、無奈、憤怒、困惑、遺憾、冤屈給自己那曾經大紅大紫過又大落大悲的人生劃上句號。他含恨而去，他死不瞑目。

八月二十五日，李達屍體即被火化。當晚，武漢大學召開全校師生員工大會，「憤怒聲討地主分子李達」，宣佈中共中央批復的湖北省委關於開除李達黨籍、戴地主分子帽子的處分決定。李達夫人石曼華則被作為「地主婆」掃地出門，李達的存款被凍結，李達的家當被封存。她住進一間低矮、簡陋、陰暗、潮濕的平房，開始靠拉板車每天一元的臨時工收入維持自己與年幼女兒的生活，並且還經常受到居委會的批鬥。[1]

一九六六年九月五日《人民日報》以「李達的叛徒嘴臉」、「民族敗類，反共老手」、「李達剝削農民的十大罪狀」、「打倒李達這個土皇帝」、「貧下中農的死對頭」這樣的詞句繼續侮蔑這位已見了閻王的共產黨創始人。

讓李達絕對料想不到的是，其死後才四個來月，排名第四的政治局常委陶鑄就被打倒，陷入與他相同的萬劫不復的命運；榮升中央文革小組副組長的王任重也在一九六六年十二月二十五日失去行動自由，被當成敵人對待，批其「反對毛主席」。一九六七年春，武漢大學部分群眾組織開始公開為李達「三家村」翻案。這年夏天，「王任重盤問會」在武漢大學外文系會議室進行，懾於群眾的壓力，王不得不交待李達案件的一些內幕。其後王任重身系冤獄近八年，家人受牽連。

據說，王任重在自己生命的最後時日，終於說到他這一生有兩個人對不住：一個是李達，一個是張體

1 王炯華：《李達評傳》，北京：人民出版社，二〇〇四，第四八九頁。

學。[1]

一九六七年八月二十四日，為李達「三家村」翻案的二千多名師生員工在武漢大學小操場隆重舉行「李達同志遇害逝世一周年追悼大會」。為李達補發了訃告，補送了花圈，補行了三鞠躬，補致了悼詞。追悼大會由哲學系學生王炯華主持，武大「三家村」、「大老闆」何定華，「三家村」、「黑幫分子」余志宏分別講話。

李達死後三十多年，根據中組部的指示，骨灰才從湖北九峰山公墓移置北京八寶山革命公墓。

1 野莽：《劉道玉傳：一個人與武漢大學的歷史傳奇》，北京：華文出版社，二〇一三，第一二四頁。

死於學生之手的西安交通大學校長——彭康

文革期間被迫害的大學校長很多，被迫害致死的大學校長有限——他們的死亡雖有學生的「功勞」，但「貢獻」最大的還是一些地方決策者。唯有西安交大例外，其校長彭康去見馬克思，要更多「歸功」於該校的學生。

西安交通大學同北京大學、南京大學、鄭州大學是全國最早造反的四所高校，與其他三所不同的是，它是一所理工科大學，沒有文科學生的西安交大卻衝在造反的前列，讓人有些不可思議；一九六七到一九六八年北大、清華、南京大學等諸多大學的造反派分成水火不容的兩派時，交大的造反派卻沒有陷入內鬪，全校也無人在校外武鬪中喪生，但卻是這所學校的學生，把自己的老校長摧殘致死。

匆忙上馬的交大西遷

一九五三年七月，彭康來到上海出任交通大學的一把手，此時西安交大尚未出生。其後幾年，上海交大「生」出了西安交大，這兩所名校既血肉相連，可又因在「生」的過程中曲折反復，至今還面臨著誰是正統的口水戰。

「勤勞樸實的兄長帶了家族的族譜和大部分資產響應政府號召開發西北，貪圖享受的小兒子死抱著祖屋和少部分財產賴在了繁華的上海。後來正式分了家，分別發展到了現在。大兒子艱苦奮鬪，過的不大如意，而小兒子則守著金山富的流油。所以不惜厚著臉皮，連族譜都沒有就敢聲稱自己才是正宗，給人感覺的確有點過分。」[1]

面對兩所名校擁躉的正統之爭，作為分家當事人的彭康地下有知，該做如何裁決呢。筆者在此只能綜合各方資料做些陳述。

二十世紀五〇年代初，新政權對各高校進行重新「洗牌」，私立大學、教會大學（如江南大學、燕京大學、聖約翰大學、東吳大學等）都被吊銷了「營業執照」，公立大學則全部打亂，在院系調整的名義下進行「行業重組」，上海交通大學這所名校原有工、理、商三個學院，其商學院被取消，併入復旦大學、上海財經大學；化工專業也被並到華東理工大學……彭康一九五三年七月上任時，交大已經成為一所理工科院校，但折騰並沒有結束，各種校際之間的專業「微調」仍在持續。

與其他大學的命運有差異的是，上海交大一九五五年被中央相中，要求其整體搬遷到西安。當時西安與上海相比，生活條件有天壤之別，由落後地區遷到發達地區易，由發達地區遷到落後地區難。諸多老師「移民」後將面臨著家屬的工作安排、老人的生活照顧等諸多不便。交大已「紮根」上海快六十載，其與當地的經濟、社會有著千絲萬縷的聯繫，現在把其遷到一千公里之外的西安，這種「移植」是否妥當，不

---

[1] qiangtc：《關於西安交大和上海交大的關係》，http://qiangtc.blog.hexun.com/77046953_d.html，二〇一二年十一月。

少人心存疑慮。

交大西遷是一個巨大的工程，其不僅涉及師生的思想工作，也涉及新校區的選址、建設，師生的安排，設備的搬運等諸多事項，作為校長的彭康任務艱巨。

四月中旬，彭康校長派總務長任夢林、基建科科長王則茂先到高教部接受任務，然後前往西安選擇校址；五月中旬，彭康校長電請朱物華、程孝剛、周志宏、鍾兆琳、朱麟五等著名教授、系主任來西安共同查看、商議並選定校址；五月下旬，通過了《交通大學校務委員會關於遷校問題的決定》：「一、國務院決定我校遷往西安，並在兩年內基本上完成遷校任務。二、我們必須動員全體師生員工正確地接受國務院的這個決定，要有全域觀點和克服困難的精神，充分發揮在工作中的積極性和主動性，為順利完成遷校任務而努力。三、決定：一九五五年和一九五六年入學班級以及該等班級的教師和相當的職工，於一九五六學年度起在西安新址進行教學；其餘的師生員工，於一九五七年暑假前基本上完成搬遷任務。」[1]

稍後，西安新校區在古老城牆外的千畝麥田裏破土動工。十月，西安新校園首批教職員宿舍也開始建設。

一九五六年七、八兩月，一、二年級學生三千九百〇六人、教師兩百四十三人、職工五百七十二人、家屬一千兩百人登上上海鐵路局開出的交大支援大西北的特殊專列，奔赴西安。此時的交大分屬兩塊，部分教職工與低年級學生在西安，高年級學生與部分教職工還在上海，他們原計劃在一九五七年夏也搬到西安。但整體搬遷的方案卻因形勢的變化未能實現。

一九五六年第一批來到西安的師生，發現剛剛竣工的校園電燈不亮（電壓低）、電話不靈（信號

1《交通大學校務委員會關於遷校問題的決定》，《交大》第四五期，一九五五年六月十一日。

差）、道路不平（泥濘不堪），困難大大超過了大家的心理預期。

西遷工作啟動後，國內和國際形勢產生變化。一九五六年九月毛澤東提出「論十大關係」，認為應當充分利用沿海工業基地。次年四月中旬上海、西安兩地師生分別聽取中共中央宣傳工作會議和毛澤東主席在最高國務會議上〈關於正確處理人民內部矛盾的問題〉的講話精神傳達。和全國一樣，交大開始「大鳴大放」。在展開的鳴放大潮中，對交大西遷問題師生貼出大字報幾萬張，部分人認為過去的宣傳工作存在極大片面性，只講遷校的好處，壞處隻字不提。

四月十五日校黨委擴大會議要求對群眾「放」出來的意見組織專門小組進行研究。校常委會決定成立五人小組，成員是：陳大燮、鄭家俊、程孝剛、鍾兆琳、鄧旭初。

四月二十日，歷時一周的交大（上海校區）工會會員代表大會在文治禮堂召開，原計劃要動員全校掀起遷校工作的熱潮。但會上對於遷校問題意見分歧很大，各代表發表意見，闡述遷校利弊，進行激烈討論。一部分發言的代表認為應該繼續實施遷校工作，但多數代表並不贊成遷校。但是代表們也認識到，一部分人員和物資早已轉移，如果現在撤回，不僅浪費資源，還不好向西北人民交代。

大會爭執很激烈，作為校長的彭康此時進退維穀，一方面是上級作為政治任務的搬遷要求，另一方面則是大多數師生的反對搬遷，會上他既「駁斥了那種『黨員開會影響討論便是不民主』和『工會的意見就是最後決定』等謬論，同時也作了這樣的自我批評：『學校黨委接受高教部的決定後，沒有及時向群眾說明為什麼要遷校的道理，沒有及時發動群眾充分討論，使之明白遷校的意義和作用，這是領導的責任。』」[1]

彭康考慮到問題的複雜性後，請示了高等教育部部長楊秀峰，決定在全校師生和員工之中展開討論，聽取

1 彭康：《遷校問題的回憶》，一九六七年。

意見。四月二十一日校黨委的擴大會議上，彭康傳達了楊秀峰的電話內容，提出對遷校問題也歡迎「鳴放」。

五月六至八日校務委員會擴大會議討論五人小組提出的方案。交大（西安校區）四位教師代表和高教部劉皚風副部長也到上海出席會議。五人小組提出：全部遷回上海、全部遷西安、在西安設分校、在上海設分校和現有的交大、航院、南洋、西動四校統籌在上海、西安設兩校五個方案。與會人員大部分不同意遷校。

七日交大（西安校區）分黨委召開師生座談會，就遷校問題展開「爭鳴」。九日交大（西安校區）的學生貼出大字報說，西安動力學院要與交大已來西安的部分合併，仍留上海的部分不遷，致使西安校區不少學生情緒激動。「晚飯後，他們開始聚眾鬧事，敲鑼打鼓，鳴放鞭炮，一直鬧到深夜。」[1]蘇莊副校長陪同陝西省、西安市領導同志到現場做廣播講話解釋，無濟於事。十日交大（西安校區）召開第十屆二次學代會，大多數學生代表發言認為遷校不正確。

十四日校務委員會擴大會議第二次討論遷校方案。五月中、上旬在鳴放中許多師生認為交大以不遷為宜，反對設立新校和分校，反對交大分裂。

十八日彭康在校務委員會擴大會議上提出綜合大多數人的意見：（一）根據情況的變化，現在大家認為以不遷為宜，同時西安部分有步驟地遷回；（二）高教部如果認為需在西安設一多科性工業大學，交大可進行支援。這些意見最後還需由國務院決定。

十九日根據高教部通知，國務院為解決這個問題，要上海西安各派幾個代表去。校委會選派彭康、陳大燮、沈三多、林海明赴北京反映和討論遷校問題。同時，西安師生員工推選殷大鈞、朱榮年和職工、學

1 朱正：《反右派鬭爭全史》（上），臺北：秀威資訊科技，二〇一三，第四四〇頁。

生代表去京向彭康彙報。上海方面在去北京前，開了一個校委會，會上多數人不贊成遷，只有幾個幹部和學生代表贊成遷校。最後，彭康總結說，「會上大多數不贊成遷校，但作為校長，我保留我的意見（即一直主張遷校的意見），並保留發言權。」[1]

彭康以後回憶說：「到北京後，在國務院開會以前，除在高教部開些小會外，周恩來總理還找我們談了兩次話。一次是楊秀峰、我和蘇莊以及其他幾個黨內幹部（在座）；再一次是兩校的代表（在座），我們也參加了。第一次是聽取彙報，並詢問來的代表的政治態度（按左、中、右分），問到沈三多，我們回答說，沈三多是右派（筆者注，那時雖未反右，但把教師都內分為左中右）；第二次是聽取兩校代表的意見。最後國務院開會，周總理主持，除高教部楊秀峰、劉皚風外，國務院各個工業部的部長都參加，康老（指康生）也參加了。」

六月四日在國務院會議上，周恩來講話，「西北過去是落後的，但將來會成為我國建設的鞏固的後方，我們的烏拉爾。因為那裏有豐富的資源……上海基礎厚、發展快，有責任去支援內地，這是很自然的；上海高級知識份子多，技術條件先進，因此，從上海多調動，使全國均衡發展。加上沿海國防形勢緊張，交通大學遷校西安是必要的。」雖然周恩來的觀點很明確，他還提出三個方案由交大師生再次討論後報高教部決定：一、全遷；二、分設兩地——上海部分和西安部分，校名統一，同時上海方面把造船學院合起來，造船學院的校名仍保留，但領導統一；三、不遷。

會後，高教部楊秀峰部長即到上海，副部長劉皚風來西安分頭做工作。當時的方針是爭取第一個方案，保證第二個方案。在上海的時候，彭康隨時向楊部長彙報請示，也和西安聯繫。

六月十五日交大（上海校區）舉行全校師生大會。楊秀峰作關於遷校若干問題的報告。二十日彭康在

[1] 彭康：《遷校問題的回憶》，一九六七年。

交大（上海校區）全體教職工大會上講了遷校的幾個基本觀點後表示：我個人認為如果大家同意，還是採取總理提出的第一個方案：「堅持搬西安好」。二十二日上海市委就交大遷校問題召開全市十七個單位原工程技術人員座談會，一致贊成交大全部遷往西安。

因交大師生反對遷校的聲音比較強，中國科學院院長郭沫若與交大校友、著名科學家錢學森也被有關方面請來做說服工作，二十六日錢學森致函交大，希望交大師生接受黨的決定。郭沫若在信中也希望交大全部西遷：

「我覺得交大遷到西安，對國家的建設事業和科學發展事業都會有好處。從長遠利益和全域觀點看，似乎西遷比留在上海更好。當然這是一件不尋常的事。它所帶來的困難，對一部分的師友，可能還很大。這些痛苦，我個人是能夠體會的。如果可能，我們就以上火線的精神或拓荒者的精神，克服這些痛苦，投向火熱的建設陣地吧。」

不知哪方面的因素，中央退了一步，改變了交大整體搬遷的原有計劃，調整為「一個學校，分設西安、上海兩部分」的新方案。二十八日楊秀峰部長在校黨委擴大會議上傳達了新方案。

二十九至三十日校務委員會擴大會議邀請一百多名師生代表參加，經過討論絕大多數同意解決遷校問題的新方案：交大分設上海、西安兩地，兩部分為一個系統，統一領導。並對兩地專業設置提出安排意見。七月三日楊秀峰部長召集交大及南洋工學院負責人舉行會議，商談兩校合併問題。四日校務委員會擴大會議一致通過遷校新方案。五日彭康在上海舉行的師生員工大會上，闡明了新方案的意義，並指出了這次討論遷校問題的主要收穫，號召大家團結一致實現這個方案。六日彭康校長及任夢林、張鴻、黃席椿、鄭家俊、鍾兆琳、嚴晙、朱麟五、張景賢、陳學俊、徐桂芳等十二人飛抵西安，與西安部分師生員工一起討論貫徹遷校新方案。九日彭康向交大（西安校區）師生員工大會傳達遷校新方案及其意義。十日西安市委召開交大遷校座談會，楊秀峰部長、彭康校長介紹了情況，與會發言者一致贊同新方案。

七月二十九日，交大將新方案呈交高教部，希望兩地辦學一個體系，統一領導，分別辦學，統籌專業設置。西安部分設置二十一個專業，上海部分設置十四個專業，並對職工、學生、圖書、設備等做了重新安排。分校後，兩地又對一些專業設置進行了調整，兩地交大又分別合併了一些學校。

三十一日交大（西安校區）與西安動力學院、西北工學院、西北農學院組成「四校合作委員會」，彭康任主任委員。四校合作委員會舉行首次會議，楊秀峰部長到會講話。西安動力學院全部，西北工學院的採礦、紡織兩系，西北農學院的水利系和交大合併。

西安部分並校工作完成後共形成十一個系二十三個專業，上海部分並校工作完成後共形成六個系十九個專業。

八月五日彭康校長向交大（上海校區）師生員工作報告，闡明新方案的意義，指出遷校問題討論過程中的收穫和不足之處。

右派在反遷校中批量生產

在反對遷校呼聲強勁時，反右運動發生了，所有大學都分配到了右派指標，都有人因言獲罪。

在上級的佈置下，一九五七年七月十日校黨委召開擴大會議，對反右鬬爭的學習作了專門討論和安排。二十二日召開了反右鬬爭動員大會，接著校黨委召開黨員大會，各系也陸續召開大會，對黨內外「右派分子」進行揭發批判。八月上旬，兩地交大繼續開展「反右派」鬥爭。十二日舉行全校教職工「反右派」鬥爭小結大會。整個暑假學校氣氛高度緊張。

本來被歸為人民內部矛盾的遷校之爭，隨著反右鬥爭的開展，一些過去反對遷校的聲音被收集為反革命言論，一些發表過反對遷校看法的人被劃為右派遭到迫害。「其中包括在北京當面向周恩來反映情況的沈三多，動力機械系工會部門委員會主任委員袁軼群，共產黨員楊為民、潘震滄，以及學生李其家、陸友全、宗慕渝等人。」[1]

「反對遷校不一定都是壞的，有的是看法、認識不同及有個人主義，但有少數人利用討論遷校問題興風作浪，反對領導，煽動鬧事，這就是右派分子。開始討論時尚未看出，特別在工會會員大會快結束時，校委會討論已看出不單純是反對遷校問題，而是反對領導，反對院系調整和教學改革。這樣使我們的隊伍經過一次整頓，反出右派，提高群眾覺悟，辯明大是大非，氣象為之一新。現在全校反出了三百四十一個右派分子，占總數五・一％，其中學生兩百六十八人，占五・三％，右派小集團十六個，教師右派分子四十一人，占〇・五％，職員二十八人，占三・八％，研究生四個，占七・四％。說明我們隊伍中有右派，經過擺事實，講道理，右派分子不得不低頭認罪。」一九五八年三月，彭康在《黨委工作報告》這樣總結。

吊詭的是，彭康把一些反對遷校的人打入另冊，九年後文革爆發，遷校期間他聽取不遷意見的作為受到造反派的清算，視為反黨罪行。

與全國大環境一樣，一九五八年交大也捲入了全民大煉鋼鐵的運動之中。一九五八年九月四日《交大》第二〇三期刊登消息說：〈年內煉鋼兩千噸，機械、冶金系全力以赴為鋼而戰，昨晚躍進大會上群情

1 朱正：《反右派鬥爭全史》（上），臺北：秀威資訊科技，二〇一三，第四四一頁。

激昂鬥志煥發，「十一」前煉鋼一千噸向國慶獻禮〉。可要完成這個高指標，並非易事。

十月十五日，彭康召開黨委（西安部分）緊急會議，為確保鋼帥迅速升帳，制定了大搞群眾運動的八項措施：①大搞群眾煉鋼運動，必須保證國家分配給我校的今年煉鋼任務按期超額完成。②煉鋼方法，土洋並舉。③大家動手，全校煉鋼。④組織一條龍的生產，根據相近似的專業和已有的生產經驗，各系按工種分工，組織全校的大協作。⑤責成有關部門負責專門供應材料和運輸工作。⑥一切為鋼，各項工作必須為鋼帥讓路。⑦成立全校鋼鐵指揮部，彭康校長任總指揮。⑧規定星期天上午辦公、下午休息，機關行政部門在休息時必須有人值班，必須做到解決問題及時。當晚，舉行全校（西安部分）首屆黨員大會，黨委第一書記彭康就這次大會的任務、鋼鐵生產問題作了報告。

十月二十五日《交大》第二一八期發表〈各單位鋼產統計〉：「根據本日上午10時前送至校鋼鐵指揮部的數字統計結果是：機械系五一三二・九公斤，動力系三八九九・五公斤，電機系二四五二・六公斤，無線電系一六六七・四公斤，工程物理系七六五五公斤，水利系五七五五公斤，紡織系三八〇・六公斤，教務部門一〇九七・八公斤，機關部門一七〇七・七六公斤。」累計不到十八噸。儘管全校師生常常通宵達旦地煉鋼，儘管彭康這位總指揮忙得天昏地暗，結果還是差得太遠。對這場勞民傷財的大躍進，彭康做如何感想尚不得知。

一九五八交大（西安部分）招收新生兩千〇一十人，在校學生八千八百七十七人（研究生十四人），有教職工兩千三百二十三人，其中教師一千〇一十九人，有教授五十七人，副教授四十一人。交大西安、上海兩部分共有教師一千〇六十五人，其中教授一百〇一人，副教授六十四人。[1]作為一校之長的彭康，

1 淩安穀主編：《西安交通大學大事記》，西安：西安交通大學出版社，二〇〇四，第一八五頁。

經常奔走於西安與上海之間。在大躍進期間，高校下放，西安交大歸陝西省管，上海交大為上海市領導，條塊分割使交大的管理變得困難重重。

無奈之下，只得讓兩者「分家」獨立。一九五九年六月二日，教育部向國務院發去報告，認為交通大學上海部分和西安部分都有較大規模，但是距離較遠，不便統一管理，而且兩校都已經確立為全國重點學校，故擬將交大上海以及西安兩個部分獨立成為兩個學校，上海部分改稱上海交通大學，西安部分改稱西安交通大學。原交通大學校長彭康改任西安交通大學校長，上海交通大學校長則另由中央委派。並要求新西安交大在師資等方面給予新上海交大適當支援。關於教學設備的分配，現在西安及已經確定調往西安的屬於西安交通大學，原在上海以及後來確定留在上海的屬於上海交通大學。兩校應保持密切合作、相互支援，以期共同提高。

據統計，一九六〇年末西安交大在校學生六千九百七十八人。全校有教職工兩千七百八十七人，其中專任教師一千兩百四十八人（含教授二十二人，副教授六十人）。高級職稱留在上海的是多數，年輕教師留在上海的較少。

交大西遷讓交大一分為二，變出兩所名校：上海交大與西安交大，這增加了教育的ＧＤＰ，推動了西部教育的發展。一分為二能實現，得力於反對派與決策者的博弈，沒有反對派的呼喊，交大將會整體搬遷；沒有決策者的讓步，交大也還要整體搬遷。

交大西遷一波三折，處在漩渦中心的校長彭康殫精竭慮，可這項決策的「論證」很不充分，政治性太強學術性太弱，基本上是政府行為，其對師生的解釋說服也很不夠，加之搬遷時間過緊，前期建設未能到位，導致鳴放期間，群情鼎沸反對搬遷。交大西遷的決策，「孕期」太短，帶來了後遺症。

交大西遷，對國家一盤棋有利，但確實給許多教職員工帶來了負面影響。受左傾思潮的影響，彭康也把這些反對意見上綱上線，打成右派言論，傷害了部分師生。

西安交大與上海交大是「雙胞胎」，一母所生，他們應當手足情深，爭正宗爭老大，顯得格局太小。

擔任西安交大校長的彭康，住在校園內一村家屬院路邊的一座樓上，靠西邊的頭一個單元一層到五層都由他使用。一層是司機、廚工和清潔工休息的地方。二層有廚房和餐廳，還有會客的場所。三層是他和他家人的居室。四層、五層是他的書房和會議室。

跟不上加速的極左戰車

作為學校的黨政主要領導負責人，彭康「在一段時期內，對於針對知識份子的批判運動，不可能不去執行。但對某些粗暴過火的做法，曾明確反對制止。他反復強調『對人的處理應持慎重態度』，涉及到對人的組織處理，他總要親自過問，注意與人為善。他在領導學校工作中，力求處理好黨與知識份子的關係，在一定程度上緩解或淡化了左傾思潮和政策對校內的衝擊，使學校在動盪中保持相對穩定，在批判中有所保護，在鬪爭中少傷些人。而在全黨總結經驗，調整政策時，他都全力以赴，積極糾正錯誤，推動知識份子政策的落實。在當時特定的歷史條件下，這已是頗費苦心和難能可貴了。」[1]

同當年許多高級幹部一類，彭康身上兼具黨性與人性的人格張力，這種張力在他身上表現得更充分，畢竟他喝過多年的「洋墨水」，受過較正規的學校教育。

一九一九年夏，十八歲的彭康從江西萍鄉中學畢業，由本族祠堂資助，赴日本留學。二十三歲時他考

1 淩雨軒：《回首滄桑思不盡——交大工作三十年追憶》，西安：西安交通大學出版社，一九九五，第一三一頁。

上日本著名學府京都帝國大學，學習哲學，享有公費支持。一九二七年十一月，彭康修完京都大學哲學系全部課程並參加考試，因受進步思想影響，放棄學位和畢業證書，懷著革命的熱情，與李初梨、朱鏡我、李鐵聲等毅然返回中國。在上海加入創造社，成為創造社後期骨幹。彭康在日本留學八個寒暑，精通日語、英語、德語，曾翻譯多本著作。當時在黨內，他這種受過國外名牌大學正規教育的幹部並不多，這種教育背景，使他對極左路線，對過熱的階級鬥爭有些格格不入。

一九六三——一九六五年間，「在多次黨內會議和上黨課時，彭康聯繫自己在黨內生活的經歷，講到幾次左傾路線的嚴重危害，批評了當時流行的『左比右好』，『右是立場問題，左是方法問題』等錯誤觀點。講到緊要之處，常流露出切膚之痛和憂憤之情。當時已是左的口號和過火的批判再次興起，曾有人私議：彭康在此時大談反左，不知是何用意？二是對林彪等人宣揚的『政治可以衝擊一切』、『毛主席語錄進課堂』等，作出不同解釋，有所保留。對於政治與業務、紅與專的關係，在校內不同場合，堅持宣傳以紅帶專、紅專結合的觀點；政治要掛帥，但不能落空，學校師生要落實到教好學好上。對於當時被廣泛宣傳和推行的『毛主席語錄進課堂』，學校未作推廣。彭康提出只能要求毛澤東思想進課堂，即以馬列主義、毛澤東思想的立場、觀點、方法貫穿於教學內容和方法中，不應硬性在課堂中搬用語錄。」[1]這在強調階級鬥爭年年講月月講天天講的大氣候下，彭康的逆流而上讓當地高級幹部中的一些左派很感冒。

一九六四年底四清運動推進到城市。當時西北局和陝西省委多次派員來交大調查瞭解，掌握動態。「至今雖無法知道他們對交大情況形成的材料和觀點，但那時及其後在校內外已盛傳交大『階級陣營很複雜』，有的基層單位是『小臺灣』、『小香港』，後來發展到認定『交大有一條又黑又粗的黑線』，如此

1 淩雨軒：《回首滄桑思不盡——交大工作三十年追憶》，西安：西安交通大學出版社，一九九五，第一四二——一四三頁。

等等，為交大將成為『四清』重點作了輿論準備。」[1]

一九六四年九到十一月，陝西省委宣傳部主持召開陝西地區高等學校政治理論課會議，會上西安交大黨委常委兼馬列教研室主任凌雨軒受到重點批判。其一九五六年寫作出版的《反對個人崇拜》的小冊子，被指為「宣傳赫魯雪夫修正主義」、「反對毛澤東思想」。

當學校黨委根據上級指示要凌雨軒在黨委內部對《反對個人崇拜》一書作檢查時，彭康曾對凌雨軒作過批評和幫助，他發言的基調認為寫這本書是「認識性的政治錯誤」。但後來黨委上報材料還是寫成「不僅是認識的錯誤，也是政治性的錯誤」。以後受到連續批判時，凌雨軒曾帶著種種困惑向彭康反映自己的一些想法，他沉思良久而一語道破：「你根本就不應該寫這個題目」。彭康解釋說，個人崇拜問題，根本上就不是什麼理論問題，而是政治上極敏感的問題，有人說它是理論上的禁區，這不無道理。糾纏於理論上的辯解是徒勞的，因為批判者要追求的是政治背景和政治目的，而不是什麼理論上是否符合馬列主義原理。彭康這一番話使凌雨軒恍然大悟。

陝西省舉行會議對凌雨軒作典型批判時，有一次會議的主持者特邀彭康到會聽凌雨軒的檢查和別人的揭發批判，最後要他表態。彭康只得說要凌雨軒認真檢查，深刻認識錯誤，交大黨委重視和幫助不夠這類的話。會後有一次凌雨軒去他辦公室申訴自己的不平，「他卻迸出了我沒料到的一句話：『你認為他們只是為了整你嗎？』」[2]在官場摸爬多年，也經歷過抗日戰爭期間搶救運動的彭康，意識到了陝西省委揪住凌雨軒這位交大黨委常委大做文章，是項莊舞劍。可對此，他既無招架之功更無還手之力，此時無助的

---

1 凌雨軒：《回首滄桑思不盡——交大工作三十年追憶》，西安：西安交通大學出版社，一九九五，第一四九頁。

2 凌雨軒：《回首滄桑思不盡——交大工作三十年追憶》，西安：西安交通大學出版社，一九九五，第一五〇——一五一頁。

他，感覺到把交大遷到西安，是自投羅網的開始。如果留在上海，留在自己的老根據地華東局，他不會陷入如此困境。

一九六五年十月三十一日，中共中央決定霍士廉任陝西省委第一書記，免去胡耀邦陝西省委第一書記職務。胡耀邦這個「外來戶」在陝西因反對四清運動的極左做法被劉瀾濤掌控的西北局整得「狼狽不堪」，幸得貴人相助才逃離險境，胡在陝西的時間不足一年。彭康對胡耀邦很有好感，胡到陝西就職才兩個月——一九六五年一月二十四日就應邀來到交大，給全校師生作了四個小時的報告，受到廣泛的好評。其離開時，大批師生擁至車前，向他鼓掌致意，依依惜別。胡耀邦在陝西的際遇以及他到交大的演講足以使彭康這位老幹部對西北官場的險惡，對自己的處境有了更加不祥的預感。

陝西高層對彭康為何有如此深的成見，筆者知之甚少，有人這樣分析：「交大校長彭康是六級幹部，陝西最大的領導西北局的劉瀾濤不過六級，地方上沒人能管得了交大。文化革命前開始的省委整交大的凌雨軒先生其實包含著文化上的深層差異。文革中，其他高校為一派，唯交大為一派，分為西派東派，我一直認為這裏肯定包含著文化上的深層衝突。」[1]

一九六六年四月六日，是西安交大建校七十周年暨遷校十周年，校慶活動的重頭戲是校慶展覽，展覽分三個部分，即「解放前舊交大；人民交大誕生；遷校十年」——「西遷十年來，我校共畢業大學生九千九百一十九名，而解放前舊交大五十三年間總共才畢業了五千〇四十四名大學生。綜合電機廠一九四九年僅有二十六台設備，十一個工人，現在有三百〇五台設備，兩百九十八個工人，能夠生產車床、多沖機、銑床和儀器設備等。……十年來，實驗室數目增長3.4倍。……科研館裏展出了我校幾年來科

1 呂曉寧：《西安的移民：回不去家鄉啦！》，http://blog.sina.com.cn/s/blog_573026980100xpm三.html，二〇一二年十二月。

研的部分成果，共六十餘件。」[1]學生數量、辦學規模上看，新交大遠遠超過了舊交大，但客觀地看，舊交大的辦學水準、人才培養，新交大難望其項背。今不如昔是執政者不能接受的觀點。當權者更喜歡迷信將來輕視過去。

校慶本是展示輝煌成果，給領導形象加分的大好機會，可這次校慶，高教部、西北局都沒有派人來交大捧場，參加校慶最大的官方代表僅是彭康的一名江西鄉黨，被貶至陝西任省委書記處書記的舒同（其原為山東省一把手，大躍進失敗後被降職），精心準備的校慶因上司與當地黨政官員不賞臉，搞得彭康心中有些悶悶不樂。

首批中槍落馬的校長

一九六六年春天，政治空氣越來越緊張。對鄧拓、吳晗、廖沫沙「三家村」的批判，調子高得離譜，高級官員們內心都有些恐懼與緊張。

四月十二日，陝西省委召開高等院校負責人會議，由舒同與省委宣傳部長劉端棻傳達〈二月提綱〉。彭康與交大黨委宣傳部長吳鎮東等人參加了會議。二十一至二十三日，彭康在校黨委會上傳達〈二月提綱〉，並發表看法說：「學術討論是文科的事，我們工科不一樣。」彭康政治敏感性並不遲鈍，他想以交大是工科院校作為擋箭牌，避免運動對學校工作的衝擊。可結果恰恰是這所工科院校，卻成為全國文革的先鋒。

1 《建校七十周年暨遷校十周年展覽會巡禮》《西安交大》第四二四期，一九六六年四月六日。

依上級的指示，五月十二日，彭康向黨員幹部作投入文化大革命的動員報告。十四日，他在黨委宣傳部召開的部分師生員工聲討鄧拓等反黨反社會主義罪行大會上講話：「號召全校師生員工積極參加這場偉大的革命鬥爭，徹底打垮反黨反社會主義分子的猖狂進攻，在鬥爭中得到鍛鍊，得到教育，得到改造，得到提高。他強調指出，社會主義文化大革命，是意識形態領域中尖銳、複雜和長期的階級鬥爭，是關係到我國和世界革命前途的大事。我們必須在這場鬥爭中，活學活用毛主席著作，用毛澤東思想武裝自己，依靠毛澤東思想去戰鬥，邊學習，邊戰鬥，在鬥爭中學，在鬥爭中用。一定要高舉毛澤東思想的偉大紅旗，把社會主義文化大革命進行到底！」十七日，彭康召開黨委會，討論「文化大革命」問題。黨委宣傳部長吳鎮東傳達了中共陝西省委文化大革命座談會精神。

彭康一方面不得不貫徹上級的指示，高聲動員師生們投入文革洪流，另一方面他希望師生不要在運動中喪失理性，感情用事。在五月十三日的團支部書記會議和十七日的一次團支部書記、班長會議上，彭康就目前的運動情況說：「我們一定要掌握原則，報紙上還沒有發表的，不要組織大家批判。」，「不一定每班都開聲討會，不要看到別的班搞，你們就急了，不要盲從。」，「文化大革命與業務學習都要抓起來。」，「要平心靜氣地坐下來學毛選。」，「不要強調每個人都必須寫聲討文章，寫不出來，不要硬寫，不要搞形式主義。」「在完成業務學習的基礎上，搞好文化革命。」[1]

彭康這些正確的意見卻很不合拍，五月十八日，陝西省委召開省級幹部文化革命座談會，「會上，許多同志對彭康進行了嚴肅的批評。他被迫在這次會上作了一個假檢討，企圖蒙混過關」。被這些級別比自

[1] 《我們學校的黨委班子有鬼》，《陝西日報》一九六六年六月三十日。

己低的高級幹部們圍攻，彭康內心當然並不好受。彭也清楚，陝西省委對自己成見較深，這場運動他將會面臨極大的考驗。對此，彭康內心沒有多少緊張，他經歷過國民黨的白色恐怖，在敵人的監獄中坐了七年多的牢，作為一個「老江湖」，他敢於面對一切挫折與打擊。

二十一日，交大黨委辦公室主任出面作文化革命「動員」報告，二十二日，彭康召開黨委緊急會議，傳達中央的〈五一六通知〉，該通知目標雖不是很明確，但打倒黨內當權派的提法足以讓彭康感到山雨欲來風滿樓。五月二十四日至六月一日，校黨委組織黨委委員和處以上幹部學習中央「五一六」通知，討論文化革命。

「五一六」通知發表後，校內外的政治語言都變得極其粗鄙化。五月三十一日《西安交大》頭版頭條大標題就是〈撕破「權威」的畫皮，打掉「權威」的棍子，我們對毛澤東思想無限信仰、無限熱愛、無限崇拜，我們要更加努力活學活用毛主席著作〉。這樣的主流宣傳完全是讓學生去喝「狼奶」——以後他們對社會對教育造成巨大的破壞，「合情也合理」。

六月一日，晚上，彭康召開黨委擴大會，在中共陝西省委的壓力下，會上重新提出馬列主義教研室主任凌雨軒問題，認為凌的問題，過去定為政治性認識錯誤不對，應定為反黨、反社會主義，彭康把自己的老部下、有辮子可抓的凌雨軒拋出來交差，爭取運動的發球權，這是當時各高校都慣用的做法。

當晚8時，中央人民廣播電臺石破天驚地播發了北京大學聶元梓等人的大字報，公然支持造黨委的反。彭康禁止學校轉播這條消息，阻止師生員工貼大字報，並連夜部署人員收集情況，準備對策。

次日清晨，聽了中央台廣播的交大學生貼出了近萬張大字報，表示堅決支持北大七同志的無產階級的革命立場和鬭爭精神，質問學校黨委為什麼迄今按兵不動？動力系渦輪三二班貼出了交大第一張揭露彭康黑幫破壞文化革命罪行的大字報：〈我們學校的黨委班子有鬼〉，批評彭康對文革不積極。看大字報寫大字報，學校正常秩序大亂，全校停課，當年的師生們絕對想不到，這一停就是六年多。這一天，五十多名交大學生到西北局、陝西省委去，要求領導幫助他們革命。

面對如同山洪暴發般的大字報，「彭康急急忙忙地召開了一系列會議，在總支書記會議上，他謾罵廣大革命師生的革命行動是亂搞，還別有用心地說這會被敵人利用。彭康又在黨員大會上大講什麼要加強黨的領導，要辨別香花毒草，要查清壞大字報，要準備更大的戰鬥。」其後批判彭康時，陝西省委報紙如此報導。

二日晚，對白天大字報的反擊開始了，校園裏貼出了「反對校黨委就是反黨」的大字報，貼出了「無限熱愛革命的老校長，無限信任校黨委」，「保衛校黨委」，「我們的校黨委是革命的校黨委」大幅標語。

面對這不共戴天的兩種觀點——造反還是反造反，交大一天之間被撕裂成兩塊。中央要求造反，可九年前的反右運動，給單位黨組織提幾條意見就是反黨，許多人對此都記憶猶新，當成前車之轍；反對造反支持黨委，按慣例完全正確，可與當時中央的精神又不符。左沖右突中，不容你慎重考慮，師生們必須儘快完成站隊，亮出自己的旗幟。

一九六六年六月二日，是西安交大歷史上最動盪的日子，北大第一張馬克思主義大字報形成的巨大衝擊波，把全校師生領導都搞得措手不及，都被捲入政治浪潮裏，有人興奮有人恐懼有人站在潮頭有人被拖下水。

二日下午七時半，地處西安的西北局開緊急會議，認為交大革命形勢很好，而校黨委不革命，決定向交大派出以陝西省委書記處書記嚴克倫率領的工作組。六月三日晚，工作組進校，學生們問：校黨委究竟是黑線還是紅線？工作組長嚴克倫說：大家揭發，是什麼就是什麼，現在看至少是不革命的。[1] 工作組進校就站在造反的學生一邊，他們有備而來，對彭康早有成見。

有了工作組的支持，害怕貼大字報被劃成新右派的學生有一種「解放」的喜悅，他們張貼「校黨委是反革命的」大字報，圍攻「保皇黨」——曾張貼支持校黨委標語與大字報的師生，其中諸多是受重用的黨政幹部、學生輔導員與黨員積極分子等。

讓工作組與陝西省委沒有料想到的是，學生造反這股野火並不聽使喚，其不僅燒焦了彭康，也開始向校外和省委蔓延，這是陝西省委與西北局不願意的，於是工作組奉命設置條條框框，控制學生造反。

五日晚，工作組長嚴克倫根據西北局的指示，通過廣播向全校師生講話，規定從六日上午起，要大家按班為單位辯論「校黨委是紅線還是黑線」的問題。

激進的學生不能接受任何限制他們造反的條條框框，他們開始質疑省委與工作組，一些人連夜給黨中央和毛主席寫信，到郵局發電報要求中央派工作組到交大來。交大工作組打電話給電報局，查問電報內容，被學生們發現，更激起憤慨。

六日，校內貼出了「省委有黑幫」、「省委工作組十大罪狀」的大字報，李世英等提出「堅決趕走工作組」等口號，寫出了「徹底挖掉省委西北局反黨黑根」的大標語。工作組成員一個個被學生所包圍，學生向工作組提出許多質問。工作組長嚴克倫被六七百名學生包圍，展開了激烈的辯論。先後有幾十名學生分別到西北局、陝西省委、新華社分社、陝西日報社提出省委工作組有黑線，省委有黑線等問題，並到電報大樓貼大字報。還有學生仿效走與工農相結合道路的做法，到工廠到近郊，宣傳演講，矛頭直指省委與

1 卜偉華：《砸爛舊世界——文化大革命的動亂與浩劫》，香港：香港中文大學出版社，二〇〇八，第一〇六頁。

西北局。西北局辦公廳負責人向學生們明確宣佈：西北局是中央代表機關，陝西省委是西北局領導的，是正確的，省委工作組是革命的。大家要擦亮眼睛，辨別真假，不要上當。這就是「六六」事件。

對「六六」事件，工作組當天晚上開會，認為漂上來一批「鬧事」的「尖子」，出籠一批牛鬼蛇神，各班都有一點，有的是全班，要組織隊伍追根，在《陝西日報》上點名批判。西北局、陝西省委其後宣佈六月六日到西北局、陝西省委和新聞機關等地的活動是「反革命事件」，是「保衛彭康的反革命行動」，是「彭康黑幫精心策劃的，有組織，有計劃的反革命行動。」彭康是他們的幕後「黑手」。

交大工作組是全國文革間最早的工作組，其比北大工作組還要早一點，其來交大僅四十八個小時，立足未穩，便遭到學生的驅趕，使其成為全國最早遭遇學生反對的工作組，這讓陝西省委極其惱火，有著極強的鬪爭思維的西北局和陝西省委，情緒失控中也做出了錯誤的判斷，本來六月六日鬧事的激進學生並非校內的「保皇黨」，他們反工作組並非要保彭康，而是不滿於工作組批彭康不嚴厲，不滿於工作組設造反的條條框框。可憐的彭康本與「六六」事件沒有任何關係，可陝西省委卻給他強加了一條反革命事件黑手的罪名，這是一條莫須有的罪名。

六月八日，陝西省委通過西北局從西北五省抽調了百多名縣處級幹部進駐交大，交大工作組改名為省委工作團，嚴克倫任團長。交大每一個系，每一個教研室，每一個班級都進駐了工作團成員。當天工作團就宣佈，接管交大全部權力，交大的黨團組織停止活動。並立即清查在「六六」事件中，參與組織、策劃、帶頭鬧事的反革命分子，以及隱藏在師生員工中的反革命分子。

六月七日、八日、九日，駐西安交通大學工作組將鬧事的「尖子」李世英、楊克劍、劉維娜、趙瑛、王永婷等八人打成「反革命分子」，召開會議進行批鬪，要他們「查上當，放包袱」。

工作團打擊的重點「尖子」李世英是工程物理系八一〇（41）班學生，該系是製造原子能的，其招生時對學生的政治條件要求極高，該系學生由此也就底氣十足，敢於造反。在工作團的打擊下，李世英承受了巨大的壓力，他以後回憶道：「同學們把大字報、標語口號貼在我的身上。有的同學甚至用掃把向我身上刷漿糊，給我頭上戴廢紙簍作的高帽子。大家一遍又一遍地高呼口號『打倒反革命分子李世英！』、『反革命分子李世英向人民低頭認罪！』、『李世英老實交待！』等口號。……脖子裏還插著一根棍子，戴上高帽子在學校裏遊街，像一個動物一樣給大家展覽。棍子插在脖子裏，把脖子插破了，竹刺嵌在肉裏，火辣辣地痛，可是我所受的人身污辱使我感到心裏更是火辣辣地痛。一路上又推又拉，拳打腳踢，甚至有的人還千方百計地踩我的鞋子，使我連路也走不成……」[1]不堪凌辱，九日中午，二十一歲的李世英留下遺書，服安眠藥自殺，後經醫院搶救脫險。

六月十五日，陝西省委定彭康為反黨反社會主義分子，並撤銷其黨內外一切職務。彭康成為全國首批落馬的大學校長。十七日，陝西省委宣佈決定，十八日，工作團召開西安交大一萬五千多人大會，揭發、聲討原黨委書記兼校長彭康同志的所謂反黨、反社會主義、反毛澤東思想的罪行。同日，《陝西日報》發表本報訊：〈西安交通大學掀起無產階級文化大革命高潮，揪出反黨反社會主義分子彭康，全校廣大師生員工熱烈擁護省委決定，高呼毛主席萬歲！〉，〈中共陝西省委決定改組西安交大黨委，撤銷西安交大黨委書記彭康的一切職務，改組期間由省委交大工作團代行校黨委職權〉。

六月十九日，《陝西日報》發表本報訊：〈西安交通大學一萬五千人舉行大會憤怒聲討彭康反黨反社會主義罪行，西安地區大專院校及附近工廠和公社代表二千多人參加，嚴克倫同志號召廣大師生員工乘

---

1 李世英：《在大風大浪中鍛煉，永遠跟著毛主席革命》，選自《為有犧牲多壯志——徹底批判劉、鄧資產階級反動路線，誓死捍衛以毛主席為代表的無產階級革命路線》，西安交通大學無產階級文化革命委員會 一九六七年三月。

勝前進，把一切牛鬼蛇神統統揪出來，徹底挖掉修正主義的根子，為建設一個嶄新的、真正無產階級領導的、用毛澤東思想武裝起來的、光輝燦爛的交大而努力〉、〈我省廣大工農兵和革命幹部歡呼毛澤東思想的偉大勝利，熱烈擁護省委改組西安交大黨委和撤銷反黨分子彭康一切職務的決定，西北各省（區）廣大工農兵、革命幹部、革命知識份子來電支持交大師生的革命行動〉、〈打倒彭康反革命黑幫，徹底挖掉修正主義老根，我省各地大專院校和中小學師生員工，堅決擁護省委決定，憤怒聲討彭康黑幫反黨反社會主義罪行，支持交大師生員工的革命行動〉。

六月二十日，《陝西日報》發表本報訊：〈全國各地廣大工農兵群眾革命幹部和革命知識份子紛紛來電，歡呼毛澤東思想又一新的勝利，支持西安交大師生的革命行動〉、〈我省各地廣大群眾熱烈擁護省委改組西安交大黨委的決定，一致表示把一切反對毛澤東思想的黑幫鬬臭鬬倒不獲全勝絕不收兵〉、〈我省大專院校和中小學廣大革命師生員工，堅決支持西安交大革命鬬爭，憤怒聲討彭康黑幫反黨反社會主義罪行〉等造勢檄文，對彭康進行謾罵侮辱。這裏僅摘一段全國勞動模範紡織女工吳桂賢的文字：

> 彭康是藏在我們陝西人民內部的一條大毒蛇，是鄧拓黑幫的分店，他們負隅頑抗，作垂死掙扎，採取種種陰險毒辣的手段，破壞群眾的革命運動。我們堅決和西安交大的革命的師生員工，和全省的革命人民一道，永遠高舉毛澤東思想偉大紅旗，把一切牛鬼蛇神，不管臺上的還是台下的，不管是幕前的還是幕後的，統統揪出來，撤他們的職，罷他們的官，奪他們的權，打倒在地，一掃而光，不獲全勝，絕不收兵。[1]

[1] 吳桂賢：《徹底粉碎彭康黑幫，挖掉修正主義毒草》，《陝西日報》六月二十日。

在省委工作團主政之下，不僅彭康搞得臭名遠揚聲名狼藉，一些反工作組的學生也被整得走投無路。七月五日電真空三十一班學生沈丙辰服毒自殺，年二十四歲，其成為文革十年交大三十三位自殺者的第一人；校學生會勞動生活部部長動力二系壓縮十二班學生王永婷於七月九日跳樓自殺，年二十三歲。工作團鬪爭意識極強，此間全校一千多人被批鬪，全校十分之一學生受到衝擊，四十四名處級幹部有二十九人被定性「黑幫」，六十三名幹部「靠邊站」，九百一十二名學生幹部中有六百八十人被定性「反革命」，當時交大全校在校學生九千五百餘人，有教職工兩千七百九十三人，其中教師一千一百五十八人（教授二十二人，副教授六十人）。交大工作團打擊面太寬，打擊力度太大，有作用力也就有反作用力，不久這種反作用力就讓工作團感到了報應。

七月，西北局和陝西省委對彭康的定性升級，不僅定為黑幫，而且定彭康為叛徒。叛徒是對一個革命者最大的醜化和誣陷，是「政治死刑」的標籤。彭康一九三〇年被捕，在獄中七年半，始終保持了共產黨員的氣節，對此一九五四年中共中央華東局作了正式結論並經中共中央批准。可陝西省委為置彭康於死地，竟推翻了十多年前中央的決定，顛倒黑白。聽到省委駐西安交大工作團宣佈了這個決定時，彭康傷心至極，他明白陝西省委不把他徹底搞臭是不會甘休的。

工作團把鬪爭的火力對準了彭康，當時的報導說：「在七月二十九日至八月初的一系列鬪爭會上，許多遭受迫害的貧下中農出身的學生，含著眼淚控訴了彭康打擊、迫害自己的事實，不少革命師生為了爭取控訴彭康的機會，早晨四五點就起來，到會場排隊等候發言，在控訴時，許多人說到悲憤處，泣不成聲，廣大工人和貧下中農家庭出身的學生，用自己的苦水擦亮了眼睛，勇敢地毫不留情地同反黨分子彭康進行鬪爭，許多剝削家庭出身的人，也在鬪爭中提高了認識，分清了敵我，積極地參加了鬪爭。」[1]

工作團沒有料想到，其「好日子」只有短短的兩個月，因最高領袖認為工作團鎮壓學生運動，隨之而來的是革命革到自己頭上。

八月五日，西安交大召開萬人大會，陝西省委宣佈「六六事件」是革命師生的革命行為，不是反革命事件。撤銷嚴克倫西安交大工作團黨委書記、團長的職務。工作團灰溜溜地離開交大，被打成反革命的交大一千多名學生被全部平反，可當時彭康被說成是「六六事件」幕後推手的謬論並沒有得到改正。

平反的學生充滿著復仇意識，八月十三日，學校召開萬人辯論大會，批判工作團，提出從「反對工作團入手，深挖陝西省委、西北局的黑根黑線」。十四到十六日，西安交大學生貼出「炮轟陝西省委，火燒西北局」，「造反有理」的大字報、大標語。隨之學生到省委門口靜坐示威，省委暗中組織力量反對，學生開始絕食。

工作團撤離後，交大也陷入了無政府狀態。八月中旬，交大校園成立了各種名稱的兵團組織和戰鬥隊組織。隨即出現了抓校黨委成員遊街，給他們戴高帽子，掛黑幫牌子示眾；抓了交大全體正教授，掛臭權威的牌子遊街，然後拉到圖書館前罰跪示眾。

一夥學生沖進校黨委宣傳部長吳鎮東家，先是抄家，然後把她拉出來，掛著修正主義分子的牌子，把她的頭髮剪得亂七八糟，臉上塗抹墨水，頭戴一頂破草帽，脖子上掛著一串乒乓球，遊街示眾，最後在二食堂前，交大女子籃球隊的兩個身材高大的隊員把她架上一張飯桌搞活人展覽。可憐天生麗質，雍容華貴

1《無產階級的革命造反精神萬歲，西安交通大學文化大革命出現新高潮，所謂「六六」事件是西安交大革命師生的革命行動，不是反革命事件》，《陝西日報》一九六六年八月二十九日。

的她，此刻被折磨得人不像人，鬼不像鬼。吳鎮東不堪凌辱，當晚跳樓自殺，後被救活，但從此瘋了。那些學生給吳鎮東定罪名的依據是，她曾經帶領中國學聯代表團訪問蘇聯，受到蘇聯共青團書記謝列平的接見，因此誣陷她是修正主義分子。獲悉吳鎮東的慘劇，作為其上司的彭康悲傷莫名。

學生們相互間也發生爭鬥，主要是各班紅五類（工人，貧農，下中農，城市平民，革命幹部）出身的學生組織了紅衛兵小隊，對黑五類（地富反壞右）出身的學生「實行無產階級專政」。

交大這種人人自危的亂局被學生領袖李世英所改變，在其領導下，經過N次的在學校行政樓東側四〇二會議室的大辯論，交大萬名師生的觀點、思想終於統一了起來——結束內鬥一致對外，把鬥爭目標對準工作團與陝西省委。八月下旬，交大改組了原先的交大文革委員會，選舉產生了交大「文革總會」，造反英雄李世英由工作團打擊的重點對象變成交大的一把手，武登才，沈榮水等任副主任。並隨之成立了交大紅衛兵總部，統一領導全校的紅衛兵，該部服從交大文革總會的統一領導。各個班級成立了文革小組。

李世英結束了交大每個人對每個人戰爭的「自然狀態」，使他贏得了民心，其後他被毛澤東、周恩來與中央文革所肯定，成為聞名全國的造反英雄，而這時諸多大學要麼是群雄紛爭群龍無首，要麼是兩派對立勢同水火。只是恢復了秩序的交大，彭康作為黑幫依舊是專政的對象，他的處境並沒有得到改善。

學生對校長的專政

九月，交大文革總會組織了彭康專案組，由工企十一班學生史立民任組長，對彭康三〇年代的歷史開展調查。查清六月二十四日西北局宣傳部幹部王朝品寫的揭發材料〈關於叛徒彭康自首情況〉不實，不能確定彭康為叛徒，但彭康還是被陝西省委定性「反黨反社會主義反毛澤東思想的反革命修正主義分子」[1]。

造反派對彭康按當時的「統配」政策，與其他「牛鬼蛇神」一起，每天進行勞動改造。這期間最讓其傷神的是輪番的反復的交待。九月十五日的《勞改週記》，彭康寫道：

> 昨天晚上和今天中午，我的態度是錯誤的，是不應該的，其所以這樣，是由於我當時心情一時激動，原因是我覺得近來對我在步步地壓，步步地逼，輪番起來，有些問題我交待了又提出來，有些問題我回答了說不老實，我說明一下情況又說是狡辯，我再說一句又說是猖狂，使我不知怎樣辦才好。我想既然是這樣，反正是一條「狗命」，那就要怎麼辦就怎麼辦吧，無非是對我身體又再做些什麼。我這樣想著心情激動，我就說「要這樣，我就不說了，我都準備了。」當然後來我還是回答了問題，而且當時承認了這態度是不對的。但心情還是激動，昨晚差不多整晚沒有睡著，今上午在勞動時在考慮我準備要交待的一個問題的時候就好些了。但在回來的路上想，等回到宿舍，說不定又有個什麼事情。果然，一進門，就看到一個命令和一個紙條，心情一激動，就又說了不該說的話了。
>
> 現在檢查起來，不但我不應有那種態度，而我那些想法也是錯誤的。因為革命師生對我進行鬥爭是完全應該的，也完全有權向我提出問題要我回答，我只應如實回答，不應有其他什麼想法
>
> 最後，我保證以後不再犯這種錯誤。[2]

1 霍士廉：《在西安市各界人民「炮打司令部」進軍大會上的檢討》，一九六六年九月十七日，載於宋永毅主編之《中國文化大革命文庫》光碟，二〇〇六。

2 霍有光彭城編撰：《彭康年譜》，http://58.206.125.28/?p=5009，二〇〇九年十二月。西安交通大學檔案館在校史資料的整理方面下了大功夫，內地很少有大學比它做得更好。彭康的文獻資料取材於此。

除了讓彭康很煩躁的沒完沒了的交待外，便是勞動、學習與思想改造。十月二日的《勞改週記》裏有相關記述：

這週除勞動五天外，還學習了毛主席的〈論人民民主專政〉這篇文章。

勞動開始是鋤草，後來是掃馬路，做清潔工作。隨著勞動的時間逐漸多起來，對勞動也就更習慣些，自己思想上也逐漸有些改變，例如髒，現在看法有些不同了，不那樣怕了。對於勞動的價值，勞動在創造歷史和改造世界中的作用，也逐漸略有些領會，世界上沒有不經過辛勤勞動可以得到的東西，一切都必須付出辛勤的勞動。馬路上有樹葉子，要掃掉以保持清潔，這本來是簡單的事情，但是必須去掃，要流點汗。過去我不懂勞動，不會勞動，做官當老爺，真是罪過。不勞動就不會懂得勞動，不懂得勞動，就無法瞭解勞動人民，他們的生活，思想，感情，就都無法熟悉；這樣，勢必和勞動人民格格不入。必然要走到和他們向對立的方面去。

認真地聯繫實際地學習毛主席的〈論人民民主專政〉這篇文章，對於我這樣一個犯了罪行的人是十分必要的。毛主席說：「總結我們的經驗，集中到一點，就是工人階級（經過共產黨）領導的以工農聯盟為基礎的人民民主專政。」因此，這個專政（亦即無產階級專政）必須加強，必須鞏固，不允許有任何破壞或削弱，在這次文化大革命中，廣大工農兵，革命幹部以及革命師生，運用這個武器對走資本主義道路的當權派（包括我在內）實行專政，是必要的，這就是實行人民民主專政對反動派的專政這一個方面的。這就是說：「只許他們規規矩矩，不許他們亂說亂動。」這是一種強制，但被專政的對象必須接受這種強制，而且還應逐步做到自覺地服從管制，把這作為改造自己的方法之一。我願意努力做到這樣。

同時，只要規規矩矩，不亂說亂動，對反動派的專政方面又「讓他們在勞動中改造自己，成為新人」，這是一個偉大的改造人的工作，通過強迫勞動去改造。因此，被專政對象必須老老實實認真地去勞動，在相當一個時期裏，逐步改造自己。我準備長期勞動下去，並努力逐步做到從強迫到自覺，逐步養成勞動習慣，改變過去那種做官當老爺的生活習慣，從而改造思想，改造世界觀，以期對過去只吃只穿不勞動而又做壞事的罪行，能補償於萬一。

虎落平地遭犬欺。一些少不更事的小孩也常常拿彭康惡作劇，對此彭康還不能有情緒。十月十八日的「檢討」中，他有過反思：

上周在宿舍東邊的蘋果園勞動，來回經過一村、二村，一路上小朋友很多，從三、四歲到十多歲。在這次文化大革命運動中，他們都受到了教育，來回路上，他們一直跟隨著我們，而且一看到，就喊「黑幫彭康來了」，有時還喊口號：「打倒叛徒彭康」，這說明他們對好人與壞人的界限，即敵我界線很清楚，愛憎很分明，對好人愛，對壞人恨，對少年的教育來說，這是好事情。而對我來說，已不是三歲小孩，更應沉痛思罪，好好認真改造，以便重新做人。可是我在這當中犯了一次錯誤，有一個十來歲的小朋友一直在我的前方側面走著，這樣很久了，我想看看這個小朋友，於是我抬頭看了他一下。因為就是在小朋友面前，我們也要低頭認罪，所以看他是不應該的，是錯誤的，同時已一再聲明，在路上和勞動中不得東張西望，我抬頭看人是違反了這個規定的，這也是不對的。

對上述錯誤，我應作檢討，並保證以後不再犯此種錯誤。

當時的彭康已是一個六十五歲的老人，他一生都沒有幹過體力活，可被打倒後，他日復一日地被勞動改造。十二月四日的《勞改週記》可見一斑：

這一週整週都是做煤塊，上周做的已經有在燒了，據說還好燒，還好用，這樣，我們做的東西，多少還有點用處。

這週天氣較冷，所以腳手都凍裂了，走路時都有些不方便，但對勞動並無影響。除天氣冷的原因外，因為身體不適應於勞動，所以有這樣腳手凍裂和身體畏寒的現象。因此，勞動改造除改造思想外，還得改造身體，使之和勞動環境相適應，既可以把勞動搞好，身體也不致受影響，也有利於思想改造。我現在還不能完全適應，還需要相當的時間才能做到。我現在勞動起來，不但是笨手笨腳，而且蹲在地下，蹲久了不行，彎著腰，彎久了也不行；要完全適應，即完全習慣於勞動，可能比壯年和年輕人要更多的時間，但我當盡力做，努力做到能縮短這個適應的過程。

在勞動中，還應注意安全，並應注意寒暑，在勞動過程中，不但使身體適應，還應做到健康。因為現在勞動改造，為的是要重新做人，將來重新回到人民隊伍中去。還多少能為人民做點事。所以不注意身體是不對的，尤其更不應該有自暴自棄的思想。

一九六六年是彭康生命的苦年，這一年他從天堂到地獄，飽受肉體折磨和精神摧殘。摧殘的有他的學生，還有他所在的組織。

生命的最後三百多天

一九六七年三月十四日，李世英掌控的《人民交大》（第二十三期）發表〈堅決捍衛「三結合」的英明方針〉一文：「在我們學校內部，也要積極回應毛主席的偉大號召，實行革命的『三結合』，徹底砸爛彭家王朝，勝利地完成一鬥二批三改的光榮任務，使交通大學成為一個新型的、閃耀著毛澤東思想光輝的學校！」彭康讀這樣的文字，心情佈滿陰雲。

四月二十三日，毛澤東在批示中稱李世英是「交通大學學生領袖」，並提出「開展談心活動，這個方法很好」，之後交大掀起了「談心」高潮。

二十四日，交大成立「鬥批改」辦公室，各系成立「鬥批改兵團」，進一步組織批判劉少奇、鄧小平、劉瀾濤、霍士廉以及批判彭康，並逐步將校外鬥批改轉至校內。其後，彭康多次被大會批鬥，有時他是主角，有時他是配角。

五月二十四日，陝工大召開「鬥爭三反分子彭康大會」。彭康唱主角。

三十一日，「西安地區革命工人造反總司令部等革命造反派組織共六百多個單位，十萬餘人，在西安市體育場召開〈西安地區無產階級革命造反派徹底粉碎劉少奇叛徒集團誓師大會〉……在大會上，劉瀾濤、霍士廉、時逸之、彭康等七個叛徒被揪來受審。」這次彭康當配角。看到這些把其打倒的決策者與自己同台被批被鬥，彭康的內心又有著怎樣的波動，不得而知。

六月二日，交大革委會召開批判彭康大會，校刊點名批判彭康，開始「深入批判彭康的叛徒哲學、教育路線」。學生對校長沒有一絲溫情，有的是不共戴天的對立。

一九六七年七月一日，經蘭州軍區黨委批准，西安交通大學革命委員會成立。主任委員為李世英（學生），第一副主任委員武登才（學生），副主任委員沈榮水（學生）、楊文（幹部）、陳柏榮（教師）。「革委會」掌管學校一切權力。七月間，各系革委會也相繼成立。

八月二十七日，交大八五指揮部先後召開批鬥習仲勳、趙伯平以及彭康大會。彭康參加了多少次批鬥會，無從統計。對於這種批鬥會，彭康從不適應變成適應，他不老實的態度，讓部分激進造反派很有意見。

十一月八日，《人民交大》（第八十三期）發表〈抗大戰校內的一張大字報〉，指責說：「彭康還硬著脖子不低頭，林星、凌雨軒以及他們的同夥也學著他們的榜樣，鍾兆琳也還是洋洋自得。周總理、康老（指康生）每次接見我們，都提到鬥彭康的問題，很關心我校的鬥批改，我們總是抓不起來。……如何抓教育革命？交老總向何處去？！」

由是對彭康的批判頻次大增。十一月十一日，交大革委會機關、鬥批改聯絡站、體育教研室、應屆畢業生等相繼召開了批鬥彭康大會。十四日，「校系兩級革命委員會機關五十餘人與三反分子、大叛徒彭康進行了拼刺刀鬥爭。……與會同志憤怒的控訴，如排炮一般，打得狗彭康如過街老鼠，魂不附體。」

二十一日，西安交通大學革命委員會編發的《教育革命》（第八期），刊登〈彭康推行修正主義教育路線罪行一百例〉共有六個小標題：①彭康大反毛主席，大反毛澤東思想。②彭康反對毛主席的教育方針，妄圖把青年一代培養成資產階級接班人。③彭康取消黨的領導，推行和鞏固資產階級知識份子統治學校。④彭康竭力抵制毛主席關於教改的一系列指示，猖狂地攻擊教育大革命。⑤彭康推行修正主義科研路線。⑥彭康破壞半工半讀教育制度在我校的試行。

十二月三十日，「校革委會召開了『鞏固和加強無產階級專政大會』，宣佈對彭康、林星、凌雨軒等三十二人實行無產階級專政。」決定一九六八年元月起，對彭康、林星、凌雨軒及地富反壞右一律停發工資，只發給最低生活費，在校內批鬥、監督勞動改造。需要指出的是，彭康直到生命結束都一直住在其五層「豪宅」中，與眾多掃地出門的當權派相比，交大造反派對彭康還有所照顧。一九六七年十月起，幾個學生住進彭康家裏，代表專案組負責監護工作。他們對彭康直呼其名。

一九六七年的三百六十五天，彭康都處在被批被鬥被改造的狀態。他看不到一絲光明。

一九六八年一月一日，《人民交大》（第九十期）發表〈元旦獻詞〉說：「在新的一年裏，我們最根本的任務，就是以毛主席的教育革命思想為指標，對反革命修正主義教育路線發起大揭發、大批判、大控訴、大進攻的群眾運動。……在教育體制、教學內容、教學方法等方面邊實踐，邊改革、邊總結，邊提高。在批判中教，在批判中學……徹底改變資產階級知識份子統治我們學校的現象，把大叛徒彭康統治下的舊交大這個修正主義的『大染缸』，改造成紅彤彤的毛澤東思想的大學校、紅色的大熔爐。」

一月十五日，《人民交大》（第九十二期）發表〈徹底揭露大叛徒彭康所推行的修正主義建黨路線〉，指責彭康罪行所羅列的小標題是：①大叛徒彭康親自製訂了交大發展黨員的標準。②大叛徒彭康的交大黨支部工作條例。③大叛徒彭康對廣大黨員從名利上進行腐蝕、毒害。④我們必須從政治上、思想上徹底肅清大叛徒彭康在我校的流毒。

這種批判完全是老調重彈，無任何新意。到一九六八年的春天，文革已進行了近兩載，一直不能上課的學生們對運動早就有了「審美疲勞」，革命熱情不斷下降，此時校園裏隨著六六屆、六七屆畢業生的離校，加之自文革開始以來，大學停止招生，學生數量減少。校園變得冷清。

三月初，根據中央通知精神，交大校革委會發出了「關於圍剿無政府主義，深入開展三忠於——即無限忠於毛主席，無限忠於毛澤東思想，無限忠於毛主席革命路線活動的通知」，通知提出要進一步開展校園內的階級鬥爭，在校園裏大搞鬥批改。階級鬥爭的陰雲又在校園內彌漫開來。各個教研室，各個班級，每天都要拿出半天時間來學《毛澤東選集》，批判教師隊伍裏的學術權威，批判原校黨委裏的反革命分子。校園裏又開始了遊鬪活動。

三月二十二日，交大革委會作出對彭康等人的「定案意見」，並決定上報材料。錯定彭康同志為老機會主義分子、大叛徒、黨內頭號走資派、修正主義分子。

三月二十五日至二十七日，交大革委會擴大會議聽取了邵樂沖等人的彙報，分析了彭康等「走資派氣焰囂張」的所謂新動向，傳達上海取經的情況和經驗。特別介紹了華東師大等單位每天清晨抓走資派到毛主席塑像前請罪的經驗。

二十八日，經校紅衛兵總部批准，「抗大戰校」工企排的三十餘名紅衛兵（指工業企業自動化專業）將年邁的老校長彭康從家屬區拉到校園內圖書館毛主席塑像前下跪請罪。

「抗大戰校」的造反派就把事先準備好的高帽子戴到彭康的頭上，把大牌子掛到彭康的脖子上，那塊大牌子是一塊黑板，很重，用的是細鐵絲，特別的折磨人。「早請示」才十幾分鐘，馬上就押著彭康遊街。寥寥二三十個人，喊著口號，從毛主席塑像前出發，往西再向南，從南再向東，到了體育場，再往北，整整圍著交大的主馬路遊一圈，路實在太長。彭康已經是近七十歲的老人，身體十分的不好，怎麼受得了如此的折磨。到了學校醫院門口，彭康說了一句，我不行了，就再沒有能夠出聲。但是，竟無人理會。「抗大戰校」的造反派們把彭康拖到到學校的東門，才發現彭康已經沒有了呼吸，死了。[1]

這樣一位一九二八年入黨的老黨員老幹部，在黨的文化教育戰線奮鬪終生，對交大的建設和發展作出過卓越貢獻的老教育家，沒有死在國民黨反動派的監獄中，沒有犧牲在抗日戰爭和解放戰爭的戰場上，卻在和

[1] 公羊龍人：《彭康的最後日子》，西安交大校友會編：《校友之聲》二〇〇六年第二期。

平時期慘死在他親自籌畫建造的西安交大校園內，又是被他曾傾注心血教育培養的某些人親手置於死地。[1]

彭康死後，西安交大校園內，自殺者接踵而至，從四月到年底，共有十八位教職工折斷生命的翅膀，全校十年文革間自殺者是三十三人，而大多數都集中在一九六八年。這其中有激進學生的「功勞」，更有工宣隊在八月底進校後清理階級隊伍的「貢獻」。十月二十二日工宣隊舉行「徹底清理階級隊伍進軍大會」，會後各單位又掀起了一個批鬥高潮。工宣隊直接為原中層幹部辦學習班，搞所謂「彭康黑班底」，許多教授、幹部和職工慘遭批鬥迫害。彭康死後，仍有許多人受他的牽連。

星轉鬪移，文革終於結束。在去世十年後的一九七八年六月二十四日，彭康追悼會在交大體育館舉行，但有關消息不登《人民日報》或《光明日報》等全國性報刊；二是骨灰不能放在八寶山革命公墓，放在西安革命公墓；三是死因只提及受四人幫反革命路線迫害致死。[2]

二〇〇一年八月二十六日，彭康誕生一百周年紀念日，彭康校長像在西安交大西花園揭幕。

作為一名老校長，彭康依舊被交大提起，但人們對其人生最後幾年的傷害充滿著誤解。

1 淩雨軒：《回首滄桑思不盡——交大工作三十年追憶》，西安：西安交通大學出版社，一九九五，第一六七頁。

2 淩雨軒：《回首滄桑思不盡——交大工作三十年追憶》，西安：西安交通大學出版社，一九九五，第一六七頁。

離「家」出走的中央音樂學院院長——馬思聰

在文革受到衝擊的大學校長中，馬思聰是唯一「逃跑」成功的，這讓他少了許多皮肉之苦與精神折磨，但也讓他背上了「叛國投敵分子」的罪名，直到文革結束的第九年他才能拿到姍姍來遲的平反通知書，他生命中的最後二十載從未踏足過生他養他的故土。作為一名流亡者，他未能「歸來」。

一九六六年十一月，文化大革命的烈火剛剛燃燒半年之後，中央音樂學院「頭號走資派」馬思聰突然「失聯」了，學校各造反組織迅速四處尋找，可他們東奔西走，找了幾十天，還是未能找到馬思聰——他們的院長已通過「蛇頭」偷渡成功。其後馬思聰又在對立面美國公開講話，控訴文化大革命，這一切讓相信「文化大革命就是好」的革命小將怒不可遏，幾萬人去衝擊蘇聯駐中國大使館，抗議的主要內容是蘇聯借馬思聰的談話，污蔑了中國文化大革命。「馬思聰事件」一時成為國際矚目的新聞焦點。馬思聰為何要冒死偷渡？其人生又經歷了怎樣的起起落落？

「大咖」的選擇

人的一生雖然很漫長，但關鍵點卻只有幾處。一九四九年，對馬思聰人生來講，是里程碑的一年。這一年，神州大陸政權交替。出於各種各樣的考慮，有人選擇留下迎接共產黨，有人則選擇出走跟隨國民黨。

身在香港的馬思聰決定北上，建設新中國。他為何要這樣選擇，更多的是來於外部的「拉力」——黨派人做了他的思想工作，讓他感到這才是最佳選擇。

以後，馬思聰有沒有為當年的選擇而後悔莫及，不得而知。正是這次選擇，讓他的人生跑道變得同以前截然不同。

一九四九年以前的馬思聰僅是一位名見經傳的作曲家與小提琴演奏家。

他是含著金湯匙出生的，其來到這個世界才幾個月，辛亥革命便爆發，其父因革命有功，榮任廣州市財政局長，後又任廣東省財政廳長。馬思聰從小生活優渥，五歲時離開故鄉海豐到廣州上教會學校，十一歲就跟隨大哥馬思齊（時二十歲）飄洋過海，經印度洋、地中海來到法國學習音樂，主修小提琴。那是一九二三年，軍閥混戰國無寧日之際。

學習音樂需要不菲的投資，到法國學習音樂更是開銷巨大。

一九二九年，馬思聰回到了闊別六年的祖國，他在香港、廣州、南京、上海舉辦音樂會，大受歡迎，南京市長等名流紛紛為其捧場，全國大報《申報》對其連續進行追蹤報導，贊為「音樂神童」。

十七歲的馬思聰便名滿天下，為人所仰視。張愛玲曾言：「出名要趁早呀，來得太晚的話，快樂也不那麼痛快。」可芸芸眾生中，年紀輕輕就成為明星者，寥寥無幾，這些明星許多還因發光太早，很快就江郎才盡。可馬思聰卻一直很耀眼。

當馬思聰成名時，他的同齡人聶耳卻是昆明省立第一師範的一名普通學生；比他大七歲的冼星海還在巴黎餐館洗盤子；比他大九歲的賀綠汀與比他大三歲的呂驥都還未考取上海國立音專這所音樂界的黃埔軍校。

一九三一年，十九歲的馬思聰得到廣東省主席陳銘樞兩萬元錢的贊助，再度到法國拜名師學藝[1]。

一九三二年他回國成家，與王慕理喜結良緣。

一九三三年，二十一歲的馬思聰作為一名海歸，應聘南京中央大學教育學院藝術科講師，月薪高達兩百四十元。[2]時他的同齡人聶耳還在打工，每月只能掙到區區十五元。

剛剛走上社會的馬思聰在中國最有名氣的高等學府工作（國民政府當時重點打造中央大學，許多優惠政策向中央大學傾斜），拿的是高工資，住在富人區玄武湖附近，他常去湖邊散步賞景。「玄武湖的春天，充滿著花草、櫻桃、遊艇與鳥聲」，馬思聰將美妙的一切熔進自己的創作，「我在G長調小提琴鋼琴奏鳴曲裏寫了歡樂、青春與鳥聲。在我所寫的一些曲子與長調奏鳴曲中是最富於陽光的一首。」[3]

1 馬瑞雪：《馬思聰蒙難記》（全新足本），香港：大山文化出版社，二〇一四，第二六九頁。

2 張彤：《馬思聰的半生浮沉》、藏傑主編：《閒話（之七之八）》，青島：青島出版社，二〇一一，第九〇頁。而馬瑞雪則說只有一五〇元，見馬瑞雪：《馬思聰蒙難記》第二六七頁。

3 馬思聰：《創作之路》、馬思聰：《居高聲自遠》，南昌：百花文藝出版社，二〇〇〇，第二三頁。

教學創作之餘，馬思聰不時登臺獻藝，他在香港、上海、北京、南京等地舉辦的音樂會都得到了聽眾熱烈的掌聲與媒介廣泛的好評。他名利雙收十分愜意。

一九三七年，馬思聰創作了《綏遠組曲》；而《綏遠組曲》的第二樂章，便是後來幾乎成為了馬思聰代名詞的《思鄉曲》。在馬思聰創作大有起色之際，中山大學以教授相邀，於是二十五歲的馬思聰「炒了中央大學的魷魚」。

抗戰爆發，沿海失守。諸多大學只得移居內地。中山大學離開廣州來到雲南澄江。馬思聰作為一名藝術家，通過演奏、創作投身於這場民族救亡圖存的大潮。他曾在重慶、昆明、桂林、貴陽等大城市多次舉辦音樂會，用樂符報效祖國。

抗戰結束後，他回到廣州繼續在中山大學師範學院任教，同時還兼任廣東省立藝術專科學校音樂組主任。作為一名蜚聲海內的音樂家，馬思聰與政治名流常有交集，如國民政府貴州省一把手楊森曾讓他主持過貴陽藝術館，孔祥熙、朱家驊、王世傑等國民黨上層發起成立，立法院院長孫科擔任理事長的中華交響樂團聘請馬思聰擔任指揮。在重慶國統區的周恩來作為統一戰線的高手，不斷派人與馬思聰接觸。當國共對壘漸見分曉時，馬思聰為共產黨的理念、氣勢所吸引，選擇離開香港，參與新中國的建設大業。

一九四九年四月，馬思聰與金仲華、歐陽予倩等人一起，在地下黨的安排下，乘船北上。此時的馬思聰站在甲板上，面對萬頃波濤，內心充滿著對即將開始的新生活新事業的嚮往之情。

一元復始，萬象更新。新政權、新機構、新面孔。在眾多「第一」中，都有馬思聰這個新人的身影。五月，中華青年第一次代表大會，馬思聰當選為中華全國青聯委員；六月，第一次文代會召開，其當選為文聯全國委員會常委，常委只有二十一人；七月，中華全國音樂工作者協會成立，其擔任音協副主席，主席副主席加起來才三人；九月，馬思聰作為中華全國文學藝術界聯合會代表出席第一屆中國人民政治協商會議，與會的十五名文聯代表都是各自領域的「大咖」，他們有沈雁冰、周揚、鄭振鐸、丁玲、田漢、蕭三、柯仲平、趙樹理、陽翰笙、巴金、徐悲鴻、蔡楚生、史東山、胡風。能擠入這個「圈子」，一方面說明馬思聰的實力，另一方面也說明新政權對馬思聰的欣賞與重視。

十一月，馬思聰又被任命為中蘇友好協會總會理事，並作為中國人民友好代表團成員，在周恩來總理率領下出訪蘇聯。十二月，中央人民政府政務院正式任命馬思聰為中央音樂學院院長。此時他才三十八歲，在當年的大學校長中，他是很年輕的，如中央美院院長徐悲鴻時五十四歲，中央戲劇學院院長歐陽予倩六十歲。

一九四九年對馬思聰來講，真是一個分水嶺，他生活的軌跡徹底改變了。在這之前，他是會荒，不需要開會，也無會可開，而一九四九年後他突然變成了「會議明星」；在這之前，他是一個「白板教授」，沒有社會頭銜沒有官職，而一九四九年後他擁有各種讓人羨慕的社會身分，他變成了「國寶」；在這之前，他雖在法國留過洋鍍過金，卻從未出訪過，而一九四九年後他代表國家在友邦受到熱情接待，大飽口福大開眼界；在這之前，他所交往的國府官員雖不乏林森、孫科這樣官階高而實權無的人士，但一九四九年後他得到的則是日理萬機的共和國總理的垂青。

對人生這種「質的飛躍」，對這種突如其來的新生活，馬思聰也有一個從不適應到適應的過程。一九四九年第一次文代大會，主持大會的某大詩人建議與會人員在毛澤東的巨幅畫像前三鞠躬，以示效忠，馬思聰對此很反感。

馬思聰曾和毛澤東談音樂。毛說，藝術必須為人民樂於接受。馬思聰卻說，不，偉大的作品，往往要經歷多年才能為群眾所理解而接受。他舉出了貝多芬的《第五交響曲》為例。[1]此時作為進入北京城未久

---

1 馬國亮：《馬思聰追憶曲》、馬思聰研究會編：《論馬思聰》，北京：人民音樂出版社，一九九七，第五〇〇頁。

的開國之君，毛澤東還大量，馬思聰也還有初生牛犢的情懷，以後對毛澤東的個人崇拜越來越嚴重，馬思聰也只能默然。

在這個新桃換舊符的過程中，像馬思聰這樣順利接軌備受關照的文人很有限，更多的是要經過一道又一道的坎。如馬思聰的老朋友音樂家陳洪以南京音樂界代表的身分參加第一次全國文代會，一到會就遇到問題，有人誣告他寫過一首反動歌曲，於是審查他的代表資格，一審查就是一個多月。後來查明這首歌曲不是他寫的，陳洪根本沒有參與，才宣告他無罪。審查期間，陳洪擔掠受怕，夜夜不能入眠，他去找馬思聰，馬說：「找周恩來去」。陳洪不同意，不敢把事鬧大。[1]此時的馬思聰還很單純，對傷人的政治運動還較陌生。其後他也要在運動中經受鍛鍊，經受靈與肉的煎熬。

花瓶院長

在馬思聰眾多頭銜中，最實在的還是中央音樂學院院長，這是他的工作單位，是他領薪水的地方。中央音樂學院也是新政權除舊佈新的產物，它由華北大學三部、東北魯藝音樂系與南京國立音樂學院、燕京大學音樂系打亂重建而成，前兩者屬於解放區的革命學校，後兩者則為國民黨統治區的教育單位。前者政治性強藝術性差，後者政治性差藝術性強，新政權將兩者揉合在一塊，以前者改造後者。

剛剛誕生的音樂學院擁有教員四十七人，職工一百〇七人，本科學生二百一十五人。[2]校址設在天津。馬思聰舉家住在黃家花園附近潼關道64號一幢三層的小洋樓裏。

[1] 陳洪：《憶思聰》，《中央音樂學院學報》，一九八七年第三期。
[2] 中央音樂學院院史編輯部：《中央音樂學院院史》，一九八九，第八頁。

時音樂學院院級領導一正兩副：院長馬思聰，副院長呂驥和賀綠汀。呂驥與賀綠汀年齡都比馬思聰大，且他們很早就冒著生命危險，加入共產黨，投身革命事業，而馬思聰沒有任何革命資歷，更沒有經歷過革命的考驗，而他卻比革命者擔任了更高的職位。一些打天下就要坐天下的人，對此現象很是不滿，他們吐槽道：早革命的不如晚革命的，晚革命的不如不革命的。

馬思聰、徐悲鴻（時任中央美院院長）、章伯鈞（時任交通部部長）、羅隆基（時任森林工業部部長）等非黨人士能出任顯職，是黨統一戰線政策的體現。這些非黨的院長、部長是形式大於內容，他們在任職的單位裏並無實權。

中央音樂學院的大權為副院長兼書記的呂驥所掌控（另一副院長賀綠汀同呂驥不睦，其地盤在中央音樂學院華東分院——後改名為上海音樂學院）。一九五六年呂驥忙於全國音協事務，讓其得力幹將趙渢接替其位，擔任中央音樂學院副院長兼書記，馬思聰依舊是院長，依舊是無事可做。

一九五四年，馬思聰一家就從天津搬到了北京西城區馬勺胡同一座四合院，而中央音樂學院一九五八年才由天津搬遷到北京，這也說明馬思聰這個院長並不參與學校的管理。

馬思聰不去學校上班，不過問院務，他也不去學校上課。他在家中帶了幾個學小提琴的學生。得到真傳的馬思聰對教育很在行，他說，一個孩子在音樂方面有沒有才能，主要就兩點：一是他對聲音是不是敏感，就像學美術的是不是對色彩敏感一樣，只有你對聲音敏感了，能夠捕捉到不同的聲音，才有可能塑造不同的聲音。二是這個孩子有沒有想像力。音樂沒有具象的東西，比如你說「蒼白」，那是沒辦法形容的，但是一拉你就知道，這個聲音很蒼白，這就是想像力。

馬思聰是作曲家，他在創作的時候很有想像力，他在教琴的時候，就把這種想像力傳授給學生。有一次一位學生童言無忌地問他：「您這個院長怎麼不管事兒啊？」他說：「管事兒？那我這院長就當不成了。」[1]馬思聰很清楚自己的「定位」，滿足於做一個「花瓶」。

作為一名音樂界的「大咖」，馬思聰還被安排擔任音協的副主席，中國音樂家協會成立於一九四九年七月，是中國共產黨領導的、全國各民族音樂家組成的專業性人民團體。其從成立到一九六〇年十一年間，主席為呂驥，副主席為馬思聰、賀綠汀（一九六〇年後，在原有基礎上增加了一個副主席查阜西。）音協內部並不團結，呂驥與賀綠汀雖都是老革命老相識，但他們是針尖對麥芒。

音協大權為呂驥所掌控，對此，非黨人士的馬思聰很不滿但並沒有公開表達，而耿直的賀綠汀根本不買老鄉呂驥的賬，常常放炮。一九五六年三月為解決中國音協兩位領導人呂驥與賀綠汀的團結問題，中國音協舉行黨組擴大會議，會上賀綠汀發言道：

音協領導對於黨外專家的團結工作做得也很不夠：

> 「如馬思聰對《人民音樂》與《文藝報》都不願意看，認為它們是千篇一律，對呂驥也很反感，說他是音樂界的惡霸。過去有人把音樂界分成學院派與新音樂派，但是馬思聰等並不同意他們是學院派。此外，他們還認為現在音樂界是兩個字的名字的人在當權，似乎只有這些人才是中國音樂界的代表人物，他們也很有意見。」[2]

馬思聰在音協有職無權，音樂界眾所周知。一九五七年整風運動中，北京藝術師範學院教授劉雪庵在

---

1 向澤沛口述、文靖執筆：《馬思聰、父親和我》，《記憶》第二二期，二〇〇九年九月七日。

2 《賀綠汀全集》，第六卷，上海：上海音樂出版社，一九九七，第二二一頁。

發言中就提到：「以音協的領導來看，有三個主席，四個秘書長，如果把馬思聰先生去掉，那就成了清一色的黨員領導。既然黨員把工作包下來而未辦好，那麼領導的黨員就要負責。音協副主席馬思聰很多人都覺得他在音協領導機構中，起不了很大作用。另外一位副主席賀綠汀又說音協的宗派主義嚴重，看起來黨員互相之間也有意見。」[1]

雖然馬思聰僅是掛名的副主席、掛名的院長，沒有實權撞不了鐘，但其卻享有極高的物質待遇。馬思聰一家五口住的四合院，面積達二百多平方米，有客廳、飯廳、書房、琴房、臥室、廚房、車庫……前院種了矮柏、石榴、玉蘭、桃樹、柿子樹、梨樹和棗樹、紫藤，後院種了扁豆、絲瓜，還有一個瓷磚屋頂的雞窩。客廳、創作室、臥室甚至走廊、屋簷下擺滿了橡膠樹、貴妃竹、紅山茶。學校給馬思聰撥了專車，派了司機，還派了兩個廚師，一個做中餐，一個做西餐。

馬思聰被定為「高教一級」，每月工資三百六十元。在六十年代初的三年困難期間，學校裏又每月補助他兩百元。困難期結束後，補助依然不取消，一直發到「文革」初期。這樣每月五百六十元的工資，在上個世紀五、六十年代的中國，相當於國家最高領袖毛澤東的水準了。

馬思聰夫婦常在全國各地舉行音樂會。旅費、住宿費由學院支付，音樂會的收入歸他們。誠如馬思聰對《文匯報》記者在一九五七年九月發表的談話所說的那樣：

「在解放前，那時我自己要開音樂會，也真不容易，從租場地到校鋼琴都要自己去搞。現在呢，我每到一地，一切事情音協都給準備得好好的，大大的幫助了我的演出。……」[2]

在當時人均住房面積只有幾平方米、普通工人每月工資只有四十元左右的計劃經濟時代，馬思聰得到

1 劉雪庵：《在中國音樂家協會鳴放會上的發言》，《人民音樂》，一九五七年第六期。
2 葉永烈：《馬思聰傳》，南寧：廣西人民出版社，二〇〇六，第一四一頁。

政府極好的照顧，過著「貴族生活」。

出沒風波裏

一九四九年後，受左的意識形態影響，音樂界決策者不斷強調藝術要服務於政治，空頭政治大行其道，批評家們大棒橫飛，音樂創作流於公式化、口號化。在左的思潮下，西方的東西被視為「洋教條」不能學習，民國前輩的成果則被看作資產階級音樂家的作品受到批判，針對上述種種不良現象，耿直的賀綠汀一九五三年九月在北京參加全國文聯第二次代表大會期間，在中華全國音樂工作者協會全國委員會擴大會議上作專題發言時進行了批評，一九五四年第三期《人民音樂》以〈論音樂的創作與批評〉發表這篇講話。

文章發表後，在音樂界引起非常強烈反響，有共鳴的有異議的。一九五五年二月，《人民音樂》發表題為〈向資產階級思想進行鬬爭〉的社論，首次將這場爭論上綱上線為「無產階級」與「資產階級」、「唯物論」與「唯心論」之間的思想鬬爭。呂驥主編的全國音協機關刊物《人民音樂》其後一年多接連發表二十多篇文章，批賀綠汀「技術至上」，將其定性為「資產階級唯心主義思想」。[1]

馬思聰並沒有介入這場爭論，但他也不能認同音樂界最高決策者所推行的藝術路線。一九五六年七月十二日，受當時百花齊放百家爭鳴大氣候的鼓舞，馬思聰終於在《人民音樂》編輯部所舉行的座談會上一吐為快，發言中，他明確地站在賀綠汀這一方：

1 夏白：《論賀綠汀同志對音樂藝術幾個基本問題的形式主義觀點》，《人民音樂》，一九五五年第四期。

「關於賀綠汀同志的文章所引起的爭論，就用不著那樣大張旗鼓的搞。賀綠汀同志提出加強技術學習是對的。他也並沒有否定學習政治和學習馬克思列寧主義，也沒有否定體驗生活的重要性。他也曾明確地談到技術本身不是目的而是一種手段，學好技術並不等於就能創造藝術。而實際上我們的技術水準很不高，亟須加以提高，難道我們僅僅滿足於我們目前較低的技術水準而不想前進了嗎？」[1]

對音樂界現狀的評價，馬思聰也與賀綠汀一樣，「給分不高」：「我認為目前最嚴重的問題是創作上的公式化和千篇一律，這與音樂領域內所存在的一些清規戒律有關。比如，過去好像只容許一種音樂存在，有一種觀念認為群眾歌曲而特別是進行曲式的群眾歌曲才有存在和提倡的價值，其他形式的東西就不需要注意，也沒有獲得應有的鼓勵。有一個時期，抒情歌曲受到歧視，弄得人不敢寫也不敢唱，其實，人民是非常喜歡優美動人能夠抒發他們內心情感的抒情歌曲的。也有一個時期，似乎存在著一種不提倡歐洲音樂的風氣，認為人民不歡迎這種外國音樂，現在已經有了很大的改變。另外就是創作題材的窄狹和單調。我認為重大的事件應該反映，但是生活中不大的事件也應該反映，不能認為只有反映重大事件的創作才有意義，才有價值。總之，無論怎樣，都不應該妨礙創作上的『百花齊放』這一原則。在創作上一方面固然要『百花齊放』，而另一方面也要『推陳出新』。作曲家也應當成『一家言』，就是說要有自己的個性和獨特的風格。」[2]

1 馬思聰：《居高聲自遠》，南昌：百花文藝出版社，二〇〇〇，第四一頁。
2 馬思聰：《居高聲自遠》，南昌：百花文藝出版社，二〇〇〇，第四〇頁。

為什麼新中國音樂界毫無生機沒有活力，馬思聰把原因歸結為「領導無方」與那些目中無人的「音樂批評家」以及呂驥主持的《人民音樂》雜誌：

「音樂工作的缺點的產生和有一些文化部門的領導者不懂業務有很大關係。我曾聽說過這樣的笑話：某一個地方的文化行政負責人說買鋼琴不合算，買一架鋼琴的錢可以買很多把二胡！」

「音樂批評上的偏向就是鼓勵少而批評多，同時批評的尺度也很窄，目光也不遠大，對於新鮮的東西好像無動於衷。……我認為批評應當特別謹慎小心，否則會壓殺新生的芽苗。」

「從個別的批評者來說可能在看法上會有偏頗的地方，但是作為一個刊物的編輯部就應當特別注意防止亂扣帽子和粗暴的態度。……過去《人民音樂》在這方面做得很不夠。『百家爭鳴』是要讓不同意見爭辯起來，不能只准自己『鳴』而不讓別人『鳴』。……」

馬思聰的發言，還觸及了中國音樂界一個非常敏感的問題：

「我覺得過去有些同志對於聶耳、冼星海的作品的評價是不夠實事求是的。聶耳、星海無疑是偉大的，他們的作品的藝術成就也是不可否認的，但是這不等於說他們的任何一個作品、任何一個地方都是完美無缺、毫無疵瑕。這樣地評價過去的遺產是會引起一些錯覺的。比如，有人就以為只要寫幾十個群眾歌曲就能偉大了，而不去考慮聶耳同志所處的時代和他的歌曲在那個時代的作用。星海同志有的作品在配器上是有缺點的，我們為什麼也把這種技術上的缺點看成是他的獨特的藝術手法呢。而另一方面由於對『五四』以來的音樂作品缺乏深刻的研究，似乎覺得其他一些與聶耳、星海同時的作曲家的作品都是非現實主義的或者是反現實主義的東西而加以漠視，這是不公平的。因此，我們需要更好地深入研究『五四』以來的不同流派不同風格的作品，給予它們應有的評價，把其中好的東西繼承下來加以發揚。我認為這是我們目前應該做的重要工作之一。」[1]

馬思聰的上述發言比起那些被打入另冊的右派言論，「毫不遜色」，為何馬思聰在一九五七年的反右運動中沒有「中槍」呢？其得力於貴人相助，周恩來總理從內定的右派名單中，圈去了馬思聰的名字。[2]與幸運的馬思聰相比，不少人在反右中運交華蓋，跌進人生的深淵，如前文提到的劉雪庵被劃為右派後，行政撤職，留用審查，工資降三級，下放圖書館資料室任資料員。中央音樂學院也有近五十名師生成了被社會拋棄的「另類」。以後馬思聰說，一九五一與一九五七年都曾讓他緊張了一陣子。[3]

逃過一劫的馬思聰並不能潔身自好，他還需要通過批判同類來獻忠誠，一九五七年在北京音樂界辯論會上，他說：

在這幾次批判右派分子劉雪庵、張權的座談會，經過許多位同志的揭露，已經把他們難看的面目清楚地原形畢露地攤開來了。

我對他們不相熟，所以不能對他們反動的言行有更多的敘述，我只能借這個機會簡單地談一點點

1 馬思聰：《居高聲自遠》，南昌：百花文藝出版社，二〇〇〇，第四二頁。
2 葉永烈：《馬思聰傳》，南寧：廣西人民出版社，二〇〇六，第一六五頁。
3 葉永烈：《馬思聰傳》，南寧：廣西人民出版社，二〇〇六，第一九五頁。

感想。

我看到右派分子的一個共同的地方，就是他們強烈的資產階級個人主義。對於他們，一切必須符合於自己的利益，他們的世界裏只有一個無窮巨大的「我」，這個「我」把一切別的東西都蓋住了。他們不知有別人的存在。他們的眼睛最遠也只能看到自己的鼻尖，他們看不見國家，看不見集體的利益，他們的算盤打得很精，只要對自己有利，什麼都幹得出來。

個人主義如果只停留在個人的自私自利上，那麼一般的來說只表現在個人的品質上的或大或小的缺點。但是，個人主義是要發展的，他的發展的方向是不僅要自私，並且要損人，要損害集體，要損害整個的國家民族。如果個人主義與政治一旦結合，其後果是非常可怕的了。[1]

檢索馬思聰一九五七年的反右文字，用詞上也有一些上綱上線之處，但與當年批判者語言流行的粗鄙化妖魔化相比，他的表現已相當不錯。性格平和的馬思聰不習慣也不善於使用那種火藥味濃的階級鬥爭語言。

一九五八年大躍進期間，高校對權威搞起了「拔白旗」運動，馬思聰被視為引導學生走「白專」道路的一面「大白旗」，受到作曲系師生的批判。但這種批判對馬思聰衝擊很有限，他依舊出國、開會、著文，到濟南、青島、西安等城市舉辦小提琴演奏。

一九五九年二月，《人民音樂》發表董大勇的〈評馬思聰先生的獨奏音樂會〉一文，這篇文章首先將馬思聰的演奏曲目直接與黨的文藝方針聯繫起來：「在節目的選擇上，除了馬先生自己的《牧歌》、《思

1 馬思聰：《在北京音樂界辯論會上的發言》，《首都音樂界反右派鬥爭資料（二）》，首都音樂界整風聯合辦公室編印，一九五七年十一月。

鄉曲》、《西藏音詩》等解放前的曲子外，其餘都是西歐古典音樂家的作品，新中國和蘇聯及其他社會主義國家的樂曲一首都沒有，就是他解放後創作的《跳元宵》等樂曲也沒有演奏，這不能不令人感到遺憾，我不知馬先生對於黨的『厚今薄古』和一切文化藝術都要『為政治服務』的方針是如何理解的？」

作者還點了馬思聰所演奏的其他作品，「馬思聰演奏舒伯特的《聖母頌》是有充分把握將聽眾引入禮拜堂，引到神像腳下的」，「聽了馬先生的《西藏音詩》我們腦海中一些健康的活潑的西藏民歌無論如何和這聯繫不起來，雖然作者也曾標榜他採用了當地的民歌。我們認為馬先生是在歪曲、醜化西藏的面貌，希望馬先生在這批判『資產階級學術思想』的今天，能在創作和演奏上展開自我批判，希望看到本文後參加討論。」[1]

此文在音樂界引起爭論，有人支持此文的觀點，有人明確反對。鑒於「關於馬思聰演奏曲目的討論」已經引起了音樂界內外的廣泛關注，中國音樂家協會指揮和器樂兩會員小組於一九五九年四月三日就此舉行了座談會。會後，《人民音樂》在一九五九年第四期開闢「關於音樂表演節目問題的討論」專欄，並配發編者按，號召音樂工作者參與討論。

一九五九年第七期《人民音樂》發表題為〈讓音樂表演藝術的百花燦爛開放〉的編輯部文章，為這場討論做了小結。《人民音樂》編輯部的文章旗幟鮮明地對馬思聰給予了充分的肯定。文章指出：

> 「在前人所遺留的優秀藝術遺產中，我們還可以感受到深遠的精神生活傳統，使我們視野廣闊，胸襟開曠。目前在建設社會主義文化，不久的將來要建設共產主義文化的中國人民，有什麼理

[1] 董大勇：《評馬思聰先生的獨奏音樂會》，《人民音樂》，一九五九年第二期。

由捨棄前人所創造的藝術財富呢？」

從整體而言，此次「關於馬思聰演奏曲目的討論」仍然是在學術的平臺上進行探討的，沒有摻雜進過多的學術以外的因素。[1]馬思聰對此討論沒有發表自己的看法，也沒有受到過大的壓力。

可在階級鬪爭年年講月月講天天講的指示發出後，《人民音樂》一九六四年十二期，不得不就「馬思聰演奏曲目討論」問題發表了編輯部「檢查」。

此篇「檢查」不但完全拋棄了「小結」所持的尊重表演藝術規律的科學立場以及對中外音樂文化遺產的寬鬆態度，而且也將古今中外一切優秀的音樂文化遺產統統稱之為「資產階級」和「封建主義」而一概加以拒絕，並將這些「音樂遺產」與「階級鬪爭」、「政治鬪爭」聯繫起來，與廣大中國音樂家聯繫起來進行批判。文章指出：「有人以『音樂遺產』為陣地，從這裏向新生的社會主義的音樂進攻。以資產階級、封建主義的東西去削弱、去排擠、去代替社會主義的音樂。這裏是一個戰鬪激烈的戰場、在前人所創造的各種美妙標題的音樂中，經常是炮聲隆隆的。」

當極左思潮日漸昌盛時，藝術家創作空間益發逼仄，馬思聰舉辦音樂會也越來越難，「除了一九六二年很短的一段時間之外，德彪西和拉威爾的作品被禁止，二十世紀大部分西方作曲家的作品也被禁止。只有貝多芬、勃拉姆斯、舒伯特和其他古典作曲家的作品能夠演奏。到一九六三年以後，西方音樂則全部被禁止了。」[2]在此形勢下，他只能在家中自彈自唱，從此就和妻子兒女們差不多一直待在家裏，偶而作一

---

1 張雯雯：《〈人民音樂〉與當代中國音樂批評（一九五〇——二〇一〇）》，東北師範大學博士論文，二〇一三，第四二頁。

2 葉永烈：《馬思聰傳》，南寧：廣西人民出版社，二〇〇六，第一九〇頁。

些曲子，再也不能在外面舉辦音樂會。

琴音難覓

與當時普通高校隸屬於高教部不同的是，藝術類院校由文化部領導，其規模都比較小，中央音樂學院一九六五年在校學生為兩百三十人，其中研究生一人，本專科生兩百二十一人，進修班五人，外國留學生三人。在校學生最高峰是一九六〇年，達到四百七十二人。畢業生最高峰是一九六三年，九十六人。[1]學校文革前有作曲系、指揮系、音樂學系、聲樂系、鋼琴系、管弦系，教職工只有三百來人。學校設有附中。中央音樂學院是當時藝術類學校中唯一一所全國重點大學。

有別於一般學校生源的是，音樂學院的學生家庭背景都相對較好。不少學生都來自於官宦之家。

一九六五年底起，媒體裏充滿著大批判的火藥味，批吳晗，批三家村等，馬思聰家中擁有當時平民百姓可望不可即的電視機，可所看到的寥寥無幾頻道全是強辭奪理的大批判，馬思聰很是失望。

一九六六年五月的一個周日，一個學生例外地沒有帶小提琴來到馬思聰家裏，他說往後再也不能繼續跟老師學習下去了。原因是已經開始了「文化大革命」，別人批評了他有資產階級思想和資產階級生活方式，所以，他再也沒有勇氣拉小提琴了。這是馬思聰第一次聽到「文化大革命」這個詞。對此，他感到困惑，但並沒有想到其不久會對自己形成巨大的衝擊。

「五一六通知」下發後，鬥爭矛頭直指資產階級權威與當權派，許多文人為此寢食不安，可馬思聰

1 中央音樂學院院史編輯部：《中央音樂學院院史》，一九八九，第一六九頁。

當時倒也並不感到害怕。一位朋友曾對他說：「你沒有寫過什麼文章，沒講過錯話，你是沒什麼可擔心的。」馬思聰也認為自己這多年沒有當權也沒有得罪什麼人，應該不是這次運動的對象，他覺得，自己「唯一的『過錯』，只是拿了中央音樂學院院長的薪水，雖然我實際上並不在那兒上班。從一九五〇年起，我被任命為這所學校的有名無實的領導人，事實上學校的一切實權是在副院長手裏。」

六月一日晚，北京大學聶元梓的大字報在中央人民電臺廣播後，各高校的文革烈火開始燃燒，中央音樂學院聲樂系高貴毅等貼了第一張炮轟院黨委的大字報後，校園遍地都是大標語與大字報。大字報批判的對象既有黨政領導也有一些專家權威。

馬思聰極少去學校，對學校情況不瞭解。其後有人來告訴他，學校裏已有人貼了他的大字報，給他扣上了「反動學術權威」、「大吸血鬼」的帽子。一位朋友勸告馬思聰，為了不致使事態擴大，最好先主動作自我批評。馬的妻子和女兒馬瑞雪也贊同他的忠告。馬思聰認為除了自己缺乏進取心之外，沒什麼可認錯的。最後，由他的女兒以其名義寫了一個聲明：我熱情地支持文化大革命，雖然我沒有承認任何具體的「罪狀」，但我仍表示願意接受改造。接著弄來三張黃紙，把聲明抄成大字報，標題是《我的決心》。抄好後，馬思聰就把它帶到學校裏去了。這時全校停課搞運動，偌大的校園難覓琴聲。這所藝術的殿堂充斥的是高音喇叭聲與革命口號聲。

出乎馬思聰意料的是，學院當家人——學院黨委書記兼副院長趙渢竟不許馬思聰把大字報貼出來，馬思聰猜測其意圖是「丟卒保車」，把他作為擋箭牌來轉移對自己的批判，這是當時掌權者最擅長的遊戲。可趙渢這著棋此刻已不靈了，被文革洗腦的學生鎖定當權派不動搖，把火力對準了趙渢，不久就讓他停職反省接受批判。

學院各級領導處於癱瘓狀態，為了領導學校運動，文化部、北京市委派由高等軍事學院幹部、教員組成的毛澤東思想宣傳隊進駐音樂學院。[1]接替趙渢主事的，是一位對音樂一竅不通的姓王的海軍軍官。

上旬的一天，音樂學院附中的一名學生看到馬思聰，把馬思聰帶到其所在學校，在附中，五十四歲的馬思聰就被一群亢奮的少年圍在中央，批判他年初創作的一部作品《焦裕祿悼歌》有嚴重的政治問題，「你為什麼寫出那麼哀傷的曲子？你不配為焦裕祿譜曲！」面對這群天不怕地不怕的中學生，馬思聰不敢做任何申辯。批鬭一陣後，學生將馬思聰押送回家，並塞給其一大捆大字報，命令他張貼在家裏並一一閱讀，受到羞辱的馬思聰氣憤之餘，把這些大字報統統塞進了貯藏室裏去了。

幾天以後，學校工作組打來電話叫馬思聰到校參加文化大革命。馬思聰一進學校，立刻陷入了幾百個狂吼亂叫的大學生的包圍之中。他們高喊：「打倒資產階級臭權威！」馬思聰一動不動地站在那裏，有人朝他投來一個書包，還好沒有打中。

十六日，院長馬思聰、副院長兼黨委書記趙渢、副院長江定仙、喻宜萱及各系主任等十七人去海澱白頤路社會主義學院參加文化部的「學習班」，在這裏集中了文化部首都各個直屬院校、團體主任級以上的幹部，以及一些有名的教授，總共約五百人。

從六月中旬到八月初，馬思聰在這個地方度過了五十多天。其吃住條件跟三星級賓館差不多，大家按軍事化編成小隊，在軍官的看管下，以小隊為單位一起讀文件，進行討論。在空餘時間裏，讓大家寫大字報。有寫自己的，寫別人的，也有寫走資本主義道路的黨內當權派的——叫做「走資派」。吃完飯，大家一起散散步，滿院子都是院長、系主任。

這期間北京的文革日趨激進，一些人被打死，一些人被迫自殺，更多的人被批鬭污辱，造反派與工作

[1] 中央音樂學院院史編輯部：《中央音樂學院院史》，一九八九，第五二頁。

組間的矛盾不斷升級，七月底，各高校的工作組在毛澤東的批評下，不得不倉皇撤回原單位。雖然在社會主義學院「學習班」的日子過得既枯燥又乏味，但馬思聰也避免遭到造反派的衝擊。

音樂學院工作組撤走前，組織了院「革命委員會籌備委員會」，指定原黨委組織幹事黃文雅為主任，音樂學系學生陳蓮為副主任。[1]

八月九日上午，馬思聰等院領導結束在社會主義學院的學習，坐上卡車回到音樂學院參加運動。在校門剛下車，就有人把一桶漿糊倒在馬思聰的背上，另一些人就往他的身上貼大字報，接著又把寫著「牛鬼蛇神」紙做的高帽子戴到了馬思聰的頭上，並在他的頸脖上掛了一塊硬紙板，上面寫著「資產階級音樂權威——馬思聰」。不多久，又添了一塊小牌子，上面寫著「吸血鬼」三個字。最慘的當屬學校一把手趙渢，學生讓其穿上肥大的羊皮襖（為的是咒罵他是「披著羊皮的狼」——引者注）。當時正是北京最炎熱的八月，氣溫不下三十八攝氏度。

熱血沸騰的學生們又給這些剛從社會主義學院回來的「牛鬼蛇神」一只搪瓷破臉盆作為「喪鐘」，讓他們拿了一根小棒，一面走一面敲打，在校園裏遊了一圈。一路被連推帶搡，有人還朝他們吐口水。遊校結束後，讓他們站在大禮堂前的臺階上，低頭認罪。

折騰完畢，人群散去，「牛鬼蛇神」們被吆喝著到院子裏勞動，拔草、掃地。教作曲的蕭淑嫻，學生把她的高跟鞋扔掉一支，讓她穿著一支鞋子勞動。天晚了，蘇夏、吳祖強等等「二類黑幫」可以回家，「一類黑幫」繼續留下，住進5號樓後面的一排練琴房，兩個人一間，只有兩張光禿禿的硬板床和一張小桌。分配好住處後，革命小將命令黑幫們排隊到食堂，每人給一個大碗，盛些剩飯剩菜，混在一起吃。

1 中央音樂學院院史編輯部：《中央音樂學院院史》，一九八九，第一一七頁。

馬思聰屬於一類黑幫，受到「重點照顧」，關他的琴房門上寫著「黑窩」，一面牆上用紅色顏料寫著「打倒吸血鬼！」、「誰不老實就砸爛他的狗頭！」另一面牆上是大的玻璃鏡子，馬思聰的一舉一動都可在看守的監控之下。

「黑幫」們每天早上六點起床，學習毛主席著作或報紙社論。早飯後，從八點鐘起，一直勞動到中午，所從事的完全是毫無意義的勞動——整理一堆堆亂七八糟的碎石頭，或者就是把破爛從這幢樓搬到另一幢樓。每天下午和晚上，要寫自我檢查。檢查裏幾乎重複著這些句子：「我們是趙渢的資產階級黑幹將」、「對我們的鬪爭和改造是完全必要的」。每天，要把這些書面檢查寫好，交給看守。早上和晚上，「黑幫」們還要集中在一起，齊唱侮辱自己的《嚎歌》：

我是牛鬼蛇神，
我有罪，我有罪。
人民對我專政，
我要老老實實。
如果我不老實，
就把我砸爛砸碎！

最使馬思聰感到恐懼的是人身折磨。任何時候，紅衛兵都可以命令「黑幫」低頭，叫「黑幫」用四肢在地上爬行。好幾次，他們把馬思聰的房間弄得亂七八糟，把書扔亂一地，把床翻了一個身，把床單也撕了。有一個紅衛兵抓起馬思聰的被子，使勁往屋頂上扔，並大叫：「這是革命行動！」

有時，紅衛兵命令馬思聰等人面牆而立，一直到他們下命令讓轉過來為止。有時，他們還會讓「黑幫」在烈日下低頭站在那裏烤灼，搞得馬思聰汗流浹背痛苦不堪。

一天夜裏，兩個紅衛兵闖進馬思聰的「黑窩」，男的就用皮帶抽打馬思聰，女的則狠狠打馬思聰耳光，並朝他臉上吐痰。與他同室的趙渢更是被打得頭破血流。還有一次一位吹長笛的姓林學生，拿著一把小匕首，對著馬思聰說：「我要找你算帳！你要老實交待問題。要不我就拿刀子捅了你！」這給馬思聰造成很大的精神壓力。[1]

學院的部分工人組成「紅色造反隊」，其頭目專打馬思聰，說什麼「以前你讓我們工人做牛做馬，現在我們也要讓你做牛做馬」。工人一邊拷打他，一邊硬是把他的頭壓倒在地上，讓馬思聰用嘴去啃地上的野草和泥巴……[2]

這些施虐者動機也較複雜。有些人是真心響應號召，積極投入；有些人因為家庭出身不大好，於是就表現得極革命；有些是大勢所趨，隨大流，心裏不一定那樣想；但也有的人心地不好，有企圖，用踩別人來抬高自己。總之，各式各樣的人都表演過。

抱琴偷渡

一九六六年八月一日，毛澤東寫信支持紅衛兵後，紅衛兵組織在各地迅速成立，對教師的暴力升級，

1 葉永烈：《愛國的「叛國者」——馬思聰》，上海：文匯出版社，二〇一〇，第二〇三頁。
2 儲望華：《憶父談藝錄》，合肥：安徽文藝出版社，二〇一三，第三〇頁。

八月五日北京師範大學附屬女子中學卞仲耘副校長被打死以後，許多被打成「牛鬼蛇神」的教師對這種紅色恐怖膽顫心驚。

八月十四日晚上八點半，夜幕降臨，中央音樂學院管弦系的紅衛兵衝擊了馬思聰家，這時馬思聰關在學校「黑窩」裏，家中只有妻子王慕理與兒子馬如龍、女兒馬瑞雪。抄家學生中一半是馬瑞雪的同學，為首的是位拉低音大提琴的男生，一向單純溫順，他高聲質問馬思聰的妻子：

「你和你的丈夫馬思聰過著高等的生活，他拿著高薪金，住著深屋大院，可是，他為人民做過什麼事情呢？他幹著反對人民，反對社會主義，反對毛澤東思想的事情。他喝人民的血，吃人民的肉，到處開音樂會，妄想在青年當中大量放毒。我告訴你，他辦不到！現在我們已經把他從世外桃源裏揪出來，對他實行專政。你也不例外，從今以後我們每天都要來監視你勞動，如果你頑固不化，就只有死路一條。」[1]

這些每天都與優美的旋律相伴的小將們在訓斥了一番王慕理後，找出報紙和毛筆，寫了「批倒馬思聰」之類大字標語，貼在馬家大門上，貼到小院的牆上。

一直鬧騰到夜裏十點多，他們才揚長而去。臨走，還規定王慕理和馬瑞雪每天必須寫出一份揭發馬思聰的材料，交到學校去。

[1] 馬瑞雪：《馬思聰蒙難記》（全新足本），香港：大山文化出版社，二〇一四，第五頁。

只在家中相夫教子，從未上過班的王慕理恐懼於抄家，恐懼於京城的紅色恐怖，聽說南京那邊還較安定，便決定先到南方躲躲風頭。第二天一家三口便乘火車南下。走前變賣了部分家具，並把貴重品寄存在朋友處。

一九六六年八月三十一日，上海音樂學院民器系二胡副教授陸修棠投河自盡；六天後，指揮系主任楊嘉仁教授夫婦雙雙歸天；九月九日，鋼琴系教授李翠貞在家中擰開煤氣；十三日，附中管弦科教師李少柏也走上絕路。短短兩周，上海音樂學院就有五人自裁。

「中央音樂學院的紅衛兵聽了，竟說：『我們這兒的運動沒有搞好，怎麼一個教授也沒死？！』……」[1]與上海音樂學院成為文革的重災區不同的是，中央音樂學院文革期間只有一位生活管理員鄭華彬在清理階級隊伍中於一九六九年五月二十八日自縊身亡。鄭為印尼的愛國華僑，為人極好。[2]

家人逃走後，馬思聰繼續關在學校「牛棚」裏受到虐待，只有周日可以回家，這時他住的四合院亂七八糟，東一堆煤球，西一輛自行車，往日乾淨、整齊的小院已不復存在。客廳、飯廳、客房、廚房，全都被「瓜分」了，五戶人家各占一方。紅衛兵們佔領了馬家當年的臥室。馬家小院，已成了名副其實的大雜院。

馬思聰只得在一間儲藏室安身。這對於馬思聰真是「翻天覆地」的變化，從天上變成地下。

家人逃走了，自己在牛棚，一家人何時能夠團聚，能不能團聚，都成了未知數。

儘管這不是常態，總有一天正要壓邪，可這苦日子何時才是盡頭，馬思聰陷入了迷惘、痛苦之中。他

1 葉永烈：《愛國的「叛國者」——馬思聰》，上海：文匯出版社，二〇一〇，第二〇四頁。
2 中央音樂學院院史編輯部：《中央音樂學院院史》，一九八九，第一一八頁。

平生第一次嘗到鞭子的滋味。一向養尊處優的他，驟然跌入苦難的深淵。他，曾經選擇了死。他幾度自殺而未成。最後，直至女兒馬瑞雪為他聯繫了出走之路，他幾度彷徨，幾番猶豫，眼看形勢一日緊似一日，他才孤注一擲，以死求生……[1]

十一月二十二日，馬思聰隨同悄然來京的二十三歲的女兒馬瑞雪乘上南下的火車，他在這個城市生活了12年，想不到他這次偷偷摸摸地離開，竟是同這個城市的永別。上車前，他只帶走了一把自己心愛的小提琴——文革開始以來的一百多天中，他都沒有拉琴了，他在音樂學院也聽不到任何琴聲，他在中國大地也聽不到琴聲。美妙的琴聲早已成為他生命中不可缺少的一部分，寧可食無肉，不可居無琴。為了再次聽到那些百聽不厭的激動人心的弦律，一向膽小謹慎的馬思聰豁出去了，他決定賭一把，離開動盪的祖國，去異域流亡。

次年一月十五日晚，馬思聰和妻子、次女、兒子一起，通過蛇頭的幫助，從廣東珠江邊的黃埔坐上「〇二」號艇前往香港。

「夜氣如磐，風高浪急，邊防軍密佈成陣，探照燈交叉如織，九死一生，間不容髮。偷渡終於幸運地成功了。十八年前，馬思聰夫婦高高興興，從香港回返大陸，十八年後，卻這樣棲棲惶惶，重來香港。當他們在晨光熹微中踏上香港海岸的時候，是一種什麼情懷，心裏想的是什麼呢？」[2]

冒險幫助馬思聰一家偷渡出海的幾個船工，和馬家素昧平生，仗義救人，只是出於對馬思聰的景慕之情。當時夜色如墨，心慌意亂，彼此面貌也無從認辨，馬瑞雪一九八八年回廣州時，才有機會代家人向恩

1 葉永烈：《愛國的「叛國者」——馬思聰》，上海：文匯出版社，二〇一〇，第二〇七頁。

2 柯靈：《馬思聰劫難》、馬思聰研究會編：《論馬思聰》，北京：人民音樂出版社，一九九七，第四五一頁。

人當面道謝。這時她的父親已遽歸道山。

文革期間，有許多人不堪折磨，也想潛逃，可在管控極嚴的國度，無路可逃。被打成右派的北大高才生沈元一九七〇年化裝闖逃北京馬里大使館未遂被槍斃；國家副統帥林彪叛逃途中折戟沉沙。馬思聰是文革期間國內名人中唯一偷渡成功的。

「投敵」之後

在香港短暫停留後，馬思聰選擇了去當時中國的頭號對立面美國。美國有他也是音樂家的弟弟馬思宏。一九六七年四月紐約，馬思聰第一次在美國公開露面，第一次舉行記者招待會。他在〈我為什麼離開中國——關於「文化大革命」的可怕真相〉的講話裏，披露了他在文革中的所見所聞。

> 我是音樂家。我珍惜恬靜、和平的生活，需要適宜工作的環境。我作為一個中國人，非常熱愛和尊敬自己的祖國和人民。我個人所遭受的一切不幸和中國當前發生的悲劇比較起來，完全是微不足道的。眼下還在那兒繼續著的所謂「文化大革命」運動中所出現的殘酷、強暴、無知和瘋狂的程度是十七年來所沒有的，也是史無前例的。「文化大革命」在毀滅中國的知識份子，毀滅中國的文明。我和許多黨內外多年以來雖然不是一直掌權但畢竟是起過很大作用的人的遭遇是一樣的。去年夏秋所發生的事件，使我完全陷入了絕望，並迫使我和我的家屬像乞丐一樣在各處流蕩，成了漂流四方的「飢餓的幽靈」。如果說我的行為在某種意義上有什麼越軌的地方的話，那就是我從中國出走了……[1]

[1] 葉永烈：《愛國的「叛國者」——馬思聰》，上海：文匯出版社，二〇一〇，第一五頁。

在文化大革命正如火如荼不斷深入時，在視文化大革命為人類偉大創造之際，竟有人如此攻擊它，並且攻擊者還是堂堂的中央音樂學院院長，這當然有損文化大革命的光輝形象。

馬思聰的這篇講話被蘇聯、英國、日本等國的多家媒體以不同的篇幅轉載。其中七月十九日，蘇聯《文學報》在刊發時加了標題〈我為什麼離開中國〉，並加了按語。獲悉這篇講話後，造反派恨不得把馬思聰剁成肉泥，可他遠在大洋彼岸，加上當時中美處於對峙狀態，沒有外交關係，在北京也就沒有美國大使館。紅衛兵們無法對美國發洩心中的怒火，也不能找馬思聰算帳，便把火氣撒在轉發此文的死對頭蘇聯。

中央音樂學院的紅衛兵，串聯了北京許多學校的紅衛兵，走上街頭，高呼「打倒馬思聰」。隊伍的最前頭是一輛三輪車，車上綁著一個稻草人。那稻草人戴著大口罩，一手拿小提琴，一手拿唱片，唱片上寫著《思鄉曲》，稻草人身上寫著「叛國分子馬思聰」。

遊行隊伍包圍了蘇聯駐北京的大使館。在震山撼海般的「打倒馬思聰」的口號聲中，紅衛兵們把煤油澆在稻草人身上，點起了熊熊火光。

次日，許多外國報紙刊登了紅衛兵焚燒草人「馬思聰」和衝擊蘇聯大使館的照片。「馬思聰事件」成為國際矚目的新聞焦點。

中央音樂學院的小報上，刊發了署名「音哨兵」之作〈砸爛叛國分子馬思聰〉：

> 「自從這份宣言發表之後，馬賊的盧山真面目已是大白於天下。他竟然匍匐在美帝的腳下，幹起鷹犬的勾當。
>
> 為了向美帝國主義求歡取寵，馬賊不惜顛倒黑白，惡毒攻擊世界上最偉大的具有劃時代意義的無產階級文化大革命，胡說：『眼下還在那兒繼續著的所謂文化大革命運動中所出現的殘酷、強

暴、無知和瘋狂程度是十七年來所沒有的，也是史無前例的。……』他公然為中國的赫魯雪夫及其大小爪牙鳴冤叫屈。

馬賊把文化大革命中建立了不朽功勳的紅衛兵，說成是『一群狂暴的少年』、『狂吼亂叫的大學生』；把革命群眾對他的正義鬪爭，說成是『駭人聽聞』、『殘暴行為』、『野蠻的場面』。馬思聰就是這樣用『現身說法』，把自己作為美帝反華的活廣告，其卑鄙無恥已經到了何等地步！

『被敵人反對是好事而不是壞事。』馬賊越是攻擊、咒罵，就更加證明文化大革命好得很，一千個好，一萬個好！史無前例的無產階級文化大革命不僅在中國取得了輝煌的成績，而且必將在全世界取得勝利！……

『沉舟側畔千帆過，病樹前頭萬木春。』無產階級文化大革命正以雷霆萬鈞之勢，從根本上搖撼著美帝的統治寶座，你們徹底滅亡的日子已不遠了！……」[1]

時間是一面篩子，篩去虛假，留下真實。當年那「音哨兵」的滿紙豪言，如今成為笑柄，而馬思聰的一席痛訴，如今成為徹底否定「文革」的可貴史料。

馬思聰在國外的言論損害了文化大革命的光輝形象，也讓文革新貴們極其惱火，公安部將馬思聰定性為「叛國投敵分子」，他們抓不到馬思聰，但為了威懾後來者，也為了顯示無產階級專政的威力，他們動用了大量的人力與物力，對那些與馬思聰流亡有關係的人，進行打擊，製造了不少冤假錯案。

掩護馬思聰離開北京的六十七歲廚師賈俊山以出謀獻策等罪被判入獄五年，大哥馬思齊夫婦被雙雙打

1 葉永烈：《愛國的「叛國者」——馬思聰》，上海：文匯出版社，二〇一〇，第二〇一頁。

成「現行反革命」監禁三年，馬思齊長女馬迪華因被判現行反革命在監獄中心臟病發慘死，次子馬宇亮被判十二年徒刑，上初中的馬宇明也被判九年徒刑，馬思聰的妻妹王志理和他的丈夫因在南京收留姐姐王慕理，也成為審訊對象，馬思聰的六妹鋼琴家馬思蓀受到拘捕審查，最慘的還是馬思聰的二哥馬思武，這位上海外國語學院的教授，與三弟多年不來往，也受到紅衛兵的侮辱與毒打，在一九六八年七月十一日離奇墜樓。

在美國，馬思聰脫離了文革的苦海，可他內心常常很沉重，那就是還有不少人受他牽連還在飽受摧殘。他一九六八年八月二十三日的日記就寫道：

> 晚得思錦姊自加拿大電話，說武兄已在上海「自殺」，錦姊在電話中哭不成聲，齊兄與蓀妹也隔絕，生死存亡尚未知曉。國內人民何辜？遭此大劫，我家人何罪，也不免於家散人亡。[1]

馬氏兄弟姐妹十人，思聰排行第四，其上有兩個哥哥（馬思齊與馬思武皆留法）一個姐姐（馬思錦，定居加拿大），其下還有五個妹妹一個弟弟，受他的影響，除早逝的兩個妹妹外，其弟妹都是音樂工作者：馬思蓀（女，鋼琴，任教上海音樂學院）、馬思琚（女，鋼琴大提琴，任教中央音樂學院）、馬思宏（男，小提琴，定居美國）、馬思芸（女，長笛，任教中央音樂學院）。其子女與妹夫、妻弟也都在音樂圈中。馬家兄妹與親屬可以組成一個樂隊。

來美國半年的馬思聰便買了一幢帶游泳池的房子，[2]懂英文的他在新大陸重操舊業，帶學生，創作，

1 馬思聰：《居高聲自遠》，南昌：百花文藝出版社，二〇〇〇，第一八五頁。
2 馬瑞雪：《父親的微笑》、馬思聰研究會編：《論馬思聰》，北京：人民音樂出版社，一九九七，第五一三頁。

開音樂會，這裏「沒有政治污染，沒有開會的通知單，更沒有費時費事而又不得不接的電話，不能不參加的歡送與酬酢。撇開國難鄉愁，馬思聰應有『久在樊籠裏，復得返自然』之感的。」[1]

十年文革結束後，諸多冤案得到平反昭雪，可由於馬思聰是一名「叛國投敵分子」，改正較遲。一九八五年二月六日，文化部發出〈關於為馬思聰平反的通知〉，十二日，中央音樂學院致函馬思聰，正式通知他公安部、文化部的決定。三月二日，內地電臺重新播放他的音樂作品——這距他的作品被禁整整十九年，十九年的隔離，讓馬思聰這個名字對許多人來講已很生疏。隨即馬思聰給國內老友回信自嘲：「直到讀了文件才知道我原來是『叛國投敵』！真想不到一介書生，滿腦子音符的人，竟會得這樣『了不起』的稱呼！」[2]

一九八六年一月四日，吳祖強代表音院來信，補發工資兩萬九千元，物資兩萬四千元，共五萬多人民幣（時工人的月工資為五十元左右）。[3]中央音樂學院等組織向馬思聰多次發出邀請，希望他回來看看。「我將在適當的時候回去」。這是他對所有勸他回去、或至少歡迎他回去走走的人的答覆。[4]

一九八七年馬思聰在美國病逝，享年七十五歲。他生命的最後二十年曾到過臺灣、泰國、歐美、菲律賓等許多地方，可卻沒有到過這個曾給他歡樂也給他痛苦的故土。

他為什麼不願意回家看看？他還有什麼回國的前提條件未能滿足？這謎底還有待發現。

二〇〇七年他的骨灰才回到故國，葬在廣州白雲山麓，此時距他離開這個世界已有二十個春秋。願他的英魂歸憩於故土。

1 馬國亮：《馬思聰追憶曲》、馬思聰研究會編：《論馬思聰》，北京：人民音樂出版社，一九九七，第四九八頁。
2 張靜蔚編著：《馬思聰年譜》，北京：中國文聯出版社，二〇〇四，第一八九頁。
3 馬思聰：《居高聲自遠》，南昌：百花文藝出版社，二〇〇〇，第二一二頁。
4 馬國亮：《馬思聰追憶曲》、馬思聰研究會編：《論馬思聰》，北京：人民音樂出版社，一九九七，第五〇〇頁。

狂風大浪中捍衛良知的校長——賀綠汀

上電視直播的批鬥大會，上海音樂學院院長賀綠汀是中國有史以來第一人，也可能是舉世無雙。在人屋簷下的他卻仍不識時務，讓批鬥者威風掃地，這名光榮的孤立者為此也付出了慘痛的代價。

賀綠汀一些膾炙人口作品如《牧童短笛》、《遊擊隊之歌》、《四季歌》、《嘉陵江上》等都寫於他四十歲之前，創作於國家動盪不安的歲月；一九四九年後，賀綠汀從一介平民躍升為一院之長，住進上海市中心的花園洋房，其後半個世紀裏，他的創作一直不景氣，沒有寫出一首讓他自己滿意讓社會認可的優秀作品。分析其後半生的曲折坎坷，謎底就能浮出水面。

與音樂界「大哥大」呂驥的糾葛

一九四九年十月，身著軍裝的賀綠汀來到上海音樂學院出任一校之長。當年的他沒有想到他要在這個位置上幹到退休；他更沒有想到這個位置給予他的痛苦遠多於歡樂。

時占地十六畝的上海音樂學院還在江灣，其前身叫國立音樂專科學校，這是賀綠汀的母校，這裏的一草一木，賀綠汀並不陌生。

可物是人非。恩師黃自和老校長蕭友梅都已駕鶴而去，老校長只活了五十六歲，而恩師黃自的生命音符則在第三十四個年頭戛然而止——一九三八年病逝。

蕭友梅獲得德國萊比錫大學博士學位；黃自十二歲進清華學校，二十歲公費赴美留學，先在歐伯林學院後在耶魯大學音樂學院深造，二十五歲回國任教。

賀綠汀比老師黃自還大一歲，一九三一年，二十八歲的他才考取國立音專——一九二七年破土而出的這所學校成立未久，一切因陋就簡，但在這裏賀綠汀不僅學到了豐富的知識，而且從黃自老師那兢兢業業誨人不倦樂於助人平易近人的優秀品質中，得到了人格的薰陶，雖然沒有拿到畢業文憑，[1]但賀綠汀自始至終對母校對黃自老師充滿著感激之情。他曾在黃自追悼會後發表〈哀悼我們唯一的導師黃自先生〉一文，並終身稱黃自為「最大的恩師」，他著文讚美黃自「他的生命雖然短暫，但他的作品已顯示出新中國音樂的方向。他親手培養出許多的青年作曲家，他的功績是不可磨滅的。」[2]

這種對母校對黃自的積極評價，讓他與左翼文化界產生了不可調和的分歧。還在賀綠汀沒有畢業之前，在上海的共產黨地下組織左聯就視國立音專為「資產階級買辦學校」、視黃自為「學院派音樂家」，說其是「和左翼音樂家領導的『新音樂運動』唱對臺戲的」，[3]呂驥一九五一年在《河北民間歌曲選》序文還繼續以前的觀點：「中國高等音樂教育幾乎有三十年是在買辦資產階級的方針指導下，走著一切唯西洋最崇高的錯誤道路，結果許多創作人才被窒滅了，被斷送了，這應該成為大家痛切的教訓」。[4]左翼知

1 丁善德主編：《上海音樂學院簡史》，上海音樂學院《音樂藝術》附刊，一九八七，第七頁。
2 《賀綠汀全集》，第四卷，上海：上海音樂出版社，一九九七，第六二頁。
3 《賀綠汀全集》，第五卷，上海：上海音樂出版社，一九九七，第一四三頁。
4 中國民間文藝研究會編：《河北民間歌曲選》，上海：萬葉書店出版，一九五一，第一頁。

識份子認為賀綠汀不是站在無產階級立場上，而是誇大了黃自等人的作用。

呂驥與賀綠汀早在國立音專就相識，呂比賀小六歲，比賀早一年考入國立音專，他們不僅是來自湖南的鄉黨，且都嚮往革命，參加左翼組織如上海詞曲作者聯誼會、歌曲研究會等，創作一些革命歌曲，他們對鄉賢、音樂界的老前輩、中國流行音樂的鼻祖黎錦暉都無好感，呂驥在他的《近十五年來的新音樂》中，這樣論述道：「十五年前，黎錦暉的《毛毛雨》、《特別快車》、《桃花江》之類歌舞音樂風行全國」，「許多人無形中竟認為這些靡靡之音就是代表當時中國的音樂了」。賀綠汀認為「黎錦暉的音樂在中國的單音音樂中也是最下等的」，黎錦暉代表的是「流氓無產階級，抓住了娼妓與嫖客的心理」，認為「假如黎錦暉真是代表中國民族性的藝術家，那麼被外國人稱中國民族是世界上最墮落的民族，一定是千真萬確的了。」[1]

賀綠汀與呂驥這對戰友雖都在革命陣營，信仰共產主義，把文藝作為推翻舊政權的號角，可在許多問題上他們觀點迥異。

在國立音樂專科學校求學期間，理論作曲科學生賀綠汀因一首鋼琴曲《牧童短笛》獲頭獎而聲名鵲起（獎金一百元，時工人月工資為十五元左右），他關注作品的藝術性，他對自己的母校與老師充滿感激之情；而呂驥對自己的母校與老師缺少認同，他強調藝術的政治性、煽動性與戰鬥性。抗戰爆發後，呂驥即來到革命聖地延安，他是第一個到延安的專業音樂工作者。[2]一九三八年魯迅藝術學院成立，他擔任音樂系主任。由是他開始成為中國「新音樂」發展的旗手和指向標，[3]成為中國革命音樂界掌握各種稀缺資源

1 孫道東：《呂賀之爭的歷史意義》，《華東師大學報》，二〇一一年第三期。
2 李業道：《呂驥評傳》，北京：人民音樂出版社，二〇〇一，第三頁。
3 孫道東：《呂賀之爭的歷史意義》，《華東師大學報》，二〇一一年第三期。

的「老大」。

一九四九年共產黨執政後，呂驥這批「延安移民」在哲學、社會科學、文學藝術、科學技術領域和文化教育或意識形態機構（部門），位尊權重，責大負遠。他們操縱著性能精良的規訓機器、開發了老道厚重的教化策略，推廣了日新月異的現代傳媒，把其知識法權發揮到極致，把其裁決權力擴展到無限。[1]

賀綠汀雖然早在一九二六年就加入共產黨，是一名老布爾什維克，他投身革命比呂驥要早得多，可他投奔延安卻晚了幾步。這成了他人生的「短板」。

一九四三年七月十四日，賀綠汀經過千辛萬苦，冒著生命危險從蘇北新四軍控制區經敵偽區到達延安魯藝，正值康生策劃的「搶救」運動的高潮。好在其離開新四軍時，粟裕已有電報到中央，劉少奇要其到楊家嶺彙報，賀將一路經過寫了兩份材料，得到中央保衛局認可，才免於被打成派遣特務的嫌疑。

但在其未到延安以前，呂驥負責的魯藝音樂系就已經對賀的《一九四二年前奏曲》大合唱進行了缺席批判。黨支部書記公開在會上說：「識得幾個ＡＢＣ，到延安來賣洋教條，你也不知道吃了老百姓多少小米？」從此賀綠汀下決心到部隊工作，永不回「魯藝」去「賣『洋教條』」。[2]

一九四九年成立中國歷史上第一個音樂家組織——中國音樂家協會，呂驥擔任主席，一直到一九八五年他這位終身主席因年齡原因才改為名譽主席。賀綠汀在這個官方組織中一直是呂驥的副手，做了幾十年終身副主席。五〇年代音協副主席只有兩個，賀綠汀與馬思聰——這兩位都是兼職的、跑龍套的。「我名義上是全國音協副主席，實際上卻沒有副主席的地位，用得著我時就抬出來，用不著我時就打下去。《歌

1 董標：《延安新哲學會：立意高遠的思想機器》，《現代哲學》，二〇〇八年三期。
2 《賀綠汀全集》，第六卷，上海：上海音樂出版社，一九九七，第一〇一頁。

曲》雜誌約我寫一首歌曲，我在赴維也納途中趕寫出來，但是從國外寄到北京以後就打到海裏去了，再也沒有下文。還有一首歌，寄去後他們修改了，卻仍舊用我的名字發表，使我哭笑不得。」賀以後這樣吐槽道。[1]

呂驥與賀綠汀這兩位同鄉、同窗與戰友矛盾起源於何時，尚不清楚，但可以肯定的是一九四三年他們已勢若水火，這種矛盾持續了半個多世紀，直到他們去逝也未能冰釋前嫌。呂驥二〇〇二年去世，他在這個世界上停留了九十三年，賀綠汀一九九九年離去，走時九十六歲。因兩人都高壽，都是音樂家的「大牌」，他們的矛盾導致音樂界兩座山頭對峙了五十多載。

不戴右派帽子的右派

五〇年代初，全國只有兩家音樂學院，一個在上海，一個是在天津的中央音樂學院。賀綠汀接手上海音樂學院時，剛經過改朝換代的國立音專因原校長戴粹倫等人遠走海外，全院只剩下一百三十八人（其中教師三十三人，職工三十二人，學生七十三人），[2]當然國立音專學生一直不多，從一九二七年創建到一九四九年二十二年間，正式畢業生總共才兩百一十七人。[3]

為辦好學校，賀綠汀與兩位副院長向隅、譚抒真團結合作，多方奔走，廣為招賢，聘請了一批名師如丁善德、周小燕、陳又新、李翠貞等。設立附中、附小，形成大、中、小十四年一貫制的教學體系。

1 《賀綠汀全集》，第六卷，上海：上海音樂出版社，一九九七，第二一二頁。
2 丁善德主編：《上海音樂學院簡史》，上海音樂學院《音樂藝術》附刊，一九八七，第二四頁。
3 《賀綠汀全集》，第六卷，上海：上海音樂出版社，一九九七，第一七〇頁。

當時高校員工一部分來自於解放區，一部分來自於國統區，為統一思想，黨進行了人人過關的思想改造運動，一些外籍老師迫於壓力離開了音樂學院，儘管他們在這裏工作很長時間，為學校的發展做出了不小貢獻。受左的意識形態影響，音樂界決策者不斷強調藝術要服務於政治，紅重於專，使師生們不敢鑽研業務，空頭政治大行其道，批評家們大棒橫飛，音樂創作流於公式化、口號化，沒有藝術內涵，粗製濫造。在左的思潮下，西方的東西被視為「洋教條」不能學習，民國前輩的成果則被看作資產階級音樂家的作品受到批判，一九五二年「三反」中，有人要賀綠汀院長檢討，因為他稱呼黃自為「恩師」。[1] 他把黃自的照片掛在上海音樂學院院長辦公室時也遭人非議。

針對上述種種不良現象，耿直的賀綠汀一九五三年九月在北京參加全國文聯第二次代表大會期間，在中華全國音樂工作者協會全國委員會擴大會議上作專題發言時進行了批評，一九五四年第三期《人民音樂》以〈論音樂的創作與批評〉發表這篇講話。

文章發表後，在音樂界引起非常強烈反響，有共鳴的有異議的。一九五五年二月，《人民音樂》發表題為〈向資產階級思想進行鬭爭〉的社論，首次將這場爭論上綱上線為「無產階級」與「資產階級」、「唯物論」與「唯心論」之間的思想鬭爭。《人民音樂》其後接連發表二十多篇文章，批賀綠汀「技術至上」，將其定性為「資產階級唯心主義思想」，認為「賀綠汀同志首先是對『內容與形式』、『政治與藝術』這些基本問題沒有正確的理解，不能在這些美學問題上堅持唯物主義的黨性原則，以及在各種有關的問題上都發生錯誤。……導致極為有害的形式主義的結論。」，「賀綠汀同志慣於用毛主席、別林斯基、卡巴列夫斯基關於內容和形式必須統一的話，來掩蓋自己片面提倡技術的理論，在技術的幌子下把內容抽

1 《賀綠汀全集》，第六卷，上海：上海音樂出版社，一九九七，第二二〇頁。

空，宣傳形式比內容還重要的錯誤思想。」賀綠汀文章「更加嚴重地宣傳了他的脫離政治、脫離生活的反現實主義的藝術思想」，「從各方面徹底地否定了歷史」。[1]

呂驥主編的《人民音樂》是全國音協的機關刊物，是中國音樂界最高喉舌，一年多時間連篇累牘地刊發文章，批判上海音樂學院院長兼全國音協副主席，這場批判顯然是有組織有領導的，其對賀綠汀打擊非常大，賀曾在大會上講述自己被批後的窘境：「從前幾年《人民音樂》不斷對我批評以來，賀綠汀這塊牌子臭了，連我們學校的學生對我側目而視，還有許多群眾來信要我徹底檢討。這些事都很傷我的自尊心，因此我很不願意到公共場合去。可是不幸偏偏有些事要我拋頭露面，很尷尬！」[2]情緒消極的他，想過到農業合作社去當會計，他儘量避免到北京去，但作為全國人大代表的他要到北京開會，他也避開音樂界的同行。這場批判後，賀綠汀對呂驥情緒更大了，成見也更深了。

對賀綠汀一邊倒的批判使音樂界左的思潮更加氾濫成災，讓那些空頭革命家大長威風，他們佔據著「政治」制高點，鑽研業務的被貼上技術至上、單純技術觀點的負面標簽，中國音樂界甘於自我封閉，創造空間越來越窄。

一九五六年一月，中國音協黨組起草的「呈中宣部並轉黨中央」的《關於音樂思想及音協黨組工作的檢查報告》初稿中，指責賀綠汀是「不正確思想在黨內的代言人」，其言行「助長了某些黨外專家對黨的懷疑與不滿，維護了他們的落後思想」，對此指責賀綠汀認為沒有事實依據，他寫信給音協黨組，批評「全國音協的個別領導二十多年來搞的是宗派主義，還有機械唯物論與庸俗社會學等。黨外專家對

1 夏白：《論賀綠汀同志對音樂藝術幾個基本問題的形式主義觀點》，《人民音樂》，一九五五年第四期。
2 《賀綠汀全集》，第六卷，上海：上海音樂出版社，一九九七，第二一九頁。

這些不滿意，不能就認為是落後，更不能說對這些領導同志的不滿就是對黨不滿。因為任何個人都不能代表黨。」賀只承認自己驕傲自滿，有發牢騷批評文化部及全國音協領導的行為，說過「文化部不懂文化」。[1]

為解決音樂界高層的分歧與矛盾，一九五六年三月間，兼管文化工作的國務院副總理陳毅和中宣部副部長周揚召開會議。三月二日至十五日，中宣部和文化部聯合召開了黨內文藝幹部的座談會，著重討論音樂工作方面的問題；隨後又於十六日至三十一日舉行了中國音協黨組擴大會議，對音樂界多年來一直未得到解決的一些原則性問題進行了檢查和討論；重點是解決中國音協兩位領導人呂驥和賀綠汀的團結問題，會議一共開了二十二次，通稱二十二次會議。參加會議有文藝界主要領導二十來人。

在三月二日的發言中，賀綠汀直言不諱談了他與呂驥的矛盾，談了他對呂驥的看法：「對於呂驥同志，我的看法是他做了不少工作，但是也有不少的缺點。我們是老朋友，我覺得他有一個性格上的缺點，別人說的話不一定聽得進去。作為領導，他有個人說了就算數的專橫作風，使人感到中國音樂界有一個領袖，就是他呂驥。他發言的語氣比較武斷，他講的話就是法律，沒有商量的餘地。當然，他接近領導，但是他也因此造成了他和音樂界的隔閡。他的批評文章翻來覆去不過是幾句老話，沒有新的內容，不能使人心服。」[2]

這次發言中，五十三歲的賀綠汀提出了辭職請求，他說：「我作行政工作並不內行。我要求讓我卸下力不勝任的行政領導工作的擔子，專心致志地去寫些歌劇、交響樂等。我的年紀也不小了，希望中央能考

1 《賀綠汀全集》，第六卷，上海：上海音樂出版社，一九九七，第二一〇頁。
2 《賀綠汀全集》，第六卷，上海：上海音樂出版社，一九九七，第二一二頁。

慮我的工作安排問題。」[1]

與會者對呂驥與賀綠汀評價不一，有人肯定呂驥多一些，有人儘量抹稀泥，對兩人提出一些批評，認為他們的團結問題造成了音樂界的思想混亂。

十日，為人溫和，對知識份子一貫尊重的陳毅到會講話，他對呂驥、賀綠汀二人各打「五十大板」，他說：「呂、賀的缺點主要是片面性，狹窄，抓住了的一些東西死不放。可以說，你們在政治上是落後、低能。我要大大潑你們一瓢冷水，讓你們清醒清醒。」同時他也指出：「批判賀的做法不是黨內正常做法，不好，有宗派情緒，造成思想混亂。……不應該提倡個人崇拜，但是更不應該傷害人家。應該團結起來，為了共同搞好黨的音樂事業，用自我批評的精神來解決問題」。[2]

根據陳毅的指示，與會者繼續調解呂賀之間的矛盾，對二人提出批評。賀綠汀會上多次檢查，十三日的檢查中，賀綠汀還為自己的一些觀點進行辯解。如在黃自的評價問題上，迫於壓力他承認「對他的估價是高了」，但他對堅持稱黃自為恩師不動搖，「關於稱黃自為恩師，我現在也還是這樣稱呼他為恩師的。他對我的幫助，我不能否定，否則我於良心不安。他的道德品質還是好的，對我的教育很盡心，對別人也是這樣，他在政治上還是民主的。」對黃自，呂驥等左翼則斥其為資產階級音樂家，予以批判。賀綠汀指出：如果他對黃自評價過高不妥，那呂驥等人對黃自全盤否定更不好。「盲目鼓吹固然不對，一概罵倒恐怕也不是實事求是的態度。特別是黃自當年的同事和學生中很多人還健在，他們對黃自的為人處世做學問究竟如何，是有親身體會的，誰心裏都有一本帳。如果對黃自的評價不公，就會傷他們的感情，造成不好

1 《賀綠汀全集》，第六卷，上海：上海音樂出版社，一九九七，第二一三頁。
2 《賀綠汀全集》，第六卷，上海：上海音樂出版社，一九九七，第二二三頁。

的影響。」[1]呂驥也是黃自的學生，他對黃自的為人並不是不瞭解，他否定黃自正是他黨性強的表現，而賀綠汀不能接受給黃自貼的負面標簽，恰恰是他人性仍在的寫照。

在對聶耳與冼星海的評價問題上，一些與會者批評賀綠汀對二人缺點講得多成就講得少。聶耳比賀綠汀小九歲，其二十三歲在日本海濱游泳時發生意外，其雖沒有考上他所嚮往的國立音專，但其與賀綠汀都是上海左聯活躍分子，互動還較頻繁；冼星海比賀綠汀小二歲，也曾在上海國立音專求學過，其三十五歲赴蘇，四十歲在蘇聯病逝。因聶、冼兩人都早逝，沒有牽涉到音樂界的宗派紛爭，建國後二人被包裝成神來敬拜，對此賀綠汀不能接受，他提出：「強調他們創作方向上的正確時，不要在字裏行間使人感到有排他思想；不要使人感到別人都要不得，只有他們才是正確的；不要對他們不能有半句批評。否則只能在學術問題上造成緊張空氣，不但不能使人口服心服，反而對聶耳、冼星海有損。」[2]賀綠汀這種反對造神的觀點完全正確，可他與那個非理性的時代完全不合拍，他註定要成為光榮的孤立者。

藝術創作上，賀綠汀不能接受左傾思潮下的各種條條框框、各種「清規戒律」，他希望能給藝術家更大的創作空間，更多的包容。在〈論音樂的創作與批評〉中他形象地說：「音樂創作好比社會主義花園中的花朵一樣，有好看的，有不好看的，有香的，有不很香的，也有帶臭味的。不論怎樣不好，也不過是一朵花，只要它是歌頌社會主義的，就不能視為洪水猛獸。……如果花園裏的花不斷地被當作毒草剪除，沒有人願意耐心地來種花、養花，花自然就不會有了」。[3]在高舉階級鬬爭的時代，賀綠汀的這種寬鬆寬容的論點被認為立場有問題，遭到激烈的批評。面對那些佔據政治制高點的批評家，賀綠汀只能在發言中檢

1 《賀綠汀全集》，第六卷，上海：上海音樂出版社，一九九七，第二一四頁。
2 《賀綠汀全集》，第六卷，上海：上海音樂出版社，一九九七，第二一四頁。
3 《賀綠汀全集》，第四卷，上海：上海音樂出版社，一九九七，第一二〇頁。

查道：「話是我說的，我逃脫不了責任。如果認為這是立場問題，我承認。」歷史已經證明，建國後文藝界的長期蕭條恰恰是因為敵視賀綠汀這些正確意見的結果。

這次持續一個月的馬拉松會議上，給予賀綠汀的壓力越來越大，一位副部長批評賀綠汀是「不需要黨的領導，拒絕黨的領導，……有些傾向於搞獨立王國，不要黨的方針，……在黨的音樂事業裏散佈了資產階級思想，對政治開會有反感，大自由主義，黨內外不分，影響黨的團結，削弱黨的影響，……根本上是立場問題，世界觀的問題，對革命事業採取冷淡和仇視的態度。……這些思想加上驕傲自滿、個人意氣，在上海時人家不敢來領導你，賀自己應好好檢查。」[1]

面對上級的指責，賀綠汀二十二日下午大會長篇檢查時作了說明，他認為自己的問題主要是「個人主義，表現在對黨的事業、文藝事業、個人事業都帶有個人感情色彩。因為容易糾纏於個人感情，意氣用事，看問題便不全面。儘管動機是好的，效果卻適得其反。」「講話不注意對象，往往黨內黨外不分，這是我的缺點，也可以算是立場問題吧。但是否我對黨外的專家是一團和氣，不講原則，不開展思想鬪爭呢？情況並不是這樣。……上海也有黨組織，學校的工作，上海的黨組織也抓得很緊，哪一次運動也逃不了；我自己在『三反運動』中就被狠狠地整過。所以這個學校並不是『防空洞』。教師中，雖然中間、落後的為數不少，但還是有進步的。在這樣情況下，怎麼能允許我鬧『獨立王國』呢？！」[2]，「主要是我的黨性修養差，鬧獨立性，至少目前還沒有條件。說我在黨的音樂事業中散佈資產階級思想，我一時還想不通。至於說我不願意開會，倒是真的。我的確反感開會。今年我都五十三歲了，再開幾年會，這一輩子

1 《賀綠汀全集》，第六卷，上海：上海音樂出版社，一九九七，第二一九頁。
2 《賀綠汀全集》，第六卷，上海：上海音樂出版社，一九九七，第二一五——二一六頁。

也就完了。」[1]

作為院長的賀綠汀外表風光的背後其實充滿著無奈，學校黨組織凌駕於行政之上，對學校事務他並沒有多少話語權，學校積極分子一直把他視為要改造的落後對象，他動輒得咎，一九五二年三反運動中，他還被好好「修理」了一番。賀綠汀並不看重官位、頭銜，年過半百的他最嚮往的還是脫離文山會海，有時間創作出受民眾歡迎的優秀作品。

持續的批鬪讓賀綠汀非常疲勞，二十六日他向會議提交了書面檢查，雖然他「繳械投降」，但性格倔強的他還在為自己的觀點辯護。

他的對手呂驥雖也受到批評，但相對賀綠汀他不存在立場問題，僅僅是工作方法問題。一九五六年九月在〈關於音樂理論中的幾個問題〉一文的最後一段中，呂驥輕描淡寫地說：「過去音協在領導批評工作中是有缺點的……我們常常只看見脫離政治的資產階級思想影響，常常只注意對這種傾向進行批評，而對於另一種具有庸俗社會學觀點的傾向卻沒有加以重視，及時指出加以改正。這完全表現出我們自己思想的片面性。去年一年的批評工作，特別在展開對賀綠汀同志的〈論音樂創作與批評〉文章的討論中，有的文章更是集中地、明顯地暴露了這種錯誤觀點。」

一九五七年一場疾風暴雨式的反右運動席捲中國，五十五萬知識份子因言論被打入「另冊」，上海音樂學院也有一批師生「中槍」。一九五七年七月在北京參加全國人民代表大會一屆四次會議的賀綠汀目睹了那些「高大上」的大人物貼上右傾標簽後威風掃地的窘態——他們在大會發言中不得不對自己進行妖魔化：「向人民投降」（儲安平）、「我恨自己是一個右派」（張雲川）、「向人民伏罪」（費孝通）、

[1]《賀綠汀全集》，第六卷，上海：上海音樂出版社，一九九七，第二一九頁。

「我是一個犯了嚴重錯誤的人」（畢鳴岐）……也是在這次大會上，那些正人君子們爭先恐後地用高亢的聲調表達對右派的深仇大恨。無奈的是，賀綠汀也加入了這個大合唱，他作了題為〈談「鐵飯碗」和「磨洋工」〉的大會發言：

> 上海的右派分子孫大雨，每月三百餘元的薪水，白住在居住條件第一等的十八層樓上，專門罵人，誣指好人為反革命，專門反對共產黨，作壞事情，似乎沒有人可以奈何他。
>
> 羅隆基不願意管木頭（羅任森林工業部部長），要當外交部長。六億人口的木頭不是一件小事情，他自己住的房子用的桌子凳子那一樣都離不了木頭，人民把關係六億人口木頭的命運交給他，他瞧不起。一定要拋頭露面，出入外交場合，才算帶勁。我想人民不是傻瓜，把千萬先烈的血換來的新中國的命運交給這樣一個美國造的所謂「外交家」，將來又會是千萬人頭落地。
>
> 社會主義國家部長是要做事情的，不是做官。羅隆基不願意管木頭，我們也可以肯定他沒有管過木頭，而是專門在那裏搞章羅聯盟，作了許多不可告人的事情。
>
> 這些右派分子已經不僅是躺在社會主義身上的問題，而是搞陰謀組織要推翻社會主義。[1]

賀綠汀的反右發言並不能改變其在一些人心目中一貫右傾的形象，一九五七年十月，文化部派全國音協秘書長孟波到上海音樂學院領導反右運動，內定賀綠汀為「右派」，材料上報後，多虧得到貴人陳毅副

1 賀綠汀：《談「鐵飯碗」和「磨洋工」》，《人民日報》一九五七年七月十六日。

總理出手相救，他這才逃過一劫。[1]

躲過了初一，又躲過了初十

沒有被劃成「右派」的賀綠汀依舊是音樂學院院長，依舊出面接待外賓，校慶三十周年紀念大會，依舊由他作三十年回顧報告。但是，這位院長權力被徹底架空了，他被撤銷了全國人民代表資格（以後安排當了全國政協委員），又被撤銷黨的第八次全國代表大會的代表資格，收了代表證，同其他黨代表大會有異的是，八大代表不是一次性「消費」，一九五八年五月還開了八大二次會議，決定全國實施大躍進。

在「大躍進」火勢激情的感召下，多年革命生涯所產生的對黨的信任，賀綠汀對「大躍進」運動也是由衷地擁護。作為音樂家，他所能為「大躍進」做貢獻的唯一方式，就是用樂曲為之奏凱歌。賀綠汀自己的情緒處於亢奮狀態，到北京出差時，也不放過感受大躍進而進行創作的機會。他在十三陵水庫的勞動體驗雖然是短暫的，卻創作出了六個樂章的大合唱——《十三陵水庫》。此後，賀綠汀的創作確實是躍進的速度，平均每月一首，其中有一首樂曲的名稱就叫《放衛星》。這樣的創作速度，在音樂界自然也是放了「衛星」的。

但是，這樣的狂熱並沒有持續多久，賀綠汀與當年的一些有識之士一樣，便陷入了深深的困惑。史中興《賀綠汀傳》這樣寫道：

[1] 《賀綠汀全集》，第六卷，上海：上海音樂出版社，一九九七，第一〇二頁。

同學們拆下了門窗，砸下大鐵門把手去煉鋼，他雖曾不以為然，卻也懷疑自己是不是跟不上形勢，不曾「破除迷信」，現在目睹花了巨大代價煉出來的一堆堆誰也不要的廢鐵，他心痛極了。師生們跟著社員下地深翻三尺，他也曾嘀咕是否科學，但又懷疑自己是不是怕苦怕累，「右傾保守」，現在看到密植的地裏長出的癟穀，他眼睛濕了。

如果眼前的現實僅僅讓賀綠汀產生困惑的話，而在一九六〇年回故鄉湖南邵陽采風所目睹的一切讓他震驚了：

> 樹木被砍削一空的山嶺。光禿著身子，冷清而又貧瘠。稀疏的村落，空曠的不見人影的田野，顛簸不平的山路像一條灰色的帶子彎來繞去。公路兩旁偶爾出現的房屋頂上、門牆上，用白漆刷寫的「大辦食堂」、「人有多大膽，地有多高產」，依舊赫然在目。瑟縮的門牆跟前的鄉親們，一個個臉皮黃瘦，眼泡浮腫，時光好像倒退到幾十年前，村民又在飢餓與死亡的陰影下掙扎。
>
> 不同的是，現在的飢餓死亡已不能對他構成直接威脅。他現在是高級知識份子、校院長級領導幹部，在上海他能夠和這個檔次上的其他人一樣，領到一份特殊的就餐券，每月到文化俱樂部去加幾次「油水」。當時主持上海市委工作的那個負責人說：「給他們嘴上抹點油，他們就不會胡說八道了。」這個誘餌，也的確引得卡路里不足的高知們流口涎。在一些單位，為了誰有資格拿券、誰沒有資格拿券，爭得面紅耳赤。賀綠汀沒有放棄餐券，但他到文化俱樂部享用「嘴上抹油」的待遇時，精神上卻經受著煎熬。[1]

[1] 史中興：《賀綠汀傳》，上海：上海音樂出版社，二〇〇五，第一九九頁。

大躍進失敗後，從一九六一年冬開始，各地即按照中央文件精神，開始對各級幹部的輪訓工作。一九六二年八月，賀綠汀進入上海市委黨校，參加了一期短期輪訓班學習。學習開始時，小組長告訴大家：「小組會上大家可以把要說的話都說出來，領導上絕不記帳，小組長也不向領導上指名彙報。」受會議寬鬆氣氛影響，賀綠汀也打消顧慮，談了內心對大躍進的想法：

「總路線『多快好省力爭上游建設社會主義』中，多快好省提的全面，在這個基礎上提出力爭上游是好的，但是再加上一條『大躍進』就會使『多快好省』失去平衡，因為『大躍進』的意義與『力爭上游』有重複並加重了它的意義，使人們注意多快，不注意好省，促成一部分領導工作者急躁冒進，強迫命令作風，下面無法完成任務時產生粗製濫造，弄虛作假等等現象」。賀綠汀將這種現象歸結為四點：「A、急躁冒進，不實事求是。B、浮誇作風，弄虛作假。C、違反客觀規律，破壞生產。D、強迫命令，瞎指揮。」

出乎賀綠汀意料的，他的發言被上報並被說成攻擊「三大紅旗（指總路線、大躍進、人民公社）的『四大罪狀』」——這在當時可是極其嚴重的政治罪行。

儘管賀的發言中說到了「大躍進」的危害，但是處於當時的情況下，他並沒有整個否定「大躍進」的認識。因此，對於外界所傳說的他的話，他深恐被誤解為是「堅決反對甚至仇恨三面紅旗的」。為了解除這種誤解，他於一九六三年三月致信時任上海市委書記的陳丕顯，要求組織上進行調查，澄清事實。陳丕顯對這封信如何處理的？限於材料，不知其詳。[1]

1 徐慶全：《賀綠汀致陳丕顯函》，《百年潮》，二〇〇〇年第八期。

一波未平一波又起。上海市委第一書記柯慶施聽到毛澤東說「有許多翻譯的科學書的前言沒有階級觀點」，於是趕快告訴姚文元找書批判。[1] 一九六三年五月二十日，姚文元在《文匯報》上發表一篇就德彪西《克羅士先生》中譯本所寫的書評——〈請看一種「新穎而獨到的見解」〉，姚文錯誤連篇，斷章取義，曲解並醜化這位世界著名作曲家。

對這種不求甚解，動不動給人貼標簽的學閥文風，賀綠汀非常反感，他以山谷的筆名，六月二十五日在《文匯報》發表了〈對批評家提出的要求〉一文予以糾錯。文章的結尾，賀綠汀寫道：

> 我們知道，姚文元是有影響的批評家，我雖然對他的文章讀得不多，他的批評文章是有定論的。不過我認為批評家最好要有廣博的知識。從這篇文章中可以看出姚文元對一千九百年前後歐洲資產階級社會的藝術活動情況不很熟悉，對印象派音樂與繪畫到底是什麼內容恐怕也不見得完全清楚，如果自己對某個問題不是很熟悉的話，最好也要謹慎小心，多下一點研究工夫，實事求是。不能夠「好讀書不求甚解」，更不能「望文生義」。因為批評是起指導作用的，所以必須在可能範圍內力求正確。[2]

時年三十二歲的姚文元因「戰功累累」，在批評界如日中天，深受一些高層領導的青睞，得悉賀綠汀之文後，柯慶施這位上海市一把手說，「賀綠汀自己跳出來了，很好，很好！」當即指使其手下在所

1 《賀綠汀全集》，第六卷，上海：上海音樂出版社，一九九七，第一〇二頁。
2 《賀綠汀全集》，第四卷，上海：上海音樂出版社，一九九七，第三一二頁。

謂「學術討論」的帽子下對賀綠汀發動了大規模的、全國性的圍攻，時間長達九個月，批判文章多至數十篇，《文匯報》編輯部還奉命派專人去摸作者的「動態」，逐次寫成「簡報」上送有關部門，供組織這場所謂「討論」的領導層「參考」。

七月，與上海相回應，中國音協召集北京的部分音樂家舉行「德彪西問題」的座談會，大多數人對德彪西都持否定態度，肯定姚文元的觀點是正確的。這種是非不分的不正常現象，讓賀綠汀清楚：「現在似乎有這樣一種人，因為目前正強調一切要從階級鬥爭、階級觀點看問題，於是寫文章，就不問青紅皂白，認為只要抓牢階級觀點就行，有些人甚至就昧著良心說話。」[1]

十月九日，賀綠汀對《文匯報》來摸他動態的記者蕭慶璋說，「從這幾個月發表的一些文章看來，似乎矛頭都是針對著他和沙葉新的。至於姚文元對《克羅士先生》一書章節理解的錯誤，批評的橫蠻武斷，他對姚提出的批評對不對，卻無人置一詞，好像姚文元錯了也是對的。《文匯報》對此始終未表示過態度。而且這些文章逐漸形成了一個包圍圈，似乎要把他打倒而後快。」本來，賀綠汀還準備寫文章參加討論，但感到形勢不妙，這已不像一個學術討論，而有些像「反胡風」了。賀綠汀決定裝聾作啞不予回應。[2]

在賀綠汀等藝術家風聲鶴唳草木皆兵之時，毛澤東仍對文藝界的現狀表示了強烈的不滿，十二月份他寫下了如下批語：「各種藝術形式——戲劇、曲藝、音樂、美術、舞蹈、電影、詩和文學等等，問題不少，人數很多，社會主義改造在許多部門中，至今收效甚微。許多部門至今還是『死人』統治著。」

獲悉最高領導的批語，文藝界十分緊張。「中國音協在北京召開的音樂舞蹈工作會議上，音協主席對

1 《賀綠汀全集》，第四卷，上海：上海音樂出版社，一九九七，第三一七頁。
2 《賀綠汀全集》，第四卷，上海：上海音樂出版社，一九九七，第三一八頁。

我特別抬舉，一再在小組會上動員我到大會上去發言。當時我雖然不知道底細，但是已經預感到空氣很不對，又想把我抛出來當他們的替罪羊，我堅決不幹」。[1]保持高度警惕的賀綠汀這次總算沒有掉進陷阱。賀綠汀躲過了初一，也躲過了初十，但他躲不過十五。

上海灘第一個被抛出的「牛鬼蛇神」

一九六六年春，文化大革命的戰車開始發動。這年的四月上海市委決定將一貫右傾的賀綠汀列為重點批判對象。上海音樂學院黨委奉命組織專門寫作班子並祕密成立賀綠汀專案組。[2]山雨欲來風滿樓，賀綠汀雖有大難即臨的感覺，但他還是沒有想到地方黨委與他所在單位的黨組織已背著他在整理材料，完成包圍，欲置他於死地。

〈五一六通知〉傳達後，以鍾望陽為書記的院黨委在校內內定一批所謂「資產階級學術權威」作為批判對象，加緊內查外調羅織罪名。

六月二日，《人民日報》發表社論〈橫掃一切牛鬼蛇神〉，刊發北京大學聶元梓第一張大字報後，點燃了學生的造反熱情。三日，上海音樂學院校園內就貼出了批判賀綠汀的第一張大字報。賀綠汀從官媒殺氣騰騰的語言裏，他深感形勢不妙，大網已張開。

七日，上海市委在上海各報首先公開點名批判賀綠汀。八日，上海的兩家大報《解放日報》和《文匯

1 《賀綠汀全集》，第六卷，上海：上海音樂出版社，一九九七，第一〇二頁。
2 丁善德主編：《上海音樂學院簡史》，上海音樂學院《音樂藝術》附刊，一九八七，第一一一頁。

報》同時發表了由市委首先組織的，音樂學院萬里等五人署名的〈上海音樂學院革命師生在無產階級文化大革命中揪出反黨反社會主義分子賀綠汀〉一文。

文章一開始是這樣給賀綠汀定性的：

> 賀綠汀是一個極其頑固的反動的資產階級代表人物。長期以來，他披著「老革命音樂家」、「共產黨員」的外衣，竊取上海音樂學院院長、中國音樂家協會副主席、中國音樂家協會上海分會主席等職位，一貫幹著反黨反社會主義反毛澤東思想的反革命勾當。特別是在我們國家遭受暫時經濟困難那幾年，他與國際上牛鬼蛇神的反華大合唱相呼應，同國內地富反壞緊密配合，夥同那些「三〇年代文藝」的「權威」、「祖師爺」向黨發動了猖狂進攻，射出了一支又一支毒箭。

文章收集、羅織了賀綠汀曾經寫過、說過的一系列所謂「反黨言論」和「黑話」，這些言論如果用正常的眼光來看應該是完全正確的，但是在是非顛倒的文革時期，就都成了「反黨黑話」。如：

賀綠汀用胡風分子一樣的腔調，咒罵為工農兵服務的文藝方向是「把人民當作機器」，是要作曲家按「公式化、概念化」的「感情的帳單」去創作，變成「作曲機器」；攻擊密切配合革命鬥爭、表現工農兵思想感情的音樂作品是「配上阿拉伯數字的口號」，是「粗糙的喊叫」，「只有轟隆轟隆的強烈音響」，「硬拼硬湊，哩哩啦啦，雜亂無章」，誹謗那些執行毛主席文藝方向、創作為工農兵服務的革命歌曲的音樂工作者是「阿拉伯數字派」。

賀綠汀是上海第一個被拋出的「牛鬼蛇神」，也是繼北大陸平之後第二個被公開批判的大學校長。作為最早被送上祭壇的他，承受著泰山壓頂的巨大壓力。

「好戲」還在後頭，在組織的精心安排下，對他的鬬爭全方位展開。

校內，師生們爭先恐後地貼出揭發批判院長的大字報，整個校園都是大字報大標語的海洋。

校外，《解放日報》、《文匯報》在九日又「乘勝追擊」，以整版篇幅刊登上海音樂學院師生「憤怒聲討賀綠汀反黨罪行」的大字報。

十日，第一大報《人民日報》全文轉載八日《文匯報》的批賀之文，賀綠汀在全國更是臭名遠揚。也正是在同一天，中共上海市委召開萬人大會，上海市長曹荻秋在動員報告中點名指控八名藝術家、作家、編輯和教授是「反黨反社會主義分子」，賀綠汀是其中之一。

「一九六六年五至八月間上海聲勢浩大的『文化批判』運動——批判對象包括老資格『革命音樂家』賀綠汀、著名歷史學家周谷城、著名京劇表演大師周信芳等人——就是由上海市委發動的。上海第一個紅衛兵組織的出現，以及轟轟烈烈的「破四舊」運動，也與曹荻秋等人的大力支持有關。曹荻秋等人對『文革』運動的困惑與疏離，始於群眾運動由文教領域向社會各界蔓延以後。」[1]

十、十一、十二日，上海音樂學院召開揭露批判賀綠汀大會。此時全校停課，投入這場席捲全國的文化革命。

其後上海的報紙圍繞賀綠汀大做文章，痛打落水狗，以此來點燃全社會的革命激情，顯示開展文化革命的必要性迫切性。這裏抄錄當年的文字，錄以備考。

（新華社上海十七日消息）上海音樂學院萬里等五同志揭發該院院長賀綠汀反黨反社會主義罪行的來信，八日在上海各報登出後，群情憤慨，怒不可遏。這幾天，上海廣大工農兵、革命幹部和

1 董國強：《張春橋宦海沉浮與文革悖論》，《書屋》，二〇〇九年第二期。

革命知識份子紛紛寫文章，寫大字報，舉行聲討會，揮起毛澤東思想的「千鈞棒」，狠狠痛打披著「老革命音樂家」、「共產黨員」外衣，隱藏在黨內的、音樂界反黨反社會主義黑線的重要人物賀綠汀。他們嚴正指出：反黨反社會主義分子賀綠汀，不管你資格多老，不管你地位多高，不管你潛在勢力多深，在毛澤東思想武裝起來的革命人民面前，在無產階級文化大革命的急風暴雨之下，你妄圖實現資本主義復辟的大陰謀，都是要被徹底揭穿的，都是要被徹底粉碎的。

上海縣華漕公社副社長張裕秀、黎明大隊貧下中農協會副主席侯銀弟說：賀綠汀這個反動傢伙瘋狂攻擊總路線、大躍進、人民公社，完全是代表地富反壞右講話。沒有黨和毛主席，沒有總路線、大躍進和人民公社，就沒有我們貧農下中農的一切。我們貧農下中農最深刻地體會到，總路線、大躍進、人民公社就是好。小農經濟像狗尾巴上的露水，一搖就搖掉了，人民公社集體經濟就像大輪船能夠經得起風浪快速前進。解放後，特別是人民公社化以來，我們的生活一年比一年好。賀綠汀這條毒蛇，要我們走回頭路，我們堅決不答應！……[1]

十多天中，上海大報每天都要刊發「工農兵痛批賀綠汀」的「戰鬪檄文」，已陷於人民戰爭汪洋大海的六十三歲賀綠汀，有著怎樣的心境，不得而知，但也不難想像這位「過街老鼠」人人喊打的悲苦。

自八月十八日最高領袖在天安門廣場第一次接見學生後，紅衛兵組織在全國開始遍地開花，年輕的學子們對身邊的反動派從「動口」走向「動手」。

同大學生相比，音樂學院附中學生們因少不更事，在運動中沖在最前面，在對「牛鬼蛇神」的折磨

1 《上海工農兵、革命幹部和革命知識份子憤怒聲討賀綠汀的反黨罪行》，《無錫日報》一九六六年六月十八日。

上，更是「技高一籌」。

一天傍晚，一群中學生衝進來了，把賀綠汀和妻子姜瑞芝從家裏拖了出去，一直拖到音樂學院附屬中學的一間教室裏，按他跪在桌上，揮起皮帶就抽，姜瑞芝被推倒在地上跪著，一個紅衛兵拿剪刀把她頭髮鉸得不成樣子，然後滿足地呼叫而去。賀綠汀爬了起來，扶起也被打得鼻青眼腫的老伴，瘸瘸拐拐地朝外走去，才到校門口，呼叫而去的紅衛兵又呼叫而回，把他倆拖進一間琴房，把濃濃的墨汁兜頭潑到他倆身上，「瞧，這對黑幫！」[1]

抄他的家時，學生們手裏揮舞著皮帶，吆喝著翻箱倒櫃，書籍、照片、樂譜、鋼筆都被破壞，一片狼藉。文革期間，他六次被毀滅性「抄家」，許多資料無蹤無影。三戶人家擠進他所住的洋房，家中鋼琴、提琴都被拉走。

面對這種肉體折磨與人格污辱，生不如死的賀綠汀也想一走了之，家人的規勸讓他重燃生的希望，相信總有光明戰勝黑暗的時刻，可他的幾位同仁卻含恨而去。

八月三十一日，民器系二胡副教授陸修棠投河自盡，成為上海音樂學院文革期間受迫害致死的第一人；六天後，指揮系主任楊嘉仁教授（時五十四歲）與妻子——附中副校長程卓如副教授（時四十八歲）雙雙歸天，自殺前幾日，程卓如不但遭到學生的毆打，而且被強迫和別人互相毆打。紅衛兵命令「牛鬼蛇神」們站成兩排，打對面的人的耳光。如果不打或者打得不重，就被紅衛兵狠打。九月九日，五十六歲的鋼琴系教授李翠貞穿上最漂亮的衣服，化好妝，在家中擰開煤氣，死前紅衛兵強迫她趴在地上爬過桌椅，用墨水塗黑臉。十三日，附中管弦科教師李少柏也親手結束了自己的生命。短短兩個星期內，一千人的上海音樂學院

[1] 史中興：《賀綠汀傳》，上海：上海音樂出版社，二〇〇五，第二三五頁。

（包括附中與附小的師生，其中大學生三百人，中學生三百〇三人，附小一百來人。）就有五人自盡，這在文革初期在全國都屬少見。文革十年，上海音樂學院被迫害致死的有二十餘人，六個系主任死了四個，其非正常死亡比例在全國高校中是最高的，也是僅次於上海公安局的「重災區」。[1]為什麼上海音樂學院文革期間自殺率能「領先」全國，未有人做過研究，在下也不敢妄加推測。但這確是值得反思的一個現象。

這些熟人生命的突然消逝給賀綠汀心靈以巨大的衝擊，李翠貞教授原在香港工作，在院長賀綠汀的反復邀請下，一九五九年她才重返母校任教，結果七年後被逼走上了絕路。想到她悲慘的結局，賀綠汀感到內心有愧，對不起這些老朋友。

九月十六日，賀綠汀及妻子姜瑞芝（老革命，時任音樂學院附小校長）被該校紅衛兵從家中綁架到學校。賀綠汀被一塊黑布蒙住頭，被皮帶抽打，直打得身上的衣服稀爛，與血水混合在一起。姜瑞芝也被逼在牆角打得滿身是傷。這一群人打過以後，另一群人圍上來，將他們分別關押，又整整折磨一夜。

十月以後，隨著文革的深入，上海音樂學院黨委領導也被當作「資本主義當權派」受到批判，被打倒，與賀綠汀一起關進了「牛棚」。整人者變成了被整者。

造反派取代黨委後，賀綠汀依舊被批被鬥。

一九六七年九月二十九日，上海音樂學院革命委員會成立，陳中華為主任委員，李江、于會泳為副主任委員，造反派成員在其中占了上風。原黨委書記鍾望陽被革委會定為重點批判對象，並宣佈成立「打鍾組」。

十二月十八日，上海音樂學院部分師生成立一個極左組織「紅衛兵火線指揮部」，四處出擊，製造了大量的冤假錯案。十二月二十七日，趙志華副教授夫婦一起自盡，次年二月十七日王家恩副教授走上不歸路，三月一日，范繼森教授也給自己的人生劃上句號。

1 《賀綠汀全集》，第六卷，上海：上海音樂出版社，一九九七，第一六五頁。

一場批判賀綠汀的「電視秀」

一九六八年，家中有電視機的國人並不多，上海電視節目也不能在外地同步播送，但中央文革小組領導張春橋一夥還是別出心裁，要通過高科技的使用，讓他們的大批判更具有「創造性」。該劇的「主人公」，他們選中賀綠汀這位「重量級」的批判對象。為此，他們做了精心準備，二月中旬，在上海音樂學院抽調了三十九名師生組成鬪爭賀綠汀電視大會籌備組。

經過一個月的備戰，三月十三日召開了全市第一次鬪賀電視大會，眾多單位組織群眾觀看。賀綠汀也「榮幸」成為中國有史以來在電視上第一個被批的人。

組織者沒有料到的是，在人屋簷下的賀綠汀在電視直播的批鬪大會上沒有畏懼，根本不予配合，反而在一問一答中，讓批判者處於下風。

造反派問：「賀綠汀，你為什麼在一九六三年就炮打無產階級司令部？你交代！」

賀綠汀答：「姚文元當時還不是中央文革小組成員，而且他不一定在任何事情上都是對的。姚文元的文章和我的文章都在，到底誰對誰錯，大家可以看嘛！」

問：「賀綠汀，你交代，你說過沒有——過去我挨了日本人打，後來遭到國民黨打，現在紅衛兵又打我！」

答：「說過。」

問：「你的話，在往自己臉上貼金，往紅衛兵小將臉上抹黑！你交代，是不是這樣？」

答：「我過去是受過日本人和國民黨的打，現在是在受紅衛兵的打嘛！在今天開會前，紅衛兵還在打我！」

問：「賀綠汀，你交代，『我是不會屈服的』，這話說過沒有？」

答：「說過，說過多次！」

問：「頑抗到底，死路一條，你知道嗎？」

答：「我在死之前，有兩個要求！第一，完成我的七首管弦樂小品；第二，我要澄清事實，把加在我身上的一切罪名都駁斥掉！」

電視批鬪會成了賀綠汀澄清事實凸現硬漢人格的講臺，這讓主辦方很難堪，他們不得不提前草草收場。

由於賀綠汀在這次電視批鬪大會上對抗「革命造反派」的「囂張氣焰」，上海市政法指揮部以「現行反革命分子」的罪名，於一九六八年三月二十一日——批判大會的八天後，正式逮捕了賀綠汀，關在漕河涇的上海少教所。從關學校牛棚到蹲大牢，對賀綠汀的政治迫害上升了一個等級。

因發現賀綠汀不甘心被打倒，一直在祕密運作「翻案」，上海音樂學院革委會對這挑戰無產階級專政的行為非常氣憤，他們要把「賀案」做成鐵案，讓其翻不了身，為此弄出了一個所謂的「賀綠汀翻案集團」。他們把賀綠汀的次女賀曉秋、三女賀元元以及賀元元的男友葉華利軟禁在學校裏審問，派專人監視。賀曉秋曾獨自跑北京找有關部門為父親申冤，失望而歸。學院革委會據此誣陷賀曉秋是「反動學生」，逼她交代是否幫賀綠汀遞送「翻案書」以及發表過「攻擊江青」的言論。上海音樂學院革委會還就賀曉秋的問題專門向上海市委寫了一份報告，誣陷說賀綠汀及其親人等在組織「翻案集團」。上海革委會主任徐景賢四月三日在這份報告上批示：「此案十分重要，是一個十足的翻案陰謀，請上音革委會查清後，好好開一次電視鬪爭會，同時在報上揭露，工作要做得紮實一些。」

徐景賢的惡毒批示很快製造了一幕幕新的人間慘劇。姜瑞芝被誣陷為「翻案集團」的「罪魁禍首」，後來又被定性為「叛徒」，關進了少教所。三個女兒都被定為「翻案集團黑幹將」，受到「隔離審查」……專案組人員四月四日拿到徐景賢的批示後，加緊了對賀曉秋的審訊，並拿出批示內容恐嚇她。七日，賀曉秋趁看守她的人員不注意，逃回空無一人的家中，開煤氣自殺。如果沒有文化大革命，她應當於一九六六年夏畢業，她死後不久，她的同學才從學校走上社會——比正常畢業推遲了整整兩年。這一年，上海音樂學院本科畢業生只有區區五十人。

賀綠汀有三個女兒，只有次女賀曉秋繼承了他的天賦，極有創作才華，他「曾把一切希望都寄託在她身上」，[1]可是二十五歲的女兒卻在人生的花季年華因父親的牽連先他而去。當時的賀綠汀在監獄裏並不知這個變故。

第一次電視直播大會運作失敗後，主事者不甘心，他們經過一個月的強化集訓，於四月二十五日在上海雜技場召開了第二次電視直播的批鬪大會，被押上受審席的，還有賀綠汀的親人與被從湖南邵陽老家揪來的外甥、外甥女。

這次批鬪賀綠汀的「主辯」換成了四十三歲的于會泳——這位曾得到賀綠汀賞識的年輕才俊，因思想右傾多次受到運動的衝擊，可文革前他作為「閃光的金子」被江青相中，結果上了賊船。讓其與垂愛過自己的恩師打對壘，于會泳也有過一絲顧忌，可最終他還是赤膊上陣了。

1 《賀綠汀全集》，第五卷，上海：上海音樂出版社，一九九七，第一八八頁。

「賀綠汀，老實交代你的罪行！」

「我沒有罪！」

「你反對毛主席！」

「我歌頌毛主席。在延安我把《東方紅》改編成合唱曲。後來我寫過《人民領袖萬萬歲》、《毛主席來到天安門》！」

「你交代一九五六年毛主席接見音樂工作者，你是怎樣當面猖狂反對毛主席的！」

「我在檢查中已經寫了：毛主席講到傳統問題時，我插了話。」

「你狗膽包天！你回上海作報告，是怎麼搬出滿清皇朝公開影射攻擊毛主席的？」

「你造謠！我的報告是根據毛主席對音樂工作者談話內容講的。毛主席說，不要學慈禧太后盲目排外，盲目排外與盲目崇外都是錯誤的。」

「你翻案！」

「我翻什麼案？你們把一個反對階級敵人的人打成階級敵人，你們才是翻案！」

「你反革命！」

「這是誣陷，造謠可恥……」

帶著「紅袖標」的彪形大漢在眾目睽睽之下，不便對這個瘦骨嶙峋的老人動武，就從後頭擰他反剪著的雙臂，他痛極倒地，但很快又從地上爬起來搶回話筒，「紅袖標」再奪開話筒，賀綠汀又搶回話筒，「造謠可恥」的聲音雖然變得很微弱，但還是讓觀眾聽得見。

其後，螢光屏立即變成一片雪白。八年後才得知，原來在康平路辦公室裏監看大會實況的張春橋一看出現這場面，氣急敗壞下令：停止轉播。

這次電視直播本想給賀綠汀一個下馬威，從而大長無產階級革命派的威風，可事與願違，其反而讓觀眾為賀綠汀的硬骨頭精神所感動。創作《賀綠汀傳》的上海作家史中興講述了他的感受：

在那樣一個一切都被顛倒了的年代，凡是作為資產階級代表人物被押上批鬪大會的審判台的，照例都得垂著腦袋，招認幾聲「我有罪」，而賀綠汀卻說，我沒有罪。你們把無罪打成有罪，你們才是有罪。像他這樣，把一場對他的審判變成對審判者的審判，就我有限的見聞，在「文革」中還沒有第二個。這個場面強烈地震撼了我。屋裏烏黑（裏面坐滿被強令來收看電視的「革命群眾」），我猛然感到眼前一片輝煌，熱流在我周身激蕩，我看到了前景，看到了希望。[1]

為配合電視批判大會，同一天的《解放日報》發表批賀檄文：

他極為囂張地狂吠：「過去加在我頭上的罪名都是捏造，必須澄清！」，「不把加在我身上的罪名一一駁斥掉，死不瞑目。」他猖狂地拋出了所謂「大字報」喊冤叫屈；他策動全家討論他趕寫的翻案書，勾結其他單位的反革命修正主義分子妄圖翻天；他明目張膽地公然叫囂「帳」要「一筆一筆地算」。他甚至狂妄地向無產階級革命派和廣大革命群眾示威，公然叫囂「要使『花崗石腦

1　史中興：《賀綠汀傳》，上海：上海音樂出版社，二〇〇五，第三四五頁。

袋』的賀綠汀屈服」那怎麼能行呢？」[1]

文中雖然充斥著對賀綠汀的嘲諷，但也從反面證明，賀綠汀的硬骨頭氣概。

他的出獄得力於三哥的「撈人」

因賀綠汀一直不屈服，還大滅無產階級革命派的威風，其在監獄裏當然沒有好果子吃，看管他的士兵對他拳打腳踢，把他打得遍體鱗傷，並將他關進單人牢房，從精神上摧殘他。

一九六八年八月底，曾經暢通無阻的學生造反派被最高領袖拋棄，工人毛澤東思想宣傳隊、軍隊毛澤東思想宣傳隊進駐各高校。這些工人與軍人貫徹極左路線非常認真，在各單位大抓「五一六」分子。上海音樂學院一些造反骨幹被逼上絕路。

在監獄中的賀綠汀對佔領上層建築的工人與軍人也不給好臉色，不僅不低頭認罪，反而「出言不遜，頂撞了工軍宣隊，冒犯了工軍宣隊的尊嚴，態度更是十分惡劣。」[2]

為打掉賀綠汀的威風，軍工宣隊隔三差五地讓賀綠汀經受鬥爭的「洗禮」，賀綠汀被鬥了多少次已無法統計。一九六八年十一月十八日、二十日，工軍宣隊主持的鬥爭大會上，給賀綠汀還是兩頂帽子：「叛徒」與「反共老手」，批鬥會的模式都是格式化的——群眾高喊口號，幾個秀才發言，上綱上線。

1 上海音樂學院革命委員會：《徹底粉碎賀綠汀反革命翻案集團》，《解放日報》一九六八年四月二十五日。

2 《賀綠汀全集》，第六卷，上海：上海音樂出版社，一九九七，第二四八頁。

一九六九年七月七日，上海音樂學院的工軍宣隊又來到少教所，舉行面對面的鬥爭會。

賀綠汀不停地給上海市革委會專案辦公室、中央辦公廳等部門寫材料，駁斥強加在他頭上的各種罪名，這讓主事者很窩火，他們派人到各地，翻檔案，挖老底，查明賀在南京獄中的「叛變」行為，「罪證確鑿，鐵證如山，無法抵賴」，要賀好好學習毛澤東的〈敦促杜聿明投降書〉與〈南京政府向何處去〉兩篇文章，從而接受這莫須有的罪名。賀綠汀對此嗤之以鼻嚴加駁斥。

一九七〇年九月十一、十二、十八日又舉行了三次批鬥賀綠汀大會，發言者圍繞六〇年代初賀綠汀曾經寄三千多元錢（時工人月工資為三十元）給家鄉興修水利、幫鄉親開工廠治病等事上綱上線，說賀綠汀是利用「小恩小惠，收買人心」，「企圖把自己打扮成拯救黎民的活海瑞，為自己樹碑立傳」。對這種以小人之心度君子之腹的誣衊，賀綠汀非常生氣，他在材料中痛斥道：

> 在鄉下生起病來沒錢治，有時只好等死，難道可以見死不救嗎？！像這樣在會上滔滔不絕發表修正主義的資產階級謬論的老爺們哪裏會知道鄉下貧下中農生病時的困難！在這種情況下去幫助人家，是每一個共產黨員所應該做的事情。見死不救的算什麼人呢？我在上海沒有任何必要要到我們鄉下那樣的窮鄉僻壤去收買人心，只有赫魯雪夫式的陰謀家××才能說出這樣黑良心的話來，想不到自命為「無產階級革命派」的×××、××××也講這樣黑良心的話。[1]

讓賀綠汀揪心的是，一次次批鬥，讓他對人性善有了懷疑，對人性的幽暗有了更深的體悟，每次大會

1 《賀綠汀全集》，第六卷，上海：上海音樂出版社，一九九七，第二四一頁。

發言者都與他共事過。「有那麼一些人，平日我當他們是好黨員、老實人，絕不會起歪心的。可是一旦到了我被整的時候，他們就可以當面撒謊，公開造謠，顛倒是非，混淆黑白，投機取巧，落井下石，狐狸尾巴統統露出來了。」[1]

作為一名老革命，賀綠汀曾被捕過，關在國民黨監獄，因他拒不承認自己的共產黨員身分，當局找不到證據，兩年後釋放。可在上海少年管教所，一次又一次要他交待問題，可卻沒有法律的審判，他不知自己的刑期，不知自己何時才能走出牢房。

他在監獄中寫了九十四份八十多萬字的材料，據理力爭，批駁強加在他身上的不實之詞，可是「過去我寫的一切彙報、報告和信，都好像丟到水裏一樣，從來得不到一點回音」。賀綠汀感歎道：「過去在舊社會，審理案犯可以請律師；律師根據法律可以看案卷，可以進行辯護；寫上去的狀紙也都有批示。」[2]

一九七三年，新元伊始，賀綠汀迎來了自己七十歲，他在監獄裏已關了四年十個月，他不知何時能熬到天亮，重獲人身自由。

這時，他的三哥賀果來到北京，請求昔日湖南第一師範的同窗毛澤東看在老同學的情誼上，放弟弟一馬。

「撈人」總算大功告成，一月二十三日，賀綠汀得以回到他的家，但這個家已殘缺不全，他見不到他夢中常常出現的愛女賀曉秋。

他問妻子賀曉秋在哪裏？家人不敢相告，找各種理由騙他。

1 《賀綠汀全集》，第六卷，上海：上海音樂出版社，一九九七，第二四七頁。
2 《賀綠汀全集》，第六卷，上海：上海音樂出版社，一九九七，第二五七頁。

直到第二年，姜瑞芝無法再瞞下去，才讓來到上海的三哥說出了真情。

「聽到這個遲到的噩耗，彷彿晴天霹靂」，[1]「哇」地一聲，賀綠汀暈倒在地。不計其數的批鬥、毆打，他沒有流過一滴眼淚；五年的囚徒生活，他沒有流過一滴眼淚，可此刻他再也抑制不住極度的悲痛，在地上滾著，捶打著胸脯，嘩嘩流淌的眼淚猶如決堤的潮水。全家已是一片號啕。一九八〇年，七十七歲的賀綠汀把愛女的骨灰埋在老家父母墳墓的旁邊。

走出監獄的賀綠汀方知他入獄期間，上海音樂學院又多了一系列冤魂屈鬼。

管弦系主任陳又新教授於一九六八年六月十日自殺，時年五十五歲；學識淵博的民族音樂系主任沈知白教授一九六八年八月十六日吃下了過量的安眠藥，時年六十四歲，死前他沒有留下任何遺言，只在一張紙上連寫了幾個「奈何！奈何！奈何！」。民器系學生燕凱（一九七〇年三月八日）和林樹雄（一九七〇年六月二十九日）走上絕路；院革委副主任李江一九七二年六月二十日被迫害致死，同年七十三歲的古箏專家王巽之（一九七二年十一月）與政治教師王敏（一九七二年十二月）含冤而去。

走出監獄的賀綠汀處於靠邊站狀態，此時已進行了七年的文革還在繼續，文藝界一片蕭瑟，舞臺上只剩下「八個樣板戲」——它浸透著上海音樂學院教師于會泳的心血，于也因此不斷升遷，一九七三年八月，其成為十屆中央委員會委員——一個普通大學教師當上中央委員，史無前例。一九七五年于會泳官至文化部部長。

于會泳是賀綠汀「發現」的苗子，賀讓其留校任教，以後他與賀分道揚鑣，且在電視批判大會上交過手。自然他們交情已斷，這位大紅大紫的學生也不可能給困境中的老院長一絲溫暖。

1《賀綠汀全集》，第五卷，上海：上海音樂出版社，一九九七，第一八八頁。

一九七六年毛澤東去逝後，江青、張春橋、姚文元、于會泳等文革新貴們也就成了階下囚，一九七七年八月底，在隔離審查期間，于會泳偷偷喝下一瓶「來蘇水」，結束了其大起大落的五十二度春秋。上海音樂學院非正常死亡的名單裏又增加了一員。造化弄人。這些人生的悲喜劇，飽經滄桑的賀綠汀見得太多。

一九七九年一月，文革結束兩年後，賀綠汀才有機會「東山再起」，官復原職，擔任上海音樂學院院長，此時他七十六歲，距離他第一次當院長整整三十年；距離他從院長位子上被打倒十三年了。百業待興。賀綠汀又老當益壯投入到學校的發展建設中。可畢竟歲月不饒人。一九八四年他退居二線。

黃昏歲月，賀綠汀喜歡回首自己的人生，「每想到在十年浩劫中被迫害致死的上海音樂學院的老教師們，我心裏就感到十分難過、傷心。每一位先生的音容笑貌都那麼清晰地浮現在我眼前，但他們已確實在十幾年前離開了人世，永遠無法再見了！」[1]

在晚年，賀綠汀總結自己一生的成果時，很心酸。「新中國成立以來，論創作條件，無論哪方面都比國民黨時期好得多，但是我這個時期的創作卻遠遠比三、四十年代少得多。前幾年不當院長了，可以有時間專心搞創作了，但是年紀老了，身體又不好，力不從心了，實在遺憾得很……」[2]

為什麼自己的人生較他人更命運多舛，賀綠汀也有過沉思：

1 《賀綠汀全集》，第五卷，上海：上海音樂出版社，一九九七，第三一三頁。
2 《賀綠汀全集》，第五卷，上海：上海音樂出版社，一九九七，第七三頁。

我常常有自卑感，感到自己知識淺陋不如人，這也促使自己學習。遇事絕不裝腔作勢，強不知以為知。但一旦發現別人確實堅持錯誤，而且害人匪淺時，那我就只好講真話，毫不留情面，得罪了很多人；這也可算是我最大的缺點，導致了我幾十年來的坎坷生活，咎由自取。

我還有個毛病，就是「愛管閒事」。看到現實中存在的問題不管，心裏總是不自在，不舒服，導致我的親人和朋友對我的責難和埋怨，好像必須「各人自掃門前雪，休管他人瓦上霜」才是人生正道。[1]

賀綠汀這番人生自嘲透著時代與社會的沉重：講真話何其難，何時在這片國土上，講真話管閒事才不需要付出代價。

1 《賀綠汀全集》，第五卷，上海：上海音樂出版社，一九九七，第八四頁。

兩落兩起的無錫輕工學院院長——陳德鈞

文革前期被打倒，文革中期東山再起，文革後期又受衝擊。與眾多校長不同，一是陳德鈞在文革中幾經風波，迭遭磨難；二是他「有幸」同軍宣隊、工宣隊「頻頻過招」，把知識內行與知識外行間的政治衝突展現得淋漓盡致。

文革十年，中國高校的主事者受到衝擊的程度差異較大。作為無錫輕工業學院（現江南大學）的「頭號走資派」，陳德鈞兩落兩起，他曲折多難的經歷，為人們認識文化大革命提供了更為詳盡的標本。

一個月的「救火隊長」

一九六六年，陳德鈞[1]四十四歲，他擔任學校黨委副書記、副院長（無書記與院長），主持輕院工作已三載。這時的輕院有兩個辦學點，校本部在靠近無錫火車站的社橋（多高年級學生），校分部靠近

1 陳德鈞，江蘇揚州人，一九二二年生，其兄與江上青關係密切。抗戰爆發後休學，一九三八年入黨，一九六三年由輕工業部委派赴無錫輕工學院主持工作，時行政十一級。二〇〇八年汶川地震時交特殊黨費二〇萬元。本文的主要資料來源於其保存的交待材料。

錫山的青山灣，兩者相距三公里。共有師生員工兩千四百六十人，其中教職員工六百八十一人（教師兩百八十七，幹部一百九十三，工人兩百〇一），黨員兩百〇五人，團員一千三百四十二人。當時教師中高級職稱甚少，全校只有四個教授、四個副教授、二個高級工程師。學校設五個系部（食工系、機械系、糧工系、紡工系、基礎課部），有五十七個學生班級，時本科為五年制。

這所創建於一九五八年的普通高校，雖然是大躍進狂飆的產物，只有八年的歷史，但因其較好的基礎（源於院系調整時一些高校的整合）、正確的定位、嚴格的管理，在輕工業界已有一定的美譽度。正當陳德鈞為學校的進一步發展繼續努力時，一場政治風暴把他的人生，把學校的發展全部打得七零八落。

五月初，在中央的推動下，文化大革命這輛戰車啟動。十日，接江蘇省委宣傳部電話後，無錫輕院即向所在地的市委彙報請示，市委決定輕院為全市十六個重點單位之一，先行一步。根據省市委指示，輕院黨委討論，今後當以文革為中心，成立文革辦公室，指定院黨辦主任胡潤如負責，辦公室的任務主要是為省市委收集動態情報，按規定隔日上報一次（共出十七八期），此外還加強宣傳陣地的領導，組織學習有關社論，批判三家村。校園裏「三家村」的批判會紛至遝來，有班級的，有全系的，還有全院的。

這期間，學生反映參加運動和業務學習時間上有矛盾，輕院黨委也與眾多學校如出一轍，決定「一半上課，一半運動」，並停止期末考試。時機械、食工、基礎課部等四年級學生在上海一些工廠實習的較多，二十四日陳德鈞專程去上海，向實習師生作了文革的動員報告。他的講話是當時宣傳的翻版，他號召師生們以高度的革命責任感和革命熱情投身運動，「向黑線開火」。

五月二十七、二十八日陳德鈞聽到市委傳達的〈五一六通知〉，並接到中央文件，他依慣例在校內召集了十七級以上幹部學習討論了兩個半天，彭真、羅瑞卿、陸定一、楊尚昆這些高級幹部一夜之間被打倒，對此，陳德鈞感到既意外又震撼。該文件號召全黨必須遵照毛澤東同志的指示，高舉無產階級文化革命的大旗，發動群眾把鬪爭矛頭指向混進黨內的資產階級代表人物，要求特別注意揭發睡在我們身旁的赫魯曉夫那樣的人物。同黨內絕大多數的幹部一樣，陳德鈞對文革的意圖，當時是很不理解，也不可能理解……

六月一日晚，新華社播發北京大學聶元梓等七人寫的攻擊北京大學黨委和北京市委的一張大字報，次日，《人民日報》發表社論，號召群眾起來「橫掃一切牛鬼蛇神」。陳德鈞立即意識到文化大革命的烈火要燒到學校，燒到自己頭上，為建立「防火牆」，二日在黨委擴大會上，他提出了對大字報的三不指導思想（即不主動的發動號召；革命師生自覺行動，不得加以阻止；對錯誤的觀點不要急於批駁）與一個「不同」的觀點（即輕院黨委不是「三家村」的黑據點，與北大性質根本不同，北大黨委書記陸平與鄧拓有聯繫，而我們是認識問題），企圖穩住陣腳，等待省市委的指示。

三日，食工系六三二班學生秦生庚、魏詩泰等八人在社橋校區貼出第一張矛頭指向院黨委的大字報。隨之有人叫好，有人反駁。當天校內貼出兩種不同觀點的大字報六十二張。大字報大辯論在全校興起。

當晚，無錫市委宣傳部長楊增[1]代表市委來到學校傳達指示：大字報可以貼，主要目標對準反黨反社會主義的牛鬼蛇神，集中火力搗毀「三家村」，本單位問題也可以揭。四日校黨員大會傳達了省市委的指示精神與校黨委對大字報的「三不思想」。同日上午在大字報現場與下午師生員工大會上，陳德鈞都表示大字報的形式好得很，可以貼，並肯定了大字報對黨委所提五條意見基本上是對的，願意接受改正，對大字報，他還是要求不提倡不制止——幾乎所有的地方當權者面對中央挑起的造反大潮，此刻都是進退失據，左右為難。當然，他們無力去阻擋這股越燒越旺的造反烈火，但他們從自保的天性出發，想把燒向當

1 楊增，無錫輕工業學院第一任書記兼院長；一九六三年調離，時任無錫市委常委、宣傳部長。

權者之火引開與減弱。

那些攻擊黨委的大字報受到壓制，他們的作者感受到來自於學校、老師、同學的壓力。六日，陳德鈞主持的黨委常委會研究了當時群眾「回收」趨勢，他提出了深入一個教研組和一個班級蹲點直接掌握動態，他本人來到了發酵教研組，這時的他，也與諸多幹部想法相同，希望有領導有計劃有步驟地開展運動，保持運動的「可控性」，把矛頭指向牛鬼蛇神。

當校本部的造反氣焰被壓下去之際，正在上海油脂一廠、二廠、梅林罐頭廠、益民食品一廠、上海糧食機械廠實習的同學，強烈要求提前結束實習，回校鬧革命。校黨委明確表示反對，要他們就地鬧革命，免得他們把「火種」從上海帶到校園。實習同學不滿，兩次去上海華東局要求回校參加運動，華東局兩次打電話給江蘇省委，批評了無錫市委對文化大革命的態度。因懷疑受壞人挑動，陳派了食工系黨總支副書記袁振亞去做滅火工作，並要他通過上海市四清負責領導單位瞭解上脂一廠工作組成員有關情況，與輕院師生中哪些人有聯繫，「企圖撲滅革命小將燃燒的烈火。」

九日，在上海油脂一廠開會時，實習學生同袁振亞發生了衝突，他們要求響應黨的號召，做革命青年，有革命志向，學生佔領了話語的制高點。其後他們返回無錫，在青山灣、社橋分別貼出要求回校鬧革命的大字報，批袁振亞等是陸平的門孫，把矛頭直接指向院黨委。他們還要求開大會，陳進行了抵制，他要幹部不參加，不表態，不給廣播器材。

在上級的壓力下，無錫市委也頂不住，九日下午做出關於輕院文革運動的幾項決定：立即電告在外師生一律返校參加文化大革命；從十一日起停課，全部時間投入運動；派出工作組協助黨委領導運動（後請示吳鎮同志明確工作組直接向市委負責）。當晚，以嚴敏（糧食部無錫糧食機械廠廠長兼書記，師級幹部）為團長、陳秉基為副團長的工作組三十九人進駐學校領導運動。

在十日的常委與工作組聯席會上，常委張廣洪提出立即組織反擊，大家不同意這個意見，陳德鈞作結論時，提出不能組織反擊，也不要急於批駁，應當堅持「放」的方針，讓其「毒性」出籠，再組織辯論批判，以後造反派掌權時，陳在檢討中這樣為自己定性：我的指導思想迎合了反動的「引蛇出洞」論，挑動了群眾鬥群眾，使很多革命師生遭到打擊圍攻。

十日，學校裏貼出幾百張擁護黨委的大字報，學生造反出現低潮。十一日，開校黨委擴大會，陳德鈞採納部分人的意見，要胡潤如整理劉復光、丁耀坤[1]這兩位「資產階級權威」的材料，以便備用。這是當時許多高校黨委都採用的戰鬥策略，也是按以往的政治運動思路來操作。

會議休息時間召開了常委會（駐校工作團正副團長嚴敏、陳秉基兩人參加），作為班長的陳德鈞提出了以下幾個問題，請大家研究：第一，運動的矛頭指向誰？第二，鳴放高潮突破口在哪裏？第三，當前的主攻方向是什麼？開始大家不發言，陳就首先提出了幾點看法請大家考慮：一、是否首先把主要矛頭指向院黨委？建議黨內外群眾對黨委有懷疑，先弄清黨委問題，可以取得運動的主動權與領導權，過去多次運動都是先黨內後黨外，先領導後群眾；二、不畫框框，放手放腳，有什麼揭什麼，逐步集中到幾個專題和幾個人身上。揭深揭透，最後追根子解決黨委問題，黨委遲早是跑不了的；三、通過大鳴大放大揭大議，結合總結黨委八年工作，三年看五年，在這次運動中來個群眾性的大檢查，大總結，大提高，為實現一九六五年黨員大會決議，總結三年工作作好準備。

其中一、三這兩點都是把矛頭指向黨委的，關於第一點常委中沒有人表示意見，對於第三點常委中

1 劉復光，一九二二年生，一九五一年獲美國依荷華大學博士學位回國，主攻油脂，時高教五級，副教授；丁耀坤，一九一一年生，中央大學畢業，主攻工業微生物，時高教六級，講師。

先後有姚洪昌胡潤如兩人提出不同意見，認為文化大革命不能與總結工作混在一起，多數同志偏於第二種意見。討論中途，陳秉基打電話向楊增作了彙報請示後，提出以下意見：文化大革命如何搞法，現在還沒底，不同於四清反右，應當先解決敵我矛盾，目標應針對反黨反社會主義的牛鬼蛇神，黨委問題也可以揭，最後提出，大膽放手發動群眾，大揭大議，有什麼揭什麼，思路要廣些，路子要寬些，黨委是保皇派還是革命派，現在不能下結論，先揭開來看，是什麼問題就是什麼問題。八年總結問題我看不要提。最後常委一致同意這個意見。形成決議，向黨委擴大會議提出討論，也一致同意。

學生造反浪潮已讓陳德鈞倍感棘手，但陳更擔心的是幹部隊伍中有人「起義」，如果內外夾攻，那局面更不好收拾。十一日左右，陳直接壓制了教務科副科長賀麟文一張大字報，在他與教務科正科長吳觀釗談話時叫來賀與吳「對質」，給賀很大的壓力，使賀寫好的大字報沒有問世。十四日，常委姚洪昌也草擬了一張矛頭指向院黨委的大字報，晚間7點常委碰頭，陳表示貼不貼由姚自己決定，他持保留意見，他強調團結對敵，黨委之間的問題可以進行交鋒，後由嚴敏請示市委後出面，要姚暫不貼出。

可按下葫蘆起來瓢，十五日下午總務處兩名黨員職工陳書剛、刁雲濤貼出大字報，點名批判院黨委陳德鈞對大字報不提倡不制止的態度，這是運動以來輕院黨內第一張大字報。學校出現陳德鈞是客觀上的保皇派標語。此時的陳德鈞感受到火燒眉毛的危險，覺得自己完全可能同三天前被江蘇省委所處理的南京大學黨委書記匡亞明一樣，打入另冊。

陳、刁二人的大字報貼出後，陳德鈞與嚴敏和季洪同志火速向市委彙報請示，吳鎮提出「轉被動為主動」，陳談了校內幾個重點批判對象的情況，楊增馬上表態，基礎課部張遐[1]可以肯定先搞，吳觀釗現

1 張遐，一九二六年生，金陵大學數學系畢業，父為移居臺灣的國民黨中將。

在還不能確定性質，要發報張遐材料，吳鎮說，凡重點批判對象，必須經市委批准。陳德鈞等回來後，常委黨委連夜開會統一認識，十六日，召開黨團群眾大會，按上級精神，提出「有什麼揭什麼」、「上下左右一起揭」、「三個橫掃」的口號，即橫掃鑽進黨內的資產階級代表人物，橫掃一切牛鬼蛇神，橫掃一切腐朽的資產階級意識形態和封建的意識形態，實行「全面開花」的方針，造成亂點名，教師被點名的達七十％以上，導致人人自危的緊張局面。

十六、十七、十八這三天，統一認識與準備材料，上報市委，經市委批准後，十九日院常委決定召開擴大會，提出了「拋張遐的作戰計畫佈置」，決定由院副書記季洪任全校總指揮，青山灣校區由常委姚洪昌、社橋校區由宣傳部長常煥文任分指揮，連夜分頭開黨員大會，進行動員佈置，造成強大政治攻勢，號召集中火力集中目標連續作戰（原訂計畫一周）。

儘管院黨委出於求生的本能，希望「禍水他移」，但被革命宣傳鼓動起來的造反派，對「死老虎」沒有興趣，他們對校黨委不依不饒，絕不甘休。受到群眾的懷疑與批評的無錫市委覺察到此路不通後，也就決定「斷尾求生」，犧牲院黨委的部分領導。二十一日市委同意開闢吳觀釗專欄，矛頭直指陳與院黨委，二十二日陳德鈞已指揮失靈，黨委實際即呈癱瘓狀態。二十三日市委決定組織工作隊，由工作隊直接領導學校文化大革命。

二十三日，基礎課部造型專業學生陳象川（調幹生，時年二十九歲）、陸勝全、方書久帶著八百名學生簽名的公開信去上海華東局，反映院黨委與市委工作組的問題，要求華東局派工作組來領導運動。華東局工作人員予以接待並表示可以考慮。

二十五日，江蘇省委派呂景華等十二名解放軍，與無錫市的人員，組成以呂為隊長的八十六人工作隊進駐輕工業學院。當晚陳象川等人在青山灣院分部向師生員工介紹去華東局的情況，提出當前主要是揭發院黨委的問題，市委與省委有問題也可以揭發，陳象川如此「出格」的大膽言論，轟動了全院。

二十六日晚七時，陳象川帶青山灣分部數百名學生，先後圍攻基礎課部主任盧堅、紡工系副書記孫士興、糧工系副書記李保安，與他們「辯論」，要求他們承認院黨委是黑幫，並交出「黑名單」，之前陳德鈞多次提出在教師幹部中要排隊，排重點，分左中右。學生中陳是主張不排隊的。但依慣例，各系總支都不同程度不同形式地在學生中進行排隊，陳也未加以制止。

李保安等堅持到一點多鐘，一位新來的解放軍戰士指責李頑固不化，李怕吃眼前虧，便說陳德鈞是黑幫。隨後，陳象川等幾百名學生到主持學院全面工作的黨委副書記、副院長陳德鈞家，陳從床上起來，被學生拽到學校大飯廳回答問題，要求承認他們的行為是「革命行動」。陳面對氣勢洶洶的「革命小將」，沒有畏懼，他內心認為小將們是受壞人挑動，是右派翻天。這便是轟動校園的「六二六事件」。

二十七日，無錫市委副書記吳鎮[1]在社橋分部召開三百多名師生參加的座談會，肯定六二六的造反精神，指出其方法不當，遭到口齒伶俐的油六二一浦湘海的逐條反駁。至此開始形成較明確的兩種觀點：一種是院黨委與工作組不能領導運動；另一種則是運動應在院黨委和工作組的領導下有步驟地進行。它是學校派性鬥爭的源頭。

二十八日，在革命群眾的強烈要求下，市委與工作隊決定召開對陳德鈞的揭發批判大會，會上吳鎮代表市委宣佈市委決定——讓陳德鈞停職檢查，並要其徹底交待、徹底批判。由是，當了一個月「救火隊長」的陳德鈞開始轉變角色，等待他的是沒完沒了的審查與批鬥。

1 吳鎮，時為無錫市委副書記，之前任江蘇省委書記江渭清的秘書。後因支持造反派，妻子被逼死，自己飽受摧殘。

輕院「頭號走資派」

從一個大會的主持者，從輕院的掌舵人，突然變成全校批判的對象，陳德鈞雖有心理準備，但面對幹部師生上綱上線的發言，面對停職檢查的決定，他心裏剛開始抵觸情緒很大。

二十八日晚吳鎮派人用汽車把陳德鈞悄悄接去談過一次話，要陳頂住，勇於承擔責任，保楊增，保市委，陳心領神會。七月中旬始，在市委的要求下，院黨委與中層幹部開始揭發與批判陳德鈞（先搞背對背），給陳德鈞梳辮子，對陳的火力越來越猛。

此時校園的政治鬥爭越來越火熱化。大字報鋪天蓋地貼滿校園的各個角落，廣播大喇叭的呼喊聲、口號聲、「催戰」隊伍的鑼鼓聲，晝夜響徹校園，大小批鬥會遍及校園，戴高帽、掛牌示眾等侮辱人格的行為隨處可見。不上課的學生們，每天幹勁十足，看大字報，寫大字報，開批鬥會，鬥「壞人」——此時受鬥的壞人雖然在不斷增加，但總量還不大。作為輕院的「頭號走資派」，被停職批鬥的陳德鈞有家不能回，只能住在校園裏一個無人居住的建築工棚裏，接受一場場聲嘶力竭的批判。

取代陳德鈞的省委工作隊，進校時受到革命小將的歡迎，可他們也是要把混亂的運動納入「可控」範圍，制定了諸多條條框框，扶持那些聽話的師生成立組織，對那些不聽話的造反小將還以顏色，暗中搞了一些「黑名單」與「黑材料」。三百多名學生被劃成「右派」，十多人被列為重點打擊對象。天不怕地不怕的小將們得知後害怕了。他們「絕地反擊」，同工作隊、校黨委的衝突變得尖銳化。師生們因觀點、立場的差異形成的兩派，裂痕越來越大，對抗日趨激烈。

七月底回到北京的毛澤東指責留在北京中央負責同志所派出的工作組鎮壓學生運動，八月四日工作隊很沮喪地離開校園。

辛苦了四十多天的工作隊從無錫輕工業學院撤出後，輕工業部讓軍隊轉業軍官何洩[1]來院主持工作，何洩不知水有多深，糊裏糊塗地捲進了漩渦，以後為此吃盡了苦頭。

這一年的八月中旬，學校成立十二人組成的「師生代表會」來領導運動，何洩為主任，浦湘海、徐榮（女，油六二一班，九〇年代任大型國企江蘇徐工集團黨委書記）分別代表兩派選為副主任。此時，造反派學生對陳德鈞這些結仇不深也喪失權力的走資派興趣不大，他們擔心的是那些整過他們的材料卻仍在位的工作隊成員及他們的領導——無錫市委常委吳鎮。他們要吳鎮與工作隊回校檢查，遭到拒絕，便到市委門口請願，沒有結果後，八月二十六日，七百餘名師生步行南京，九月九日，部分師生參與衝擊中共江蘇省委，對造反學生的各種「犯上作亂」行為，得到基層與地方領導支援的保守派學生非常氣憤，他們一直尾隨並破壞造反派學生的活動。

造反派在寧期間，在校保守派的人員參加了掃四舊（部分學生在榮巷抄家，焚燒字畫書籍）、鬪黑幫運動，為表示自己的革命，他們對已被撤職的陳德鈞和個別中層幹部搞罷官，一大批幹部被迫停止工作。從鬪黑幫開始，輕院的文革轉向了肉體折磨，陳德鈞與一些黑幫此後被打成了家常便飯。

至十月底，幾百個大大小小的造反組織重組成兩大派系，傾向造反的有「六二六戰鬪隊」和教工中的「毛澤東主義紅教兵東方紅戰鬪隊」（不久合併，更名為六二六戰鬪兵團，以下簡稱六派），傾向保守的有學生中的八一戰鬪隊和教工中的紅旗戰鬪隊。雖然兩派都批鬪陳德鈞，但陳內心當然更傾向保守一派。文革剛開始，市委市政府與公安機關依慣例，派出便衣對運動中的積極分子「取證存檔」，此時造反派得

1 何洩，二三軍師政治部主任，一九六六年上半年轉業至輕工業部，文革爆發後來到無錫輕院主持工作。

知這一內幕後，去衝擊公安機關與政府機關，尋找黑材料。

一九六六年冬天，在中央的要求下，各級領導幹部大多「轉屁股」，支持造反派，輕院一些保守派學生紛紛「倒戈」，造反派佔據了上風。高峰時，六派人數占到了總人數的八十%。此間，有不少人勸陳德鈞西瓜偎大邊，站出來支持六派，包括陳的老戰友、在南京工作的周利人。可陳德鈞不能認同造反派的理念，沒有接受這一建議。其後那些曾亮相支持造反派的領導幹部，受盡了文革當權派的摧殘。陳的理性選擇讓他逃過了一劫，當然這是後話。

在轟轟烈烈的文革大潮中，學校停止了招生，也停止了畢業分配。不上課的師生們，不得不以運動為正業。文革爆發當年師生們都沒有放寒假，他們中許多人當時都認為自己趕上了一個千年一遇的好時代。

一九六七年一月十七日，輕院毛澤東主義紅衛兵等七個群眾組織宣佈，輕院一切權力歸造反派，院行政工作於是全部停頓。何洩執政百日後被打倒。學校改名為長征大學，要求老保（指保守派）結束串聯返回學校。

得勢不饒人的六派，對那些曾跟工作隊關係緊密，批鬥過他們的保守派骨幹還以顏色，二十二日，六派將八一戰鬥隊的負責人徐榮、楊廷楷拉到教學樓二樓陽臺上作為鐵杆老保戴高帽子，臉上塗黑，罰跪示眾。學校鬥老保成風，一些師生被戴高帽，手拿「稻草」，床上也貼滿了大字報，有的還進入了校勞改隊。

隨著文革的推進，無錫市委也垮了，楊增、吳鎮等也成了造反派批鬥的對象，年初，陳德鈞還被六派押到市里陪鬥。這時他參與陪鬥已是家常便飯，不過火力不是對準他了，在臺上他僅是一個「配角」——比起三四個月前，他的「壓力」減輕了不少。每天他還住在草棚裏，歸「勞改隊」管理，掃廁所、搞清潔，有空也在校園看看大字報，大字報琳琅滿目，更新很快，裏面有全國各地文革的資訊：高層動態、小道消息、形勢分析、揭發批判等等。一次他讀到陳毅等人在軍事院校的講話，陳對文革的牢騷，引起了陳德鈞強烈的共鳴，認為說出了自己的心裏話。

一月底部隊支左，因與造反派搞不到一塊，軍隊與造反派的衝突加劇。三月十九日，無錫市軍管會成立，二七軍軍長尤太忠任主任（時二七軍軍部在無錫榮巷，一九六九年四月北上），軍隊全面取代地方機構，控制權力。對此，陳德鈞很贊成，二十一日他寫信給部隊：

> 中國人民解放軍駐錫部隊黨委負責同志：
>
> 喜訊傳來，我興奮得徹夜難眠，百感交集，我堅決擁護黨中央關於在無錫市實行軍事管制的英明決定，革命群眾歡欣鼓舞，黨內一小撮走資本主義道路當權派與牛鬼蛇神喪魂落魄。……
>
> 我是省市委所推行的資產階級反動路線的執行者之一，也是一個受害者，市委內一小撮混蛋，他們是資產階級政客式的人物，犧牲別人出賣同志，認敵為友，成為革命的叛徒，我要革命，我要造反。
>
> 我請求你們能夠找我談一次話，時間地點請你們根據學校形勢決定。致以文化大革命戰鬥敬禮！

陳德鈞這時誤認為黨的幹部政策已經見底，即將轉入對敵鬥爭，從三月一日到四月七日共寫出八篇大字報，提出「鎮壓反革命，打擊一小撮」，要把一小撮走資派與牛鬼蛇神畢其功於一役。大字報的主要內容與主要矛頭是指向六派及其支持者無錫市委。

一九六六年下半年，造反派與市委還在鬥智鬥勇，水火不容；可軍隊支左後，市委常委都與六派走到了一起。一九六七年三月在部隊的支持下，輕院被衝垮的老保組織——八一與紅旗東山再起，成立延安公社聯絡總部，他們與市里九二派（簡稱九派）結成了共同體，九二派原是鄒海根領導的造反組織，因在軍隊支左問題上與六派發生分歧後「分家」了。[1]

文革如同翻燒餅，到了四月，形勢突變，軍隊受到中央批評，十四日，六派藉助反「二月逆流」，重整旗鼓，吸收何洩為兵團戰士，並為中心組顧問。六派占上風後，與對立的九二派發生對抗，雙方不再滿足於以前的「口水戰」，而是發展到動手與肢體接觸。五月初搶喇叭，沖遊行隊伍，撕旗，覆蓋撕毀大字報，沖砸十三系統等事件，六派處於主動地位。

六月二十日以後，九派改守為攻，雙方武鬥器械逐步升級。當日中午他們衝擊青山灣校區，砸了六派的廣播站。下午，六派在市區一些單位的支持者上萬人，彙集校園，抓緊備戰。此前三天，輕院延安公社成員先後撤退到九派控制的抗大（即無錫電子工業學校，時位於梁溪大橋西側，距輕院青山灣校區一公里）與榮軍醫院等處。

大戰在即，根據六二六兵團的命令，陳德鈞沒有離開過工棚。考慮到力量對比，六派的領導人為避免更大的流血，七月初做出了一個非常明智的決策，悄悄地撤離校園，以後撤到南京上海等地。

七月二日晚，九二武裝衝進輕院校內，燒去了校內的大字報棚，教學、實驗大樓中大量教學儀器遭破壞，並無人員傷亡。因六派曾扔過、燒過一些九派同學的生活用品，九派這次回校後也就以牙還牙。

次日早晨，陳德鈞被九派送到與學校一牆之隔的榮軍醫院，後轉抗大，放在一個房間裏，沒有遭到打罵侮辱。當日下午放其出來，陳欲回院，途中經江寧家屬區門口為九二勸阻，他又折回抗大，他們聲明不

1 一九六六年九月二日，無錫主力軍造反派到無錫市委門前靜坐示威，衝擊市委市政府。第二天，無錫工聯（保守派）組織人到市委市政府慰問，這樣兩派正式亮相。一九六七年部隊支左後，鄒海根等人從主力軍中分出，成立了「九二」聯絡總部，其吸收了原工聯的許多人馬，力量對比九二派佔據上風。

能留人。晚6時許來到軍管會，要求安排住宿，他們表示拒絕安排，要他自己設法，9時許陳到中國銀行找愛人未遇，晚11時許回到學校住地。四日到九日，學校處於真空狀態，陳沒有離開學校。十日九二派同學正式回校，開展護校工作。

其後一段時間，陳德鈞平時上午勞動，學習毛主席著作、社論文章，下午隔日上街看大字報大批判專欄，晚間讀報紙，還讀了列寧的《左派幼稚病》與史達林的《論反對派》。根據延安公社兩次勒令，陳德鈞寫了文化大革命、教育路線、歷史問題等有關檢查材料，他在檢查中說：

> 幾個月來，我看到階級兄弟慘遭殺害，國家財產受到嚴重破壞，師生員工的生活用品受到損失，我的心情是十分沉重的，我對護校工作沒有盡到應有的責任，我對不起黨與國家，對不起全院革命師生。

以後在上級的調解下，出走外地三個多月的六派返錫，回到校園。兩派間依舊明爭暗鬥。陳德鈞還是兩派都要批鬥的對象。十月六日他在大字報上寫道：

> 六二六兵團〈將革命進行到底〉革命小將們：
>
> 根據你們十月四日晨的勒令，要我向全市革命群眾交出認罪書，遵命於十月六日完成草稿，並在我院大門前廣場向部分革命群眾宣讀了認罪書，現在略加修正，寫成大字報，聽候全院革命師生、全市革命群眾審查鬪批。此致，無產階級文化大革命敬禮！

在艱難的討價還價後，一九六八年三月七日院毛澤東主義紅衛兵六二六戰鬪兵團與延安公社聯絡部，就聯合問題總算達成協議，成立了由兩派核心所組成的大聯委。但這種聯合有名無實，各唱各的調，派系鬪爭依然激烈。

革派保派鬪他不休

在這之前幾天，無錫市革命委員會正式成立，尤太忠任主任，隨後，被打倒的無錫市委領導又遭到軍人新一輪的大批鬪（上一輪主要在一年前的軍管後）。五月上旬，無錫市革委會發出「深入開展對敵鬪爭」的通知後，學校出現了以延安公社為主，對幹部教師勒令批鬪的情況。

五月九日晚間，陳德鈞因前一天被打傷臥病床上，忽然聽到口號聲與汽車馬達聲在其住處門前停下，六二六中心組成員趙和林、秦生庚率領幾十個革命小將擁進屋裏，要他起來與幾個同學到六二六兵團總部會議室接受鬪批，愛人與兩個孩子留在家中。他走後，學生們即分頭抄查，最後將陳一個皮包內存放的文化大革命開始前後保存的材料全部拿去，以後他愛人到當時駐院軍訓團反映過，陳也直接要求六二六兵團審查以後能夠發還給他或給他收據保存，均未得到答覆，那天抄家除學生外，尚有教務處幹部劉明霞（女，與崔田海愛人關係十分密切）、機械廠工人童玉麟、司機孫德廣等人，他們還與陳德鈞動手。

五月至八月刮紅色颱風期間，學校廣播站經常播勒令通知，教學樓五層成為讓人毛骨悚然的「白公館」。老牛們在這裏遭到九派少數骨幹的殘酷毆打，因不堪忍受，五月二十四日，四十二歲的紡工系老師顧希生跳樓，成為學校第一個被校內人員折磨自盡的人。

六月上旬，赤日炎炎，九派萬孝林（糧六五一）、龔志祥等人將老牛隊的部分人員押去遊街示眾，從青山灣出發，途經大王基、三陽、西門橋等地返回學校。途中對走得慢的人員，萬孝林與龔志祥用橡皮鞭子抽打。文革結束後的一九八三年，萬孝林受審查時，交待了他當年打陳德鈞的原因：

對陳德鈞同志，我們那時打他的目的，一是要他承認是「走資派」，是「叛徒」；二是要他不要說贊成「延安」觀點的話。因為「六二六」一直在講我們在保「走資派」，現在當權派又和你們一個觀點，更無話可講了。於是我們就打給「六二六」看，證明我們不保他。可是陳德鈞同志堅決不改變自己的觀點。我帶著十幾個清查對象上街遊鬥時，給他掛了大牌子，寫上了「死不改悔走資派」的名稱，要陳德鈞同志承認，他不承認是走資派，我就打，打得再凶，陳仍然堅持那麼一句話，「我叫陳德鈞，我有罪」。後來無法，我只好讓他這樣講了。最後一次打陳德鈞是在工軍宣隊進校後辦的幹部清隊學習班上，搞陳德鈞要他承認參加反動組織的事，陳不承認，我又氣上來了，打了陳德鈞同志。會上中層幹部中也有人動了手，印象有王文生、李宗元等。

這段時間，陳德鈞不僅飽受肉體的折磨，還經受著精神上的摧殘。他要按批判者的要求，按當時的極左語言，去批鬥同類去侮辱自己。這裏全文抄錄他的一份原稿。

思想彙報（一九六八年六月九日）

最高指示

千萬不要忘記階級鬥爭。

奪取全國勝利，這只是萬里長征走完了第一步。中國的革命是偉大的，但革命以後的路程更長，工作更偉大，更艱苦。這一點現在就必須向黨內講明白，務必使同志們繼續地保持謙虛謹慎不驕不躁的作風，務必使同志們繼續地保持艱苦奮鬪的作風。

這一周有兩件事對自己是很深刻的教育。

上周紅衛兵將小將抓住沈鴻這隻老狐狸藉思想彙報進行翻案的典型事例，召開了鬪批反革命分子沈鴻的大會（注：沈鴻，外語系教師，時年五十九歲）。這個會開得很好，不但揭露了沈鴻反黨反毛主席的惡毒言行與他一貫搞反革命兩面手法的醜惡嘴臉，指出他的思想彙報是當前右傾翻案風的突出反映，是對無產階級革命派及廣大革命群眾的猖狂反撲，鬪爭了沈鴻，教育了大家。這個混蛋竟在對他鬪爭教育以後，拒不認罪，與人民為敵到底，竟於八日上午在光天化日之下跳樓自殺，公然向黨和人民挑釁。這件事充分說明了無產階級文化大革命越是接近全面勝利，階級鬪爭越是尖銳複雜，一切階級敵人絕不甘心於他們的失敗，他們還要作垂死的掙扎，懷著刻骨的階級仇恨，瘋狂地反對革命的群眾運動，妄圖否定無產階級文化大革命的偉大勝利。但是歷史的車輪不以他們的意志為轉移，不管他們怎樣進行罪惡的陰謀破壞活動，不管他們怎樣掀起右傾翻案的妖風，到頭來只能在革命群眾運動的面前撞得粉身碎骨。沈鴻的下場就是一切死不悔改的反革命分子兩面派的可恥下場。讓那些反革命死硬派帶著花崗岩的頭腦去見上帝吧！凍死蒼蠅未足奇。

上周紅衛兵小將要我們挖了半天野菜，並做了一頓「憶苦飯」，我在群眾面前站立掛牌吃「憶苦飯」，我沒有一點難堪的感覺，飯的本身也並不苦，我吃了兩碗。但是心頭卻是「苦」的，因為這頓飯深深地觸動了我的靈魂，我回憶起戰爭年代的艱苦歲月，想到了一起參加革命同患難共艱苦的犧牲了戰友，根據地困難時期群眾的生活，一時歷歷在目，在與自己進城以後思想生活的變化對比，心裏感覺很難過。我離開群眾的生活太遠了，已經忘本變質了。

解放後，官越做越大，生活要求越來越高，高官厚祿養尊處優，沒有魚肉難以下飯，沒有車子難以行路。嚮往資產階級生活方式，思想上越變越修，已陷入十分危險的地步。如果不是這一次無產階級文化大革命的群眾運動對我的衝擊與挽救，生活上的缺口，修正主義思想的發展，必然導致政治上的蛻化變質。

歷史實踐已經證明，我在幾年工作中執行的修正主義路線與文化大革命中執行的資反路線，絕不是偶然的，是有其階級根源與思想根源的。特別是進城以來，忽視資產階級世界觀的改造，已經站在資產階級立場上，從脫離群眾到害怕群眾，以至壓制群眾運動，背離抵制了毛主席的革命路線，這絕不是像過去認識的一般的思想作風問題，而是嚴重的政治立場問題。我的嚴重錯誤，就是忘記了毛主席在七屆二中全會的教導與告誡而發展起來的，我要接受沉痛的教訓，痛改前非。努力學習毛主席著作，在階級鬥爭的烈火中，在長期的勞動改造中，加速自己世界觀的改造。我完全擁護大聯委的減薪的革命措施並堅決降低家庭生活標準，以利於促進思想革命化。

六派與九派儘管成立大聯委，但貌合神離，兩派都對陳德鈞毫不留情，兩派的打手都曾對他有過拳打腳踢。當然陳隔三差五地要給兩派交各種材料，此間留存下來的就有：

〈關於我於一九四三—一九四四年作地下城市工作的有關情況——給延安公社〉（一九六八年一月七日）

〈解放前歷史簡述〉（一九六八年七月二日）

〈關於發酵教改試點的情況〉（一九六八年七月二十五日）

〈我的有關歷史情況交待〉（一九六八年七月二十八日）

〈我走上犯罪道路的原因〉（一九六八年八月二十五日）

在〈我走上犯罪道路的原因〉檢查中，陳德鈞對自己的生活方式進行了自我曝光：

衣——講究品質整齊挺括，頭戴鴨舌帽，腳穿火箭鞋，身穿派克大衣，手提大皮包，正如革命小將一針見血所指出的那樣，「已經從頭修到了腳」，「不像一個老幹部，甚至不像一個共產黨員」。我卻為此招搖過市，不以為恥反以為榮，比資產階級還要資產階級。

食——我每餐無葷不下飯，為了要吃活魚活蝦，要保姆天不亮就去買小菜，買不到，燒得不合胃口還要發脾氣。如一次我要保姆到食堂買菜，本來是二角四的，卻錯說是一角五，逼著保姆去退換，保姆沒辦法，只得自己拿出五分來，說是食堂弄錯了，找回來五分來，我對勞動人民如此刻薄，比資產階級過之無不及。

住——我來就首先建「小洋房」，自己帶頭搬進去，還建立嚴格的住房等級制度，擴大差別，為自己與特權階層服務，出外要住高級旅館，在上海住錦江飯店，一夜就花了十八元。相當一個農民一個月的勞動收入，我冬天睡的是鴨絨被，而看見同學冬天睡涼席時卻說，蘇北人有冬天睡涼席的習慣。我也是蘇北人，只是在打遊擊時冬天才睡涼席。

行——革命師生批評諷刺我，「沒有車寸步難行」，學校的汽車成了我的包車，一次同學急病要送往醫院，為了自己的方便與接待「大人物」，下面多次要求，我都加以拒絕。幾百公尺也要乘車，車子壞了，硬要開，車過食堂塵土飛揚，落在同學的碗裏，我卻揚長而過毫無感覺。颳風下雨，深更半夜，司機同志忍餓耐寒，我卻燈紅酒綠，無動於衷，假公濟私，從北京乘飛機到上海看老婆的病，出差來回都要打長途電話，通告接送，從無錫到蘇州，買了硬座票，丟了自己的身分，還要調軟席。訪親問友，也要乘汽車，還要公家報銷，但工友要求去上海參觀學習孫樂宜展覽，卻不同意報銷火車票。

我一貫害怕勞動，就千方百計的逃避勞動，到了勞動日，我就藉口開會，還拉下面幹部來破壞勞動日制度，三年中我沒有一次真正參加過勞動，偶而在勞動現場出現也是為了沽名釣譽裝裝樣子，還讓別人照相以撈取政治資本，我還要求部裏寫信給黨委，要免除我的勞動，直到文化大革命，小將勒令我勞動，我還要舊市委的老爺批准。

我還經常因為工作和生活上不合我的心意，就聲色俱厲的訓責別人，如對秘書、司機、護士、保姆由於伺候不好，就發脾氣，不是平等待人，而把他們看成為我服務的工具。

我這一套生活方式與思想作風和國民黨地主資產階級老爺有什麼兩樣？已經墮落到令人髮指的地步，幹部與群眾長期來對我這種惡劣作風進行了抵制與鬪爭，而我卻認為這些都是合理合法的，是錯誤也頂多是「生活小節」問題，還埋怨別人對自己苛求，大驚小怪，拒絕批評，我行我素，感到心安理得，比舊省市委的老爺們，我還差得遠，就是比我過去的水準，也還有不及之處，就是不與工農大眾革命師生比，不與戰爭年代艱苦生活比，並認為自己這方面已經「定型」，要改變除非「回爐」。

工宣隊進駐後折磨的升級

一九六八年八月二十八日根據中共中央、國務院、中央軍委、中央文革「關於工人宣傳隊進駐學校的通知」，無錫市「工人毛澤東思想宣傳隊」配合解放軍進駐輕院。工宣隊由無錫機床廠派出，以陳樹良、孫湧良為首。工宣隊員分佈在機關各部門與各系、班級。剛進校時其人數達三百多人。軍宣隊與工宣隊同時進駐學校，時在輕院的部隊是李連長與杜副連長帶的一個步兵連（隸屬二七軍，一九六九年四月調防時離開無錫）。

九月校「老牛們」從四十多人擴編到六十多人。該月在軍工宣隊組織的全院中層以上幹部批判陳德鈞的會上，陳德鈞被一些人毆打，萬孝林也踢陳一腳。十月開始清理階級隊伍，以工宣隊為主成立領導小組與材料組，將一百〇六人打成懷疑對象。審查批鬥中，大搞逼供信。在毫無根據的情況下，在全院中層以上幹部會議上，宣佈陳德鈞歷史上參加過五個反動組織，並組織輪番批鬥，當陳不承認強加的罪名時，原解放軍六四一〇部隊三二分隊的李連長，坐在課桌上大喊：「狠狠地給我打」，一些師生對陳德鈞用手打、用腳踢。

十月二十九日下午，在市中心無錫人民大會堂舉行輕工學院革委會成立大會，這時在學校說話算數的是以小學文化為主的工人與軍人。他們對「走資派」等牛鬼蛇神的折磨更進一步。

除了在校內批鬥外，陳德鈞還在校外受到工農的鬥爭，受到勞動的懲罰。他保留下來的勞動思想小結，為我們提供他當時所經歷的真實情境。

學校革委會成立後，為落實毛主席幹部下放勞動的最新指示，組織全院師生員工下鄉參加三秋突擊勞動，接受貧下中農的再教育。我作為群眾專政的對象，在工宣隊領導下，在貧下中農與革命造反派的監督下，接受勞動改造與鬥批。勞動持續二十天。

在挑稻勞動中，幾天來隻挑二十四個稻把，不願增加重量，當肩腫腰痛直不起身，邁不開步的時候就不敢堅持，想換輕活幹。當貧下中農與革命造反派發現我勞動態度不端正時，要我去二隊勞動一天，上午稻子就增加到三十個，路遠，換肩沒有喘息的餘地，中間休息時間，又進行鬥批後已經弄到筋疲力盡，後一段由於換肩時，摔了一跤閃了腰，一步一咬牙挨到中午吃飯時，下午上班後就想下午換工種，並向工宣隊提出照顧的要求，當受到批評指責時，思想上還感到委屈。一個老工人向我嚴肅指出，「越是在疼痛難捱的情況下，堅持下去，這個時候，才能改造思想。」

通過幾次貧下中農革命造反派與紅衛兵小將聯合鬬批會上，對我推行劉少奇反革命修正主義教育路線，排斥打擊工人貧下中農子女等進行揭發鬬爭。

在與貧下中農的接觸中，看到他們熱愛毛主席，每天堅持早請示晚彙報，讀最高指示，唱語錄歌，不分年老年幼個個意氣風發。（陳德鈞，一九六八年十一月二十三日）

工宣隊進校大搞清理階級隊伍鬬爭，陳德鈞反復被挖老底，他寫了一些回憶材料：

〈有關文化大革命幾個問題的交代〉（一九六八年十月十二日）
〈有關幾段歷史情況的交代〉（一九六八年十月十四日）
〈我在抗日戰爭初期參加幾個組織的交待〉（一九六九年一月三日）
〈向黨長期隱瞞的一個重大問題〉（一九六九年一月三日）
〈我在天長縣工作時期的交代檢查〉（一九六九年一月十六日）
〈我的有關歷史問題的補充交代〉（一九六九年二月五日）

一九六九年三月，九大召開後，搞開門整黨，一百五十七名黨員五月十日恢復組織生活（原有黨員一百八十二人，其中預備黨員八人），並成立十七個黨的臨時小組。部分黨員由於繼續遭受迫害，未能恢復黨的組織生活。

五月二十四日，經已恢復組織生活的廣大黨員討論，同意推選王箭（院革委會副主任、軍代表、正師級）、陳樹良（院革委會副主任、工宣隊隊長）、姚洪昌（革命幹部）組成「中國共產黨無錫輕工業學院革命委員會核心領導小組」。

五月間，在工宣隊、軍宣隊、院革委領導下舉辦了舊黨委交鋒學習班。在學習班上，舊黨委成員進行了交鋒，參加學習班的革命師生代表對舊黨委的罪行進行了揭發、批判和鬥爭。陳德鈞代表舊黨委向全院革命師生員工做了長達兩萬多字的交待。他不得不按當權者定下的調子上綱上線：「劉少奇資產階級司令部及其在輕院以楊增、陳德鈞為代表的舊黨委，在政治文化各方面，都瘋狂地反對無產階級專政，鎮壓社會主義革命，楊增與我就是帝國主義、國民黨、資產階級在黨內的代理人。舊黨委所犯的滔天罪行是不容饒恕的，必須徹底清算，肅清一切流毒，徹底砸爛舊黨委，叫它永世不得翻身。」時黨委十五名成員中，被重點揪鬥的九名。三十二人組成的院委會，時被揪鬥的有二十八人。

悲哀的是，交待、檢查、批鬥沒完沒了，難以計數。中共九大後，他除了在全校大會上作檢查外，還到各系（部門）作進一步的檢查與批鬥。他在五月二十七日的補充檢查中這樣寫道：

> 這次接受各系（部）的鬥批中，革命師生又比較集中地對我在思想作風與生活方式方面的嚴重錯誤進行了無情的揭發與肯切尖銳地批判，確實戳到了我的痛處，我感到從未有過的「坐立不安狼狽不堪」的窘態，我在這方面的言傳身教所起的極其惡劣的影響以及群眾的憤怒心情，過去我不能理解，現在從心底感到衝擊對我是最大的挽救與教育。

六月二日到二十五日，陳德鈞先後到無錫味精廠、酒廠、溶劑廠、米廠、糖果餅乾廠、植物油廠、國棉二廠等七個工廠向輕院下廠革命師生及所在廠的工人群眾檢查錯誤與罪行，接受鬥批，參加了各種專業的部分勞動，接受工人階級的再教育。二十多天中，與工人群眾同吃同住同勞動。

十一月，王箭帶領師生參加馬山圍湖造田工程。全體師生員工在極其艱苦的條件下，以六個月左右的時間，完成八百米長的馬圩西堤填土任務。此後，在馬山建立「五七」農場。大批幹部來此「勞動鍛鍊」，陳德鈞也在這裏住「滾地龍」，睡稻草上，掛在室內的毛巾都被凍成「麵條」，條件異常艱苦。

一九七〇年，對六派的骨幹來說，是最殘酷的一年。四月，清查「五一六」運動開始。解放軍一〇一醫院藥局主任王振東，作為無錫市清查「五一六」調查小組副組長進駐學校，擔任輕院清查「五一六」領導小組組長，他積極推行江蘇省委左的政策，領導小分隊大搞逼供信，死五人，自殺未遂三人。清查運動中，全院有一千兩百四十八名員工，被列為「五一六」大名單的有七百〇二人。陳德鈞在兩派對抗時，沒有支持任何一派，清查「五一六」時，他逃過了一劫。

十一月至次年九月，領導小組把全院師生集中在學校宿舍食宿，任何人不得走出校門，在群眾中大抓「五一六」分子，關門打狗。（一九七〇年底，在校學生只剩下七十一人未能如期畢業）

在這之前還搞了「無錫5號工程，紅衛兵小將，革命教職工去拉煤，不能算經濟賬，我們認為這些小將步行一百四十華里，拉了六百多噸煤，得到了鍛鍊，鍛鍊了一不怕苦二不怕死團結友愛的革命精神。」

東山再起後的爭鬥

文革前，輕院屬於輕工業部領導，文革中，改為江蘇省領導。一九七一年十一月二十八日，省委決定，將無錫輕院下放給無錫市領導。這時的校園沒有了文革初期的喧鬧，除三十多位九派學生作為運動動力留校外，學校裏沒有了學生。老師們要麼去三十公里外的馬山農場勞動改造，要麼被打成「五一六」分子飽受摧殘。

十二月八日，無錫市革命委員會決定，迂永源任無錫輕工業學院革命委員會委員、常委、第一副主任（主任空缺）。陳德鈞任院革命委員會委員、常委、副主任。次年四月底，召開學院第四次黨員大會。陳德鈞致開幕詞，大會在《大海航行靠舵手》的樂曲中閉幕，會後，迂永源任黨委書記，陳德鈞、李明、陳樹良任副書記。此前，主持學校工作的王箭（原為南通軍分區副司令員）因對清查「五一六」有看法，未經宣佈，調離輕院。

在被打倒四年半後，還能時來運轉，這讓陳德鈞沒有想到。文革前的七個常委除姚洪昌早結合進常委外，其他的都還沒有「解放」，陳運氣為何這麼好，其中的奧秘他自己也不清楚。也許是學校又要開始招生了，還需要陳這樣的人來打理吧。當然林彪事件後，毛澤東要求解放一批老幹部，這為陳德鈞洗腳上岸提供了契機。

陳德鈞從文革前的一把手降為現在的二把手，他雖然也有一些失落，但比起那些仍大權旁落未受錄用的廣大幹部，他現在的處境有了質的飛躍。文革中後期，政治工作抓得很緊，陳德鈞時不時地要到省、市開會，回來又要組織大家傳達。校常委與黨委也是頻繁地學習中央文件、報刊社論，並要圍繞這些假大空的極左論調進行交流討論。這些活動佔據了陳德鈞大量的工作時間。

一九七二年五月二日上午，輕院第一批工農兵學員三百三十八人（他們中工多、農少、兵無），在青山灣舉行開學典禮。市革委會主任王晏參加。學校自文革爆發後，已七年沒有補充新鮮血液了，這批年輕人沒有參加高考，多為初中畢業（部分是小學或高中畢業），當過工人、農民，他們的到來，給空寂的校園添了一點生氣。當然工農兵學員與過去的學生定位不同，他們對大學是上管改，不是三娘教子，而是子教三娘。教學也是強調革命化，一九七二年暑期放假，學員二十天；教師十天；幹部僅七天。

當時校權力分配，軍宣隊、工宣隊、革命幹部各三分之一，軍人工人這兩股外來力量藉助於佔領上層建築的最高指示，控制了學校大權。校書記迂永源，一九二四年生，山東黃縣人，高小文化，二十一歲入黨，二十二歲參軍，來校前為無錫炮九師政治部副主任；副書記李明，一九二二年生，浙江人，二十三歲入黨，初中文化，在部隊任副部長；副書記陳樹良，初中文化，一九三三年生，二十三歲入黨，無錫機床廠一車間主任。顯然，作為唯一進入學校領導層的革命幹部，陳德鈞處於配角地位。

工作伊始，他與軍宣隊工宣隊還沒有發生衝突，但隨著對如何落實政策、如何開展教學、如何對待知識份子，更務實的陳德鈞與幾位喜歡務虛的「外來戶」分歧越來越大。如對那些仍受冷落不能工作的幹部，陳強調團結，而軍宣隊工宣隊更強調教育與改造；如對辦學，陳強調抓教學抓質量，而軍工宣隊更著重抓思想講政治；如對招生，陳要求看文化程度，而軍工宣隊認為政治思想是最主要的，文化高低無所謂。這是兩條完全不同的思想路線，根本無法求同存異。

食工系制糖專業糖七二一班班風不錯，同學們比較團結，也很上進，該班提出了「不讓一個階級兄弟掉隊」的口號，互幫互學，一九七三年五月，食工系將該班樹為典型，邀請學校分管教學的副書記副院長陳德鈞到會講話，他說：「我們在提不讓一個階級兄弟掉隊的同時，是不是應該也提不拖一個階級兄弟的後腿，大家共同努力，你追我趕，把學習搞上去。」糖七二一班學生黨支部書記顧秀清與另一位同學立即站起來反對此言，食工系副主任劉興宇同意學生的觀點，這樣為陳德鈞一句話鬧到學校黨委，迂永源等人開始視陳德鈞為「翻案風」的代表，而教工中不少人卻認為陳德鈞的觀點是符合辯證法的，沒有錯誤。

上述衝突的前後，化工系一老師寫信給分管教學的陳德鈞，反映教學中的一些問題，提出個人的建議。陳德鈞以批轉來信的形式，請各系予以討論。工宣隊軍宣隊認為陳德鈞要抬高自己，樹自己的形象，這樣「外來戶」與「土著」陳德鈞的關係進入僵局。

一九七三年九月，迂永源借幹部的重新分工，讓陳德鈞不再分管教學而是分管辦公室，以削弱其權力。十一月十二日到十二月七日，黨委書記迂永源在馬山召開黨委擴大會，參加會議的有在校全體常委、委員、院革會各大組、系負責人以及工農兵學員代表等三十五人，會議傳達貫徹全國理工科會議精神，回院本部後，又連續開會數天。會議把矛頭指向院黨委副書記陳德鈞與教務組副組長陸炎培、院團委副書記張瑞平。

會後，按迂永源的意見與觀點，整理材料於十二月二十七日作為黨委文件上報上級機關，與此同時，迂還授意黨辦副主任秦耀明私整了一份「關於揭發陳德鈞幾個問題」的材料一起上報。

第二天陳給上級機關寫信申訴，信中說，以迂永源為首的黨委領導下，對我個人的錯誤無限上綱，對同志搞突然襲擊，打擊別人抬高自己……中層開刀，抓活靶子，是整人哲學。違背三要三不要的原則。下面反映：陳德鈞同志主持工作，有條有理，比較正常，工軍宣隊主持工作不正常。

一九七四年二月一日，全校召開批林（彪）批孔（子）誓師大會，四日，校常委會議對陳德鈞進行圍攻，參加者迂永源、陳德鈞、姜德海、姚洪昌、鍾泉富。文革中新晉常委、校九二骨幹鍾泉富在會上打先鋒。

一把手迂永源在發言中講：「陳德鈞同志最近這一段思想落後比較大，從十大以來這一段，思想沒有緊跟毛主席，緊跟中央，十大慶祝會時不參加就是一種表現，另外，對理工科座談會精神，對大家的批判不服氣不接收不認識，到現在還是一個疙瘩，在前幾天批判大會上，你的發言又幹擾了大方向，我也有感覺，開始是報告，中間是檢查，後來是解釋，在那樣一個氣氛下，發言二十七人寫了稿子，而你就草草地講了一點，就那麼不嚴肅，為什麼大批判寫不出來，這完全看出你的整體面貌，你在這次運動中要扮演什麼角色，是要深思的，你的架子要拿下來，雖然大家苦口婆心，但你辜負了大家的希望，你雖是老革命，自己想想，十七年對黨有多少貢獻，文化大革命對黨有多少貢獻，你應該思考一下。鍾泉富同志發言就是好，這樣的青年幹部很難得。為什麼你的看法就不一樣，你說把你放在什麼位子，這種說法是不對的，你不要把自己看得很高明，鍾泉富講的包括你，但也不完全是指你，你馬上就認為指你，你對批評就是林賊的「兩鬪皆仇」的思想，批評是最大的幫助，一批評你就跳，黨委擴大會議是你首先點了名，就我搞陰謀詭計，違反三項原則，老幹部要起什麼作用，把後代往哪裏引，確實是向老將挑了戰。陳德鈞就怕人家批評，難道就只准講恭喜發財，老陳的修正主義思想，右傾保守思想，落後思想確實是嚴重的，在你的腦子裏總覺得人家是搞左的東西，實際是掩蓋了自己腦子的右。」

迂只比陳小二歲，但資歷比陳淺得多，他在會議上完全掌控了「發球權」，陳被動挨批，同虎落平陽遭犬欺。

二月八日中共無錫輕工業委員會通過的〈關於批林批孔鬪爭形勢的報告（錫輕委（一九七四）年第3號）〉，對陳德鈞的錯誤上綱上線，內容如下：

> 陳德鈞同志在這場鬪爭中落後於形勢，處於被動狀態。主要表現在：對去年十二月份黨委擴大會議上大家對他揭發的錯誤不服氣、不認識、不檢查，認為大家對他的批評幫助是有意整他，認為「不是批林整風，而是批陳整風」。並到處寫信解釋，為自己的錯誤辯護。
>
> 在二月五日批林批孔大會上，陳作了「急令飛雪化春水，迎來春色換人間」的發言，影響了大會嚴肅的戰鬪氣氛，在群眾中造成了很不好的影響。陳開頭講了學習元旦社論的意義，以後聯繫鍾志民同志的事蹟，著重講了自己兒子從部隊轉到無錫工廠的事（原在建湖插隊）。陳在發言中說：

「原來認為有文件規定，不算走後門，走後門大有人在，自己活動一下算不了什麼」。後來又說，「從現在分析起來，是走後門行為」，陳既說是走後門，又不表示態度，拿出行動來，群眾很不滿意。在六日晚上彙報會上，各部門的同志都反映，認為陳的發言既不像作報告，又不像大批判，又不像檢討，影響很不好。

他拒絕批評，不接受意見。鍾泉富講：「你要向鐘志民同志學習，你是走後門的就要退到底。要向鐘志民父母學習，就要像鐘志民父母一樣，支持兒子退到底。屁股上插幾根蘆花，是裝不像大公雞的。」陳德鈞同志對鍾泉富同志這段話大為不滿，在常委會上，陳說：「鍾泉富同志作為一個常委，在這樣的一種場合，這樣的一個用詞，不知道把我放在什麼地位，給運動帶來什麼影響？」

針對陳德鈞同志的錯誤思想，常委的其他同志對陳進行了批評幫助，但陳堅持自己的意見。最後常委決定，要陳德鈞同志認識錯誤、檢討錯誤。但陳德鈞同志仍沒有決心檢討改正錯誤的表示。（中共無錫輕工業學院委員會，一九七四年二月八日）

三月一日，迂永源擅自用黨委名義，批發教務組大批判組編寫的〈修正主義在我院回潮的表現〉一文，把陳德鈞作為修正主義加以批判。六日，常委開會批陳德鈞。迂三次要陳德鈞檢查，陳三次拒絕。八日常委會上，迂開場說：

「從去年理工科座談會貫徹以來，對陳德鈞同志進行批評，陳有看法，想不通，這次會議敞開思想，大家也有些想法想談談，陳德鈞同志後來給省委寫信，要市委派人瞭解情況，前天陳找到（市委）組織部林部長談了談，王晏同志說，陳應該很好認識自己，檢討自己，市委表示不派人來，主要由黨委自己解決。今天的會議是否就這樣開。」

面對迂永源的打擊排擠，陳德鈞沒有屈服，十日，他給市委副書記丁可則寫信，要求見市革委會主任王晏，被拒。十二日，迂永源到南京治病，走前只告知陳樹良、李明，讓三把手李明主持工作。

攻防轉換的短兵相接

在陳德鈞受到校軍宣隊打擊時，江蘇省的政治形勢發生了重大變化。一九七三年底毛澤東推行八大軍區司令員對調，已控制江蘇省大權七年的南京軍區司令員兼江蘇省革委會主任的許世友調往廣東，文革期間受壓的老幹部伺機再起，他們借批林批孔，以軍隊與林彪的聯繫為突破口，以落實清查「五一六」工作為契機，讓那些在社會上頤指氣使、曾大力推行極左政策的當權者們變得很被動。

一九七四年三月二十日，江蘇省委指示清查林彪在江蘇死黨，二十六日，常委會上，陳德鈞抓住教務組材料、清查問題以及開門辦學發起攻擊。時軍工宣隊對正規的教學非常輕視，全校學生大多在外，陳認為這是迂永源「調虎離山」，減輕火力。四月二日，在無錫政壇發號施令達五載的王晏[1]第三次作檢查，相關情況向學校傳達，陳德鈞積極參與。八日常委會上，陳德鈞要求在南京「治病」的迂永源回校接受批判。

軍工宣隊的支持者們，對陳德鈞予以回擊。十四日的組長會上，他們借工農兵學員之口，攻擊陳德鈞。如糖七二一班顧秀清發火，說我們開門辦學，什麼什麼常委都同意，只有陳德鈞不同意，要開倒車；

[1] 王晏，一九二五年生，山東乳山人，原為二七軍宣傳處長，後升任八〇師副政委，一九六八年三月任無錫市革委會副主任。尤太忠一九六九年四月率二七軍離開無錫後，提拔其任市革委會主任。一九七四年四月下臺後被審近一年。因文革中參與虐待無錫市委領導，文革後市委對其意見較大。

糖七三一班大字報，對陳德鈞說的「調虎離山」這句話有意見；紡七三一同學直斥陳在四月十日大會上關於開門辦學的講話是「屁話」。

十七日，王晏張文治宋富貴離職審查，這些人以前總剃他人頭，而今人也剃他頭。十八日，全院大會上，工宣隊隊長陳樹良檢查，交待與王晏的交往。二十二日至二十九日舉行院黨委、院革委會兩委擴大會議。陸炎培、張瑞平、萬孝林等強烈要求迂回院接受批判，要求被迂永源趕出學校的原常委、工宣隊侯仁榮回校參加揭發。常委中僅李明、鍾泉富為迂永源講話，陳樹良、姚洪昌、陳德鈞多數常委要迂回來檢查。受常委委託，二十四日，陳德鈞帶萬孝林等六名師生到南京醫院，瞭解迂的病情，要迂回來參加兩委會進行檢查。迂以各種藉口拒絕回校。

五月六日常委會上，運動辦公室郭國華介紹清查「五一六」情況，全院大名單七百〇二人，其中學生四百四十九人，教工兩百五十三人。原中層幹部總四十三人，上大名單的三十人，占七十%，觸動十人，五人因不堪摧殘而自殺身亡。這場運動打擊面非常寬，製造了大量冤假錯案。而這些問題都涉及到決策與執行者軍宣隊與工宣隊以及鍾泉富。而陳樹良對此卻輕描淡寫，為己開脫：這場鬪爭是遵照毛主席批發的中央文件、遵照省市委的指示進行的，它清出了一批壞人，弄清了一些事情，真正做到，挖出了敵人，教育了群眾，挽救了同志，但存在問題，總之是開始搞寬了一些。

十四日，王晏在學校的壓力下，來輕院進行檢查和接受批判。會上陳德鈞、陳樹良、王俊根、成崗、袁伯興、郭國華、楊存榮先後發言，同王晏開展面對面的鬪爭。王晏避重就輕，態度很不老實。批判發言結束後，院革委會辦公室秘書萬孝林上臺發言，他認為，「黨委中以迂永源為首的幾個人，不批林不批孔，不整風，執行了吳大勝王晏的資反路線」，「以迂永源為首的幾個人，接過工人階級領導的革命口號，抬高自己，打擊革命群眾運動和幹部，破壞黨的一元化領導，把輕院搞成獨立王國。」他說陳樹良對王晏是知情不報，說穿了是假鬪真保。萬孝林發言，揭發了迂永源與陳樹良的問題。其後圍繞萬的發言，常委內部分成兩種意見。

十五日，陳樹良等工宣隊在校內張貼大標語，提出十一條戰鬪口號：狠狠回擊林彪極右路線在我院的新反撲、堅決支持陳樹良的發言，要警惕黨委中個別人耍各種花招，繼續頑固推行林彪的極右路線！矛頭對準陳德鈞。陳德鈞寫大字報反擊，批評「以迂為首的少數人執行了資反路線」。

十六日，陳樹良、鍾泉富、李明三常委聯名貼出大字報，「院裏個別人用頑固的極右路線來反撲，向全院廣大師生員工反攻倒算，設置重重阻力，轉移鬪爭大方向，不惜造謠惑眾，把鬪爭矛頭指向基層幹部，就是為了掩蓋你所頑固堅持的一條修正主義路線。……我們認為，你在組織上雖然還不是黑關係，但在思想體系上是三位一體的。」影射攻擊陳德鈞反攻倒算。軍宣隊也貼出標語予以支持。

乘王晏受整，落實政策之際，一些受害者家屬來到學校申訴，要求平反。如一九七〇年十二月二十九日，油六五二陳寶珠在清查「五一六」時，受到迫害跳樓自殺，時年二十三歲。其母親來到輕院，找到陳德鈞，陳德鈞要她去找當事者陳樹良和鍾泉富，兩人推托。其母親又通過擔任過市革委副主任的浦湘海寫條子來找到陳樹良，陳依舊不睬。打抱不平的陳德鈞便跑到保衛組去查檔案，仲兆廣卻不讓查，雙方發生了爭吵。

正當軍工宣隊因冤案纏身非常被動之際，六月份風向變了。三日常委會上，眾人指責陳德鈞攻擊工宣隊。六日，按無錫市指示，無錫機床廠增派十名工宣隊員，全院工宣隊達到十八人。輕工學院舉行歡迎大會，陳德鈞及師生代表發言。下旬，在南京養病三個月的迂永源覺得形勢好轉，回校主持工作，大搞反擊。陳德鈞在常委中孤掌難鳴，處境艱難。他到市里找丁可則與一把手韓本初，未能得到保護。在常委會上連續幾天的群攻下，七月五日陳德鈞病倒了，十天後才好轉。

八月六日至十三日，召開了黨委擴大會議。參加這次會議的有在校的黨委委員、各總支、大組、系負責人、工軍宣隊隊員、院革委黨員常委等共四十四人。陳德鈞因病缺席。會議天天都是批陳德鈞。

在十日全體幹部會議上，工宣隊張唯一說：「在這樣重要的會議上，陳德鈞同志離開這次會議是錯誤的，他身體不好，但從臉色來看，我們這裏人一個都不及他。從以前看，一到關鍵時刻，無產階級向資產階級進攻的時候，他就逃跑了。五月份，他日以繼夜，組織向無產階級猖狂進攻。今天這樣的會議不來，是一個問題。有點小毛病，坐在這裏有什麼了不起。陳德鈞同志六號下午的發言是完全錯誤的。我們不是要言論，而要看行動。……排擠工宣隊的，是學校裏修正主義復辟思潮，這個代表人物就是陳德鈞，我大膽一點，但要反潮流，我不怕，我們來不是搞調和折中的，是來鬥爭的。」

常委鍾泉富指責比他大十多歲的老幹部陳德鈞：「三十六號文件出來，認為軍宣隊要走了，迫不及待地跳出來，說什麼時候向我交班，自己要當太上皇了。這種資產階級代表人物是腐朽沒落的，只有無產階級文化大革命以後的新生事物才是不可戰勝的。你在高等學校，看上去很有力量，但是新生事物不可戰勝，工宣隊工農兵學員進院，不會讓你回潮。看上去他像頂天立地的英雄，實際上是爛木頭，為什麼躺倒不幹。」在這一邊倒的大批判中，只有陸炎培「頂風而上」，為陳德鈞辯護。會後作出了〈關於八月黨委擴大會議紀要〉。

二十一日，舉行全院大會，眾常委發言批缺席的陳德鈞，要在全校徹底搞臭陳德鈞，二十八日，全院大會紀念工宣隊進駐輕院六周年，機床廠領導參加，陳德鈞缺席。八月份，工宣隊陳樹良同黨委書記迂永源炮製了〈關於對我院批林批孔運動中幾個問題的看法〉，把陳德鈞打成「屁股坐在資產階級一邊，為資產階級說話的人」，全校停課兩周，強行貫徹，要人人表態，以此劃線。

在學校遭受打擊的陳德鈞到市委去申訴，可市領導卻虛與委蛇。他當年的一封材料中講述了此事：

當時寫信給韓書記、董萬華、市委常委等，但好多常委沒見過，韓、董看過後給丁可則的，請丁聽了意見，向常委彙報。我找了韓書記，問了這個事，你對本報告有什麼想法？市委不輕易表態，是可以理解的，現在有什麼看法，應有一個意見，他就對我說這個話：工作忙，沒顧到；沒向常委彙報。老丁說：是呀，在我這裏已有幾個月，你們那裏就複雜，現在還要說這個事幹什麼？

（一九七四年十月四日）

十月二十八日，院常委會議有陳德鈞不見迂永源，這次會議傳達江蘇省九十一號文件，對清查「五一六」中被審查人員進行平反。陳拿出控告書。十一月三十一日，無錫市委、市革委會在工農兵劇場召開大會，歡送在本市支左的解放軍回部隊。從一九六七年元月支左開始就控制無錫地方大權的軍隊從學校、機關等單位撤出。

軍宣隊成員的為人不能一概而論，但有些掌握權力者狂妄自大，文過飾非，製造冤案，追求享受。時教工生活條件很差，全校小車只有一台嘎斯六九吉普車，一九七三年底，迂永源花了十幾萬元從無錫市公安局買了一輛要淘汰的外國轎車（時普通講師的工資一月才六十元）。開始工宣隊陳樹良反對購車，但後來有轎車可用，其態度就變了。不受制約的權力必然導致腐敗，這在口口聲聲大反腐敗的文革時期也不例外。

工宣隊的眼中釘

軍宣隊與工宣隊控制學校期間，在誰說話算數問題上雖有矛盾，但因他們都認同極左思潮，都極力推行迫害知識份子的政策，在諸多問題上有著共同的語言，共同的行動。軍宣隊退出後，學校的權力格局發生變化，工宣隊與陳德鈞衝突加劇。

一九七五年二月二日，在校大禮堂舉行全院平反大會，市委書記韓本初出席，姚洪昌主持，侯仁榮代表黨委宣佈平反名單；陳德鈞接著講話。

因工宣隊與陳德鈞水火不容，一把手汪永源離開後，上級並沒有指定接替者。陳仍處在「養病模式」。

七月二十九日，根據鄧小平同志關於各條戰線都要整頓的指示，無錫市委派出孫東文為組長的工作組，幫助輕院黨委進行整頓。市委工作組進院後，批評工宣隊有優越感，工宣隊凌駕於黨組織之上。這遭到工宣隊主要負責人的抵制，致使工作組工作幾乎陷於停頓。常委會連續開了四十五天，解決不了問題。

十一月，無錫市委終於決定，抽調陳樹良參加農業學大寨工作隊，暫時離開學校，學院工作由陳德鈞主持，這引起工宣隊的不滿。二十八日，部分工宣隊員給楊廣立寫信，反映學校情況，誣衊陳德鈞，此信雖有一些不實之詞（如在校園種自留田），但從中也可看出工宣隊的極左面目與陳德鈞的務實態度，這裏錄以存照：

> 回顧七年來的戰鬥歷程，使我們深深體會到，教育戰線是無產階級同資產階級爭奪接班人的一條戰線，也是關係到國家未來命運的一條戰線，因而，只有牢記黨的基本路線，堅持無產階級政治掛帥，與十七年修正主義教育路線對著幹，才能把學校辦成無產階級的工具。七年來的鬥爭實踐證明，工人階級雖然佔領了上層建築，但由於無產階級還沒有自己的宏大的知識份子隊伍，有些方面仍然被資產階級把持著，資產階級還佔優勢。所以教育戰線的鬥爭是長期的，複雜的，鬥爭的焦點突出反映在佔領與反佔領，改造與反改造，復辟與反復辟，腐蝕與反腐蝕，其實質就是要不要工人

階級領導的問題。在這個問題上，我們不怕資產階級，不怕修正主義，怕只怕我們有些黨的幹部屁股坐在資產階級一邊，為資產階級說話。無錫輕院的陳德鈞同志就是如此。多年來一直順著修正主義跑，對著無產階級幹。

一九七二年四月院黨委成立，陳德鈞同志被任命為院黨委副書記，分管教育，其上任後第一件事就是全盤否定毛主席親自圈閱的中共中央（71）四十四號文件。說什麼：「全國教育工作會議紀要是九一三前的產物，是林彪極左路線的產物，高教六十條也是中央文件，現在還沒有否定，對十七年也要一分為二。當這些怪論出籠的時候也正是教育戰線上出現修正主義妖風的時候，迎合了陳德鈞同志的需要。於是在學校內推行知識私有，業務掛帥，智育第一的黑貨，抵制無產階級的德智體全面發展的教育方針。當時我們就發動了廣大工農兵學員和教職工對修正主義開展了批判。這時陳德鈞同志的內心世界暴露了越加充分，竟公開說：「批十七年會批到教師頭上，批十七年會挫傷教師積極性。」

在落實全國理工科院校會議精神時，對陳德鈞同志的錯誤思想進行了嚴肅批評，耐心幫助。但是，陳非但沒有正確認識改正自己的錯誤，相反消極怠工，耿耿於懷，從此，就採取小病大養，無病呻吟，長期脫離工作在家養身。

批林批孔時，由於陳平時不讀書不看報，錯誤地估計了形勢，認為時機已到，所以病也好了，勁也來了，一面拋出萬言書上訴省市委，告工宣隊的狀，進行反攻倒算。

批林批孔運動摧毀了主張復辟倒退頑固堡壘，斬了毒草，挖了老根。這個爭名於朝，爭利於市，念念不忘想當上輕院一把手的陳德鈞同志，眼看個人欲望不能達到，就老琴重彈，躺倒不幹，又來小病大養，到處求醫，自一九七四年七月到一九七五年七月既無病假證明，又沒經主管部門批

准，整整養了一年病，在養病期間，倒有那麼股勁，帶頭在校園種植大量自留田。（一九七五年十一月二十八日）

一九七五年底，鄧小平的治理整頓受到毛澤東的批評，「四人幫」一夥借機大批上臺不久的老幹部，指責從上到下有人搞右傾翻案風。教育部長周榮鑫與清華大學黨委副書記劉冰被視為反對教育革命的典型。大氣候明顯不利於陳德鈞。

十二月九日駐院工宣隊編印第一期《輕院情況彙報》，公開他們與陳德鈞的分歧，指責他不貫徹中央指示。報告言：《紅旗》雜誌十二月一日，第十二期；《人民日報》十二月四日轉載北京大學清華大學大批判組的〈教育革命的方向不容篡改〉，在輕院工宣隊、師生員工中有強烈的反映。工宣隊在六日與九日及時組織了學習討論。有的隊員在討論過程中說：「這幾篇文章真正說到了我們心坎上，說出了我們的心裏話」。而「黨委不組織學習，也不宣傳廣播，學校裏出現反常現象，變得冷清清。工宣隊指導員向黨委提出要組織學習討論，但黨委仍一拖再拖，無動於衷。」

十二月上旬，工宣隊還煽動紡七三一班支部書記龐永祥等人在校內貼出大標語：「還我工宣隊長」，「革命派要戰鬪」，「陳德鈞是還在走的走資派」等。二十日，機械系黨總支召開了「堅持教育革命的方向，批判種種奇談怪論」的全系大會，在此前後，食七三一班工農兵學員在校門外貼標語：「要求市委歸還我工宣隊隊長陳樹良同志」，織七三一全體學員的標語：「市委調查組的屁股坐在哪一邊，為哪個階級講話，長誰的志氣，滅誰的威風。」還有一些大字報，揭批陳德鈞與市委調查組。十二月下旬，部分學生還在無錫市委門口貼出標語，給市委施壓，在此情況下，市委決定陳樹良回校工作。

黎明前的黑暗最難熬

一九七六年一月二日院常委會上，大家高度讚揚了新發表的毛澤東詩詞，稱讚文化大革命的大好形勢，同時對陳德鈞提出批評，認為他是輕院的劉冰，與周榮鑫的思想異曲同工。隨後又召開了幹部會，對陳德鈞進行圍剿，一月五日，陳德鈞發言，宣讀他在一九七三年十二月二十八日和一九七四年十月四日寫的兩封申訴信。他的辯護在三人成虎中顯得微不足道。會議作出決定（詳見下段），這份決定給我們留下了一份珍貴的記錄——它記錄了陳德鈞與工宣隊的分歧所在。

〈堅決貫徹中央文件精神，把教育革命大辯論更廣泛、深入的開展起來——黨委擴大會議情況的彙報〉（中共無錫輕工業學院委員會，一九七六年一月十日）

從元月二日到七日，我們召開了黨委擴大會議，參加會議的有黨委委員、院革會黨員常委、工宣隊全體黨員、各系、各大組黨員負責人等三十八人。

根據大家揭發，我院的奇談怪論主要表現在以下幾個方面：

一、在招收工農兵學員問題上，七二年有的同志說「要把好文化關」，「地方黨委把好政治關，我們把好文化關」，七三年又提出：「招生人員必須懂業務，要能看卷子」，並準備組織人員到各地去驗收學員的文化質量（後因市委不同意，沒有派出去），大學堅持「從有實踐經驗的工人、農民中選拔學生」，還是「挑中學生好的，直接上大學」，究竟向誰開門，招收什麼樣的學生，直接關係到教育的階級性質。因此〈紀要〉上明確指出：「大專院校招生的主要對像是具有二至三年以上實踐經驗的優秀的工農兵」。要把文化關的那種說法，表面上似乎是關於招生的方法問題，實質上是要用「智育第一」「分數掛帥」來卡工農兵，把他們關在大學門外。

二、我院有些人對開門辦學總是看不順眼，甚至說開門辦學是「調虎離山」「進進出出不像樣」。

三、資產階級攻擊教育革命，總是在質量問題上大做文章，在我們學校裏，這種奇談怪論也是不少的。例如，有的同志說：「七三屆經過統考，質量最高，七四屆沒有統考，要差一些。七五屆更差了」，「工農兵學員中工廠來的多，黨團員多，復員軍人多，難搞難弄」，誣衊工農兵學員是「開會不到場，會中亂嚷嚷，上課不聽講，課間上街逛，進出爬圍牆」，並公開講，「我不怕戴上誣衊工農兵學員的帽子」。……看質量首先要看路線，要看全面發展，即使是文化質量，也要看分析問題和解決問題的能力。那種閉門讀書，到頭來學鍋爐的站在鍋爐上，還不知道鍋爐在什麼地方的人，是與今天的大學生完全不能比擬的。

四、在工人階級領導的問題上，我院的鬭爭一直是很激烈的。如說什麼「工宣隊搞運動還行，搞業務不行。業務我熟悉，還是我來抓」，鼓吹「外行不能領導內行」。毛主席指出：「工人宣傳隊要在學校中長期留下去，並且永遠領導學校」。

我院校辦馬山農場，是文化大革命中出現的新生事物，可有些人卻一再反對。散佈：「農場要不要辦，我看可以考慮」，「我們是政治落實，勞動落實，就是業務不落實」。

兩個階級兩條道路的鬭爭，還突出的反映在對待〈紀要〉和舊高教六十條的態度上。〈紀要〉是毛主席親自圈閱的中共中央文件，是無產階級教育革命的綱領。舊高教六十條是什麼貨色呢？正

> 如〈紀要〉指出的：一九六一年通過的高教六十條，「使教授治校、智育第一、業務掛帥等黑貨更加系統化。加緊推行修正主義教育路線，達到十分猖狂的程度」。舊高教六十條是一個道道地地的修正主義教育路線的黑綱領。但是有的同志不同意那麼提，認為「高教六十條也是中央文件，也有可取之處」，「中央還沒有表態」。

院黨委的文件雖沒有明確點陳德鈞的名，但全院都清楚，「有的人」就是陳德鈞。不久，工宣隊搞了第二次大會，持續一周，工宣隊將陳德鈞作為「還在走的走資派」進行點名批判。一些工農兵學員發言，對陳上綱上線，批其否定文化大革命，否定新生事物，搞修正主義，態度頑固等。紡七三一班支部書記龐永祥便在大會上當面痛斥陳德鈞：「你沒有站在無產隊級一邊，沒有為工人階級說話，就是為資產階級說話。混進黨內的走資派是最危險的，你對工人階級是由親到疏，這是實質。」一月中下旬，校常委頻繁開會，幾個常委圍攻陳德鈞一人。此時的陳四面楚歌，寡不敵眾。

二月十日，院工宣隊作出了「痛擊右傾翻案風——第二次黨委擴大會議情況彙報」。十二日，全院大會在學生大飯廳舉行，陳德鈞檢討，這次批鬥會長達五小時。儘管文革前期，在造反派的壓力下，陳德鈞沒少做過檢查，但這次在工宣隊的打壓下，他在全校做檢討卻是第一次。

二月二十三日，工宣隊負責人陳樹良主持輕院黨委工作。市委調查組也隨之撤走。陳德鈞靠邊站，他在與工宣隊的鬥爭中出局。此時文革已進行十載，此年陳德鈞五十四歲，這十年他經歷了太多的明槍暗箭，經歷了太多的批鬥、侮辱、人身攻擊、肉體折磨、精神摧殘，他兩起兩落，雖然此時離「四人幫」滅亡已近在咫尺，但黎明前的黑暗卻是最難熬的——他被人誣陷傳播「政治謠言」而遭立案。

一九七六年初，陳德鈞在市里開會，聽到領導的一段話，「毛主席說，我把戰犯都放了，你們還把幹部揪住不放，你們有沒有階級感情啊，有些人現在官做大了，踩著別人的肩膀爬上去，就是不想解放人家，是想把人家一棍子打死。」陳樹良借該年春的所謂「兩追查」[1]，誣告陳德鈞捏造毛主席指示，陳德鈞對此作了抵制，陳樹良視陳德鈞的抵制為態度不好，授意秦耀明整理了「關於陳德鈞同志一些錯誤言論的前後經過」的材料，擅自以院黨委名義報市委追查辦公室。市委書記韓本初同意，七月十五日無錫市公安局上報江蘇省公安廳並報公安部立案追查。

雖然文革已成強弩之末，諸多被打倒的對象處境都開始好轉，而陳德鈞卻在此時遭遇了巨大的政治壓力，他內心湧起英雄末路的悲涼。本來這位十七歲就參加地下黨的老革命，在戰爭年代曾虎口脫險，意志頑強，但此時的他身心俱疲，他病倒了。一九七六年上半年，陳德鈞經市級醫院多次檢查確診患心血管病，需要治療休養，陳樹良橫加阻撓，就是不准。下半年，陳德鈞病情又有發展，市級醫院建議轉南京工人醫院療養，陳樹良不准醫務室幫助辦理轉院手續。從一九七六年六月到一九七七年八月，陳沒有再參加院常委會議。

1 四月十九日，無錫市委在市人民大會堂召開黨員幹部會議，傳達中央四月一日、八日、十三日電話通知和省委四月十五日電話通知，部署「徹底追查〝政治事件〞的幕後策劃人和反革命謠言製造者」（簡稱「兩個追查」）。會後，市委、市公安局組成工作組進駐「重點」單位，開展「兩個追查」工作。四月二十四日，市委再次召開黨員大會，進一步動員開展「兩個追查」工作。大會主會場設在市人民大會堂，另設三十六個分會場。會上播放省委和省軍區黨委召開的黨員大會實況錄音。會議要求全體共產黨員和全市人民「迅速行動起來，深入批鄧，徹底追查反革命政治事件的幕後策劃人和反革命謠言製造者，把批鄧和反擊右傾翻案風的鬥爭推向新的高潮」。會後數日內，全市共有二〇餘萬黨員、群眾舉行集會或遊行。

他終於等到了天亮

一九七七年四月五日，駐無錫輕院工宣隊辦公室在上報的〈無錫輕院當前運動情況反映〉中說：輕院出現歪曲輕院革命形勢的大字報、大標語——陳樹良、鍾泉富賣身投靠四人幫，罪責難逃，至今拒不認罪，逍遙法外，民憤難平！陳樹良、鍾泉富在輕院散幫毒，搞幫風，搞幫派，罪責難逃。叫嚷工宣隊長陳樹良滾出輕院大門，說工宣隊在批林批孔運動中，「不批林，不批孔，大搞三箭齊發。個別頭頭派人四出活動，深入到校內外的工農兵學員中向他們拋材料，要工農兵學員連夜貼大標語，點火燒陳德鈞。」

一九七七年七月，江蘇省委決定，免去陳樹良黨委副書記、革委會副主任的職務。同時無錫國棉一廠取代無錫機床廠，派駐工宣隊。十一月，根據中央與省委決定，撤走工宣隊。自一九六八年八月底工宣隊進駐輕院，到他們離開，其控制學校時達九載。工宣隊員們多被極左路線所左右，視知識份子如寇讎，不遵從教育規律，以勞動壓教學。一些工宣隊員以權謀私，道德敗壞。陳德鈞同他們的鬪爭完全是兩條道路的博弈，不過正確的卻不是代表無產階級的工宣隊。陳德鈞對工宣隊的抵制，減輕了極左政策的危害，也緩解了輕院廣大幹部教師的壓力。

因無錫機床廠一把手丁可則是十屆、十一屆中央委員（截今為止，在無錫工作而當上中央委員的只有他一人），背靠這棵大樹，陳樹良拒絕回校檢查。後通過院團委書記李宗元的中學同學王忠烈的鄰居——教育部高沂副部長，以教育部黨組名義發函江蘇省委，陳才於一九七八年四月回無錫輕院做檢查。

十年文革，形勢瞬息萬變，鬪爭錯綜複雜，中央指示前後不一，措詞模糊。千千萬萬的人身不由己地捲進了政治大潮。他們中間有悲劇的受害者，也有悲劇的製造者，更多的既是受害者又曾是運動的動力。

文革伊始，正主持輕院工作的陳德鈞雖按以往的套式，在上級的指示下，搞排隊，拋張遐，但應該說，這十年，他的手沒有「沾血」，發生在無錫輕院的幾百起錯案冤案同他沒有關係。他可以問心無愧。

文革期間，學校分化成兩派，雙方針鋒相對，從唇槍舌劍的口水戰發展到刀光劍影的武力戰，兩者的力量也曾經一度像蹺蹺板一樣，你高我低，你低我高。不管哪派占上風，陳德鈞都沒有「投其所好」，他一直認為兩派都是革命群眾，不是敵我矛盾。自然，不管哪一派掌權，陳德鈞都得不到「照顧」，但這樣的不介入不僅使他自己避免了後來的殘酷清查，也由於他這個「頭號走資派」保持中立，從而使兩派的分裂沒有達到「頂點」，這樣文革結束後學校的派系整合阻力小了許多。這是陳德鈞的明智之處，也是輕院之福。

文革大潮中，參與批鬥、侮辱、毆打陳德鈞的師生有一批，文革結束後，對這些幹過錯事的革命小將、幹部老師，陳德鈞都是不計前嫌，六派的打手賀壽海（酵六三一）畢業後在重慶工作，陳出差來重慶，賀曾打過陳，不敢見他，陳德鈞讓人帶話給賀壽海，賀為陳的大度所感動，有了來往。九派的萬孝林一九七〇年畢業後留校工作，他與陳德鈞在反軍工宣隊時觀點一致。六派與九派學生中一些核心人物如陳育星（後任上海交大工業造型系主任，六派）、黃學章（後任廠長，六派）、毛庚年（後任新華社香港分社聯絡處主任，九派）等等，陳德鈞文革結束後同他們也保持聯繫。

十年文革，這位老革命經歷了太多的磨難。幸運的是，他熬過了漫漫長夜，等到了天亮。七〇年代末，他擔任了無錫輕工學院院長，繼續掌管這所學校，此時他已五十七歲，不再年富力強。

後記

／汪春劼

三十多年來，官辦傳媒流通的有關文革的史論著作、傳記、年譜、教科書、回憶錄及各類文藝作品，幾乎都是鄧小平語境下的敘事——正如丁東所指出的，出於特定的政治考量，鄧小平提出宜粗不宜細的原則，簡化了文革的政治光譜。在這種光譜下，把文革的罪責儘量歸結到林彪、「四人幫」和造反派頭上，迴避了黨內各級官員在文革某些階段所犯下的錯誤、所製造的冤情。這種敘事模式在當時雖有一定的合理性，但其負面作用也漸顯露，那便是不利於還原歷史真相、總結文革災難的教訓、尋求走向未來的啟示。

令人欣慰的是，越來越多的研究者開始進入獨立的語境，揭示出文革的多重面相——「造反派」得勢時確實很野蠻，但那時鎮壓他們的人往往更野蠻。絕大多數的文革冤魂，不是死在造反派存在的「亂世」，而是死在造反派被剿滅的過程中和剿滅後造反派不復存在的「新秩序」下；不是死於武鬥中的雙方「內戰」，而是死於「有領導有計劃的」專政機器對全無反抗能力的弱勢者的大規模虐殺；不是死於黨政在「造反」中癱瘓的「無政府狀態」下，而是死於「新生的紅色政權」革命委員會的有效控制下（秦暉，二〇一五年）。

拙著的寫作大量吸收了這種獨立語境的研究成果，如董國強的南京大學文革研究、王炯華的李達研究、張克非主編的《蘭州大學校史》、西安交通大學檔案館整理的《彭康年譜》等等。正是有了諸多學人所打下的基礎，我才能充當「二傳手」的角色，對他們的研究成果進行再加工與再傳播，對書中徵引的各位學者，我要由衷地表示深深的敬意！

近幾年，不才關注無錫輕工業學院（筆者棲身的江南大學前身）文革歷程，採訪了幾十位角色各異的當事人——「輕院頭號走資派」陳德鈞、因私下議論江青早年緋聞而勞教三年的陸振曦、西南聯大求學期間曾參加中國遠征軍從而成為老「運動員」飽受折磨的梁家佑、當了一年衝鋒在前的造反領袖卻名列「三種人」的浦湘海、大學畢業後一直是吃苦耐勞的先進工作者而大學期間卻痛打三十多位師長與同學的保守派骨幹萬孝林、退休後為造反派正名而辛勤創作的黃學章、運動中隨大流的陶文沂等等，這些親歷親為者的「口述歷史」讓筆者對極左背景下造反派、保守派、悲劇受害者、悲劇製造者的「行動邏輯」與博弈「路線圖」有了更清晰的認知。他們與筆者素昧平生，卻敞開心扉，其情其義，當銘記於懷。

此書寫作的「第一桶靈感」源於我在香港中文大學中國研究服務中心訪學時，那裏豐富的資訊激發我把文革中的大學校長作為自己進入文革研究的切口。非常感激楊奎松師與高琦主任給我提供的寶貴訪學機會，感激中心工作人員的熱情服務。

完成拙著時，正逢本人知天命之年——人生之路已是前長後短，此際更想去瞭解父母所生存的時代與所經歷的艱辛，本書獻給生我育我的父母——儘管他們沒有文化，讀不懂此書。內子王文姬與女兒汪雨若也還不能理解本書的所指，希望未來她們能清楚我深夜伏案擊鍵，穿越時空去追尋悲劇的前因後果，只是為了這片飽經磨難的土地再不重演人與人的規模性互鬪。

本書即將付梓之際，筆者感念眾多領導與師友的無私幫助。年過九旬的陳德鈞院長多次耐心回答我的提問並把他珍藏的本人文革交待材料供我使用；伍大福教授、張金銑教授、西安交通大學公共政策與管理學院博士生劉瑩瑩以及江南大學理學院二〇一三級萬偉同學、碩士生孫琳琳、俞梓楠一字一句校勘拙著，大大減少了筆者行文的疏誤；江南大學人文學院徐興海教授潤色了部分書稿；香港中文大學的李春凱博士學業繁忙之餘，幫我查閱資料；安徽大學黃文治博士、華南師範大學周孜正博士、華東師範大學劉建平博士與樊建政博士、山西大學常利兵博士、南京理工大學陳釗博士、電子科技大學劉宗靈博士，皆是年輕才俊、學界新銳，與他們的交流讓我獲益匪淺。在西北大學榮休的恩師李振民先生，年屆耄耋，一直關注著弟子的成長，推心置腹地暢談其在文革中所觀所聞所為所想。江南大學黨委副書記黃煥初生前對我備加呵護，他的介紹才使得陳德鈞校長對我敞開大門，希望能以此書告慰先生的在天之靈。

中共中央黨校教授、博士生導師王海光先生是我十分敬仰的中國當代史學研究翹楚，他撥冗賜序，給拙著點睛。對文革大學校長悲劇的成因與機理，先生條分縷析，深中肯綮，這一切著實讓我這個與先生尚未謀面的無名小卒感激莫名。先生惜時如金，卻通讀拙著方落筆為文，洋洋八千言，高屋見瓴，波瀾老成，我不僅驚歎先生的古道熱腸，更服膺先生治學的一絲不苟。

當下集中展現文革研究成果的平臺是兩份民間電子刊物《記憶》與《昨天》，它們雖然還藏在深閨、「妾身未明」，但其突破了主流的文革敘事模式，拓寬了文革研究的疆界。負責這兩份刊物的啟之、戴為偉與何蜀，賜我雜誌，惠函指教，亦是甚為至謝。

文革研究在文革的故鄉尚未脫敏，文革研究成果在內地出版依然困難重重，拙著寫作時擬想只問耕耘不問收穫，但內心不夠強大、為世俗聲名所累的在下，依舊為此勞作的前景所焦慮。幸得劉桂秋、朱重陽、徐開忠、顧煒青、葉揚兵、顧必成、史應勇、接玉松等好友的鼓勵與關懷，筆者總算沒有中途退卻。

鄙人智商與情商都不高，卻承蒙單位領導、朋友與同仁的呵護與關愛。「另類」的我能有一個較寬鬆的工作環境得益於他們，在此謹向他們說聲謝謝！

二〇一六年是文革爆發五十周年，敝人曾想把此書作為「獻禮工程」，無奈的是，它在內地卻領不到「准生證」。本書能在海峽對岸面世，得力於卓越的出版人向繼東先生與《南方週末》劉曉磊編輯的牽線搭橋。蔡登山先生多年來不遺餘力為內地學者提供學術支援，拙作能由他參與領導的秀威資訊科技推出，實讓不才倍感榮幸。責編李冠慶先生杜國維先生的高效、專業、熱忱、細緻的工作，使本書增色不少，您們都是我生命中的貴人。

文革中發生的許多事情，今人感到不可思議，筆者寫作時大段引用當年的一些文字材料，旨讓讀者對極左的「場域」有更直觀的認知，對美麗的「忽悠」有更高的警覺。

陳恭祿先生說道：「著作可分兩種：一、低級著作，抄襲前人所述，成為拼湊而成的寫作，價值不高。二、高級的著作，發前人所未發，或為前人所不知，利用一切能得的材料，有新的觀點或看法，並非為奇立異，實欲根據真實可貴的材料，改正前人的錯誤，求出史跡過程的真相。」（《中國近代史資料概述》）我喜讀高級著作，啟人心智撼人心靈，敝人的才學決定了自己寫不出這樣的作品。在下討厭低級著作，可這樣的學術垃圾在圖書市場不乏包裝精美售量可觀者。拙著只能定位在高與低的中間，希望它讓購買者不會後悔，翻閱者不至失望。

在文革史研究方面，我實是一名剛踏入這一領地的「菜鳥」，學識淺薄，見解有限，拙著中粗糙與錯訛之處，概由本人承擔責任，竭誠祈求方家的指正與賜教。

二〇一六年四月於江南大學

血歷史70　PC0558

新銳文創
INDEPENDENT & UNIQUE

文革風暴中的九位大學校長

作　　者　汪春劼
責任編輯　李冠慶、杜國維
圖文排版　周政緯
封面設計　蔡瑋筠

出版策劃　新銳文創
製作發行　秀威資訊科技股份有限公司
114 台北市內湖區瑞光路76巷65號1樓
電話：+886-2-2796-3638　傳真：+886-2-2796-1377
服務信箱：service@showwe.com.tw
http://www.showwe.com.tw
郵政劃撥　19563868　戶名：秀威資訊科技股份有限公司
展售門市　國家書店【松江門市】
104 台北市中山區松江路209號1樓
電話：+886-2-2518-0207　傳真：+886-2-2518-0778
網路訂購　秀威網路書店：http://www.bodbooks.com.tw
國家網路書店：http://www.govbooks.com.tw
法律顧問　毛國樑　律師
圖書經銷　貿騰發賣股份有限公司
235 新北市中和區中正路880號14樓
電話：+886-2-8227-5988　傳真：+886-2-8227-5989

出版日期　2016年6月　BOD一版
定　　價　450元

國家圖書館出版品預行編目

文革風暴中的九位大學校長 / 汪春劼著. -- 一版. -- 臺北市 : 新銳文創, 2016.06
面； 公分. -- (血歷史 ; 70)
BOD版
ISBN 978-986-5716-78-3(平裝)

1. 校長 2. 傳記 3. 文化大革命

782.29 105007414

讀者回函卡

感謝您購買本書，為提升服務品質，請填妥以下資料，將讀者回函卡直接寄回或傳真本公司，收到您的寶貴意見後，我們會收藏記錄及檢討，謝謝！如您需要了解本公司最新出版書目、購書優惠或企劃活動，歡迎您上網查詢或下載相關資料：http:// www.showwe.com.tw

您購買的書名：____________________________

出生日期：________年________月________日

學歷：□高中（含）以下　□大專　□研究所（含）以上

職業：□製造業　□金融業　□資訊業　□軍警　□傳播業　□自由業

□服務業　□公務員　□教職　□學生　□家管　□其它_____

購書地點：□網路書店　□實體書店　□書展　□郵購　□贈閱　□其他

您從何得知本書的消息？

□網路書店　□實體書店　□網路搜尋　□電子報　□書訊　□雜誌

□傳播媒體　□親友推薦　□網站推薦　□部落格　□其他__________

您對本書的評價：（請填代號　1.非常滿意　2.滿意　3.尚可　4.再改進）

封面設計____　版面編排____　內容____　文／譯筆____　價格____

讀完書後您覺得：

□很有收穫　□有收穫　□收穫不多　□沒收穫

對我們的建議：____________________________

____

____

____

請貼
郵票

11466
台北市內湖區瑞光路 76 巷 65 號 1 樓
秀威資訊科技股份有限公司 收
BOD 數位出版事業部

（請沿線對折寄回，謝謝！）

姓　　名：________________　年齡：________　性別：□女　□男

郵遞區號：□□□□□

地　　址：________________________________

聯絡電話：(日) ________________ (夜) ________________

E-mail：________________________________